GERD FRANK

Allahs große Söhne

STAATENGRÜNDER UND REFORMER

HASSAN II., IBN SAUD, GAMAL ABDEL NASSER,
KEMAL ATATÜRK, HUSSEIN II.

SOCIETÄTS-VERLAG

Meinen Großeltern zum Gedächtnis –
meinen Eltern zum Dank.

Satz: Ebner Ulm
Herstellung: May & Co., Darmstadt
Printed in Germany 1990
ISBN 3-7973-0454-4

Inhalt

Einleitung

Alle Welt spricht vom Orient. Dies rührt unter anderem von dem „Schwarzen Gold" her, das den Ländern der arabischen Welt großenteils märchenhaften Reichtum gebracht hat. Das Erdöl ist zur „Weltmacht" geworden; die westlich orientierten Länder sind in große Abhängigkeit von dieser Energiequelle geraten.

Indessen ist auch im Orient – der aus einer Art Dornröschenschlaf erwacht zu sein scheint – nicht alles Gold, was glänzt: In den meisten Ländern herrschen extreme Betriebsformen und Besitzverhältnisse, es bestehen große soziale Diskrepanzen in den Königreichen, Scheichtümern oder Republiken. Bei der Lösung der großen Probleme wie Industrialisierung, Bodenreform und Neulandgewinnung, Beseitigung der Arbeitslosigkeit, gerechtere Lohnpolitik oder Ausgleich des Außenhandelsdefizits ist man häufig nur mit kleinen Schritten vorangekommen.

Man sagt, daß der Islam mit dem Fortschritt grundsätzlich unvereinbar sei. Das Wort bedeutet Friede, Gottergebenheit; die im Heiligen Buch der Moslems, dem Koran, gepredigte Lehre von der Lebens- und Erfolgsvorbestimmung seit Uranfang (Kismet) ließ indessen den mohammedanischen Fatalismus entstehen, der in opferfordernden Glaubenskriegen gegen die Giauren (Ungläubigen) oft katastrophale Folgen nach sich zog (man denke an die Mauren- und Türkenkriege in Spanien und Mitteleuropa).

Wesentliches Element des islamischen Ordnungsverständnisses wurde die Scheria. Sie beruht auf dem Koran und soll ein für alle Zeit verbindliches Modell der gerechten Ordnung auf Erden sein. Man versteht unter Scheria den Weg zum gottgefälligen Leben; damit eng verbunden war die gewollte Ausbreitung des Islams auf die ganze Menschheit.

Im Lauf der Jahrhunderte kamen die islamischen Länder immer

häufiger und intensiver mit dem christlichen Europa in Berührung, und es zeigte sich rasch, daß die Ideen und Institutionen des Okzidents mit den Doktrinen des Islams unvereinbar waren. Für die Moslems ergab sich theoretisch die Alternative, die fremden Einflüsse kurzerhand abzulehnen oder sich ihnen anzupassen. Doch die Möglichkeit, dem Islam abtrünnig zu werden und europäischen Ideologien und Lebensformen anzuhängen, wurde so gut wie nicht in Betracht gezogen. „Wir wollen die Ideen Europas, nicht aber seinen Geist!" erklärte Ibn Saud. Mit diesem Grundsatz waren alle seine Nachbarn einverstanden.

Dennoch vertieften sich auch in der islamischen Welt die Gegensätze zwischen der religiösen Tradition und den Erfordernissen einer modernen Industriegesellschaft. Ein allgemein anerkannter Ausweg aus diesem Teufelskreis ist noch nicht gefunden worden. Versuche, eine gesamt-arabische Einheit herzustellen, scheiterten bisher. Sie dürfte allenfalls auf wirtschaftlicher Ebene realisierbar sein, und auch hier spricht das jüngste Beispiel – das Verhalten der OPEC-Länder – gegen eine solche These. Zu groß sind die sozialen und religiösen Gegensätze. Auch im Islam gibt es nämlich eine Spaltung: Man unterscheidet die Anhänger der Sunna (Sunniten) und der Schia (Schiiten).

Gegenstand des ersten Kapitels ist eine Darstellung *Hassans II.*, des „Fuchses des Maghreb". Der König von Marokko hat die Schwierigkeiten seines Landes bisher meist souverän gemeistert. Seit nahezu 30 Jahren sehr diplomatisch zwischen den Supermächten lavierend, verstand er es stets, sich aus der Affäre zu ziehen und aufkommende Kritik immer wieder verstummen zu lassen. Auch er blieb von außenpolitischen Konflikten nicht verschont, dennoch gelang es ihm, seinem Land den Frieden zu erhalten. Der moderne und dennoch traditionsverbundene Herrscher besitzt die Fähigkeit, Marokko in eine bessere Zukunft zu führen.

Ibn Saud, der „Reformer der Wüste", gründete den saudi-arabischen Staat trotz unüberwindlich erscheinender Schwierigkeiten von innen und außen; er stellte den Anschluß an die Neuzeit her und reformierte sein Land von Grund auf. Begünstigt durch die Erdölförderung sah er sich bald in der Lage, aus einem armen Beduinenstaat eines der reichsten Länder im Nahen Osten zu machen. Sein Regierungsstil war autokratisch und patriarchalisch; Ibn Sauds Tod war ein schwerer Verlust für Saudi-Arabien.

Auch *Nasser*, der „Rebell von Ägypten", war ein großer Staatsmann. Die Gründung des arabischen Nationalismus, das Verdrängen der Vorrangstellung des Westens aus Vorderasien und Nordafrika waren sein Verdienst; damit einher ging die enge Verbindung Ägyptens mit der Sowjetunion. Nasser, der 1952 das korrupte Regime König Faruks mit seinen „Freien Offizieren" gestürzt hatte, führte sein Land aus der Feudal- in die Neuzeit, versuchte, ihm Stabilität zu verleihen. Seine bisweilen recht aggressive Außenpolitik führte zum Krieg mit Israel; die militärische Niederlage hat er nie ganz verwunden.

Wohl kein Staatsmann aus der ersten Hälfte des 20. Jahrhunderts ist so gleichbleibend aktuell geblieben wie *Mustafa Kemal Atatürk*. In der Türkei ist „Der Vater der Türken" auch heute noch präsent: Bilder, Wandteppiche, Briefmarken und Nippsachen tragen sein Konterfei; es ist, als ob er noch lebte – und das mehr als eine Generation nach seinem Tod. Er hat die Innenpolitik seines Landes maßgeblich geprägt, dank seiner Reformen konnte das Osmanische Reich zu einem modernen Staat umgeformt werden. Für die türkische Außenpolitik lassen sich keine fundierten Aussagen ohne Kenntnis von Werk und Vermächtnis Atatürks machen. Daß er die entschiedene Hinwendung seines Landes zum Westen dauerhaft begründet hat, manifestiert sich auch in der türkischen NATO-Mitgliedschaft. Keinem seiner Nachfolger ist es bislang gelungen, aus dem Schatten Atatürks herauszutreten; sie hängen seinen Lehren noch immer an. Beamte, Diplomaten, Militärs und Wirtschaftsführer der modernen Türkei sind überwiegend überzeugte „Kemalisten".

Auch an *König Hussein von Jordanien* kann man nicht vorübergehen, wenn man von „Allahs großen Söhnen" spricht. Zwei Ziele hat der bei seinem Volk überaus beliebte Herrscher bisher konsequent verfolgt: zum einen die Verständigung und Aussöhnung mit Israel und zum anderen das Bemühen um Frieden im panarabischen Lager. Zeitlebens verstand es der König, sich gegen ehrgeizige Politiker und Machtstreber aller Schattierungen zu behaupten; auch Hussein lag stets daran, Beziehungen zur westlichen Welt zu knüpfen und auszubauen.

Jedem der im folgenden vorgestellten Repräsentanten der islamischen Welt ist eine entsprechende Einführung beigegeben, weshalb an dieser Stelle darauf verzichtet werden kann. Sie alle haben eines gemeinsam: Sie sind entweder Staatsgründer oder Reformer – meist sogar beides in einer Person. Unter diesem Aspekt wurde dieses Buch geschrieben. Zeittafeln und eine kurze Auswahlbibliographie runden es ab. Soweit Ausdrücke oder Textstellen aus dem Englischen, Französischen, Spanischen oder Türkischen übersetzt werden mußten, stammen sie vom Autor; arabische Wörter wurden anhand der „Enzyklopädie des Islams" übersetzt.

ALTÖTTING, IM FRÜHJAHR 1990 GERD FRANK

Hassan II.
Der Fuchs des Maghreb

Ich bin nur Völkern verantwortlich, nicht etwa Regierungen. Ich bin Monarchen verantwortlich, die erfolgreich sind. Eine Monarchie stürzt nur, wenn sie sich überlebt hat oder weil sie es verdient. Alle Welt hat seit langem vorausgesehen, was in Libyen passieren würde, ebenso wie man mit dem Sturz Faruks von Ägypten rechnen mußte. Würde mit mir jemals dasselbe geschehen, so nur, wenn ich es verdiente . . .

König Hassan II. von Marokko

Die Herrschergeschlechter Marokkos

Im Nordwesten Afrikas liegt das alte Berberland Marokko, dessen arabischer Name „El-Maghreb el-Aqsa" lautet. Das Atlas-Land ist nämlich von Mekka aus – dem Zentrum der arabisch-islamischen Welt – der „äußerste Westen" (das ist die deutsche Entsprechung).

Der Name des Atlasgebirges geht auf die griechische Sage zurück, die Marokkaner selbst verwenden ihn nicht. Demnach wohnte Atlas, der Sohn der Titanen, im Westen, wo er an der Straße von Gibraltar das Himmelsgewölbe trug. Herkules soll hier bei einem Besuch zur Erinnerung an seine weiten Fahrten die berühmten Säulen errichtet haben: die sich gegenüberliegenden Felsen Dschebel Musa bei Ceuta und Dschebel al-Tarik von Gibraltar.

Dem Rif-Gebiet und der heftigen Brandung des Atlantik verdankt es Marokko, daß es Angreifer stets erfolgreich abwehren konnte. Es gelang zwar Neuankömmlingen, verschiedene Küstenstädte zu gründen (Tingi/Tanger und Liks/Larache sind phönizisch/karthagisch, Oppidum Novum/Ksar el-Kebir und Volubilis sind römisch), doch letztlich waren sie nicht in der Lage, sich den Berbern gegenüber zu behaupten.

Auch Wandalen und Byzantiner beschränkten sich auf eine Kontrolle der Küste; dann aber kamen die Araber. Sie waren nach der Eroberung Ägyptens (um 640) in der Cyrenaika und in Tripolitanien eingedrungen; auf Befehl des Kalifen Osman wurde in etwa 70 Jahren der Maghreb erobert. Marokko war damals unter zahlreiche Berberfürsten aufgeteilt, und es blieb dem arabischen

Geschlecht der Idrisiden vorbehalten, das Land unter sich zu einen. Idris I., der Begründer dieses Herrscherhauses, rühmte sich, ein Nachkomme jenes Ali zu sein, der zu den Anhängern des Propheten Mohammed zählte und mit dessen Tochter Fatimah verheiratet war. Idris war als Flüchtling ins Land gekommen, hatte in Volubilis Zuflucht gefunden und mit den Berbern gute Kontakte geschlossen. Er erwarb sich ihre Gunst, bekehrte sie zum Islam und wurde schließlich zu ihrem Führer gewählt. Nachdem er von Neidern ermordet worden war (793), bestattete man ihn am Dschebel Zerhoun, in der Nähe von Volubilis, und er wurde eine Art Nationalheiliger. An seiner Grabstätte entstand der Wallfahrtsort Moulay Idris, die heilige Stadt der marokkanischen Moslems.

Idris II., sein Sohn, gründete 15 Jahre später Fes, die erste der vier großen Königsstädte neben Marrakesch, Meknès und Rabat, und gestaltete es zum religiösen Zentrum (es spielt seit damals eine führende Rolle im marokkanischen Geistesleben). Seine Nachkommen teilten das Land unter sich auf, begannen miteinander zu streiten und verschuldeten den Untergang der Dynastie. Zwar konnten sich einige der insgesamt zehn schwachen Teilfürstentümer bis um das Jahr 985 halten, doch dann gewannen die Stammesstaaten der Zanta-Berber (Miknasa/Meknes), Ifran und Maghrawa an Bedeutung.

Im 11. Jahrhundert traten die Almorawiden auf den Plan. Sie kamen aus der Sahara, wo sie von einem Mekkapilger zum Islam bekehrt worden waren. Sie suchten ihr Reich über die Atlasländer und den größten Teil der Iberischen Halbinsel auszudehnen.

Die Sanhadja und Lemta hatten von ihren Führern Abdullah Ibn Yasin und Yahya Ibn Omar (Umar) den Ehrennamen *El-Murabitun* (Almorabetin), das heißt „die Standhaften" (wörtlich: „die vom Kloster") erhalten – daraus war später der Name *Almorawiden* abgeleitet worden. Sie vertraten einen militanten Islam und führten ihre Eroberungszüge als Säuberung durch. So bekehrten sie unter Abu Bekr die Atlasstämme und gründeten die zweite Hauptstadt Marrakesch (1070). Seine Nachfolger beherrschten neben Marokko und Spanien auch den größten Teil des Maghreb (außer Ifriqiya). Die rasch verweichlichende Dynastie erlangte vor allem wegen der großartigen Bewässerungsanlagen Berühmtheit, die man mit Hilfe unterirdischer Kanäle angelegt hatte. So war es gelungen, selbst ausgedehnte Steppengebiete im südlichen Spanien in fruchtbare Gartenlandschaften und Dattelpalmenhaine zu verwandeln.

Schon zu Beginn des 12. Jahrhunderts wurden sie verdrängt: Die *Almohaden* (so genannt nach „El-Muwahhidun", d. h. „Bekenner des Einen") machten sich vor allem durch das erfolgreiche Verteidigen des maurischen Spaniens gegen christliche Angriffe einen Namen. Abu Jaqub Jussuf II., der den Beinamen „El-Mansur" (Der Siegreiche) erhielt, der größte Herrscher dieser Dynastie, war der Erbauer des Hassanturmes in Rabat, der Kouroubia in Marrakesch und der Giralda in Sevilla. Die Almohaden galten als großzügig und liberal; ihre Herrschaft zeichnete sich vor allem durch Förderung von Handel und Landwirtschaft aus. In dieser Blütezeit des westlichen Islam sind die abendländischen Naturwissenschaften (Astronomie und Mathematik) entscheidend beeinflußt worden.

Es folgte ein berberisches Herrschergeschlecht – die *Meriniden* stammten aus südlichen Wüsten- und Oasengebieten und bescherten dem Land zwischen dem 13. und 15. Jahrhundert erneut eine Blüte. Man vergrößerte und verschönte die Städte, baute Moscheen und Medresen und schmückte Mauern sowie Tore mit herrlichen Ornamenten. Sklavenhandel und Güteraustausch förderten Reichtum und Macht des Landes. Als die Seeräuberzüge im Mittelmeer immer häufiger und immer dreister wurden, unternahmen Spanien und Portugal Strafexpeditionen nach Marokko. So kam es, daß zwischen dem 15. und 16. Jahrhundert Stützpunkte wie Ceuta, Tanger, Melilla, Mazagan, Mogador, Casablanca und Agadir entstanden.

Auch diese Dynastie zerfiel wieder (1465) und damit ging gleichzeitig eine Epoche zu Ende – es war nämlich das letzte Mal, daß ein Berbergeschlecht das Land regiert hatte. Um die Mitte des 15. Jahrhunderts hatten sich viele Stämme selbständig gemacht. Da sie miteinander rivalisierten, verloren sie an Macht und Einfluß, und es fehlte schließlich an der notwendigen Einigkeit, um sich gegen fremde Seefahrernationen – wie etwa die Spanier oder Portugiesen – zu verteidigen.

Nun kamen die arabischen *Saaditen* aus dem Wüsten- und Oasengebiet des Wadi Dra und eroberten das Land, vorwiegend die

Küstenstützpunkte. Sie waren scherifisch und damit Nachkommen des Propheten Mohammed. Ihre Macht erreichte unter Sultan Ahmed el-Mansur (1578–1603) einen Höhepunkt. Der Sultan stützte sich auf eine erfolgreich geführte Landwirtschaft, ein gut funktionierendes – am türkischen Vorbild ausgerichtetes – Wehr- und Verwaltungswesen und einen fruchtbaren Handel mit Holländern und Engländern. Sultane, wie der „Goldene" und der „Weise", konnten den Herrschaftsbereich sogar bis südlich der Sahara (wo das Reich der Songhai zerstört wurde) und zum Senegal ausdehnen, den sie kurzerhand zur marokkanischen Provinz erklären ließen. Dennoch war auch dieser Dynastie der Untergang bestimmt. Ursache dafür mag die Zwietracht zwischen den Herrschern von Fes und Marrakesch gewesen sein, jedenfalls herrschten erneut etwa 50 Jahre lang anarchische Zustände in Marokko.

Die aus dem Oasengebiet des Tafilalet stammenden *Alawiden* (auch *Alaouiten* oder *Aliden*), das noch immer regierende Herrschergeschlecht, lösten die Saaditen ab. Sie unterjochten und einigten die Stämme und eroberten mit den Jahren das ganze Land. Die ersten Herrscher, unter denen besonders Moulay Ismail (1672–1727) hervorragte, erzwangen die Aufgabe der europäischen Küstenstützpunkte, widmeten sich der Wirtschafts- und Außenpolitik und betrieben die Seßhaftmachung der Nomadenstämme. Die Macht der Alawiden wurde jedoch durch häufige Berberaufstände, Zwistigkeiten und Rivalitäten zwischen Volksgruppen und Landesteilen geschwächt; auch die internationale Position des Landes wurde mit der Zeit erschüttert. Als sich im 19. Jahrhundert insbesondere Frankreich und Spanien für das Atlasland zu interessieren begannen, kam es zu Grenzstreitigkeiten und Territorialverlusten. Noch hing das Bewahren der Selbstständigkeit von der Konkurrenz der Großmächte untereinander ab. Zwar schloß der Sultan das Land hermetisch ab, um fremde Einflüsse fernzuhalten, doch begann dadurch auch der Handel mit dem Ausland zu stagnieren.

Zur „Ersten Marokko-Krise" in Europa kam es, als England die Kontrolle über die Meerenge von Gibraltar, von afrikanischer Seite her, anstrebte, Frankreich die neuen Besitztümer in den Oasengebieten der Sahara zu sichern wünschte, Spanien auf seine Presidios an den Küsten nicht verzichten wollte und Deutschland in Marokko einen neuen Absatzmarkt suchte.

Die Großmächte teilten schließlich ihre Interessensphären untereinander auf. Demnach sollte England in Ägypten, Italien in Libyen, Spanien im Rif-Gebiet und Frankreich im übrigen Marokko freie Hand zugestanden werden. Die nicht befriedigende Konferenz von Algeciras (1906), Streitigkeiten innerhalb der marokkanischen Herrscherfamilie und eine ständig wachsende äußere Verschuldung des Landes führten schließlich zur „Zweiten Marokko-Krise". Nach einer für Deutschland ergebnislosen Auseinandersetzung mit Frankreich verlor Marokko die Unabhängigkeit: Es wurde französisches Protektorat (30. März 1912).

Ein am 27. November 1912 errichtetes spanisches Protektorat umfaßte neben Teilen des Rifs im Norden auch einige Gebiete an der südmarokkanischen Atlantikküste (1934 kam noch die Enklave von Ifni hinzu). Tanger wurde zum internationalen Gebiet unter nomineller Hoheit des Sultans erklärt.

Da sich die marokkanische Opposition von Anfang an lebendig zeigte und auch die islamische Intelligenz aktiv gegen die Eingriffe in Recht und Brauchtum vorging, hatte Frankreich Mühe, sich zu behaupten. Als gar die Stämme unruhig wurden und um ihre Autonomie fürchteten (es kam 1921–1926 zum Aufstand der Rifkabylen), konnten die Erhebungen nur durch gemeinsame französisch-spanische Truppeneinsätze niedergeworfen werden. Dennoch war die Unabhängigkeitsbewegung nicht mehr aufzuhalten.

Der Volkswille war nur allzu verständlich, wenn man bedenkt, daß Frankreich nach dem Vertrag von Fes die Gesamtreform der Verwaltung, der Gerichte, des Unterrichts-, des Finanz- und Militärwesens geleitet und durch militärische Besetzungen und Polizeiaktionen „das Land befriedet" hatte. Der französische Generalresident war alleiniger Repräsentant aller fremden Interessen beim Sultan; die französischen diplomatischen Behörden „beschützten" die marokkanischen Untertanen im Ausland. Der Sultan selbst benötigte für den Abschluß internationaler Verträge die Erlaubnis Frankreichs.

Nach dem Zweiten Weltkrieg kam es schließlich zur Errichtung von amerikanischen Flugstützpunkten in Marokko, da sich der Sultan auf diese Weise die Unterstützung seines Strebens nach Unabhängigkeit erhoffte. Zahlreiche amerikanische Militäranlagen entstanden, aber auch Wohnsiedlungen, Sozialeinrichtungen und Sportzentren. Obwohl sich die Kritik an der französischen Politik gehäuft hatte, muß man – objektiv gesehen – zu dem Ergebnis gelangen, daß Frankreich in dem Atlasland namhafte kulturelle und wirtschaftliche Leistungen vollbracht hat.

Der Weg in die Unabhängigkeit

Seit 1927 regierte Sultan Mohammed Ben Yussef (Jussuf) das Land. Er avancierte rasch zur nationalen Symbolfigur, zum „Malik" (Führer), und ab 1933 wurde ihm gar regelmäßig auf dem „Fest des Thrones" gehuldigt. Der Sultan stellte Kontakte zur nationalen Opposition her, die sich erstmals 1934 im „Comité d'Action Marocaine" organisierte. Die bäuerliche „Mouvement Populaire" (Volksbewegung) sowie die Nationalpartei schlossen sich 1936 an, und sieben Jahre später bildete sich aus ihren Reihen die „Hizb al'Istiqlal" (Unabhängigkeitspartei), die trotz einer 1944 einsetzenden Verhaftungswelle nie mehr ganz zum Schweigen gebracht werden konnte.

Mohammed Ben Yussef gelang es während des Zweiten Weltkrieges, die von Vichy-Frankreich verfügte Deportation von etwa 200 000 Juden zu verhindern und sich am 22. Januar 1943 der Unterstützung des amerikanischen Präsidenten zu versichern, den er auf einer Begegnung in Casablanca von seinen Unabhängigkeitsbestrebungen unterrichtet hatte.

Mit seiner Unabhängigkeitsrede im April 1947 in Tanger leitete er die letzte Phase des Protektoratsverhältnisses ein. Dennoch stellten sich ihm vorerst einige Hindernisse in den Weg: 1951 gelang es dem Generalresidenten General Juin sowie einigen Scheichs unter Führung des Paschas von Marrakesch – Thami el-Glaoui – den Sultan zu zwingen, alle unerledigten Edikte zu unterschreiben. General Guillaume, der Nachfolger Juins, und Thami el-Glaoui inszenierten eine Verschwörung, um im Einvernehmen mit Paris den Sultan abzusetzen und ins Exil zu schicken.

Der Pascha von Marrakesch war schon lange ein Gegner Sultan Mohammeds gewesen, denn ihm stand eine gewisse Gebietsautonomie zu, die er zu verlieren befürchtete. Immerhin hatte er – und nicht der Sultan – die mit Verwaltungsfunktionen betrauten Kaids der Stämme ernannt und an ihn und nicht an den Maghzen[1] mußten die Berber ihre Steuern entrichten. El-Glaoui war nicht nur selbst Großgrundbesitzer und Gebieter über zahlreiche Kleinpächter, sondern er verfügte auch über das Monopol im Oliven-, Safran- und Mandelhandel in Südmarokko.

Der mächtige Pascha hielt 20 Prozent der Aktien des „Omnium Marocain", war Ehrenpräsident einer entsprechenden Tochtergesellschaft dieses Monopols, des „Omnium Industriel du Maghreb" (Zucker- und Seifenproduktion, Handel damit und mit Tee), er war Direktor der „Société Les Olivettes Marocaines", Präsident oder Vizepräsident der „Société Métallurgique et Chimique Nord-Africaine, Polva-Maroc, Société Marocaine d'Etudes Sidérurgiques", sogar der „Compagnie des Boissons Hygiéniques" und der ebenfalls sehr bedeutenden Kobalt-Bergbaugesellschaft „Société du Bou-Azzer et du Graara". Überdies war sein ältester Sohn, Kaid Ibrahim, Direktor der „Société Chérifienne des Textiles" in Safi.

El-Glaoui war also Herr über einen Staat im Staate, und es lag auf der Hand, daß seine Macht dem Sultan gefährlich werden mußte. Es gab übrigens auch noch andere Berberfürsten, wie etwa den Scheich Raisuli, die nicht gewillt waren, Sultan und Maghzen anzuerkennen. Auch der Kalif von Tetuan beugte sich der Oberhoheit des Sultans keineswegs. Zum endgültigen Bruch mit dem Glaoui kam es, als der Pascha den Sultan am Tag des Mouloud-Festes (23. Dezember 1950) aufsuchte, um ihm Glück zu wünschen. Aber statt dessen ereiferte er sich und beleidigte den Emir el-Muminin, den „Herrscher der Gläubigen" mit den Worten: „Du bist nicht mehr der Sultan von Marokko! Du bist der Sultan der Istiqlal (Unabhängigen), ein Kommunist und Atheist!" Das konnte sich Mohammed Ben Yussef natürlich nicht bieten lassen, und ohne seine Ruhe zu verlieren, ließ er Thami el-Glaoui aus dem Palast entfernen, mit dem ausdrücklichen Verbot, sich jemals wieder blicken zu lassen.[2] Der Glaoui rächte sich mit dem erwähnten Komplott.

Tausende von Berbern wurden aufgehetzt, um in einem Ritt nach Fes, Rabat und andere Städte ihre Unzufriedenheit mit dem Sultan deutlich zu machen. Diese Protestaktion ging als „Berberritt“ (Januar 1951) in die marokkanische Geschichte ein. Es dauerte noch beinahe zwei Jahre, bis trotz verschiedener Terroraktionen die nationale Befreiungsbewegung derart fortgeschritten war, daß Frankreich gleichfalls die Absetzung Sultan Mohammeds befürwortete.

Am 20. August 1953 konnte der Pascha von Marrakesch triumphieren: Mohammed Ben Yussef mußte ins Exil (zunächst Madagaskar, dann Korsika), sein Onkel Moulay Ben Arafa – ein alter Mann – wurde zu seinem Nachfolger ernannt. Aber der Glaoui hatte sich verrechnet, die Absetzung des Sultans sollte sich sehr rasch als ungeeignetes Mittel erweisen. Das Volk boykottierte Moulay Ben Arafa, und es kam zu gewaltigen Demonstrationen, die vor allem im Spätsommer 1953 in Marrakesch, Udschda und Casablanca ihren Höhepunkt fanden. Französische Waren wurden boykottiert, die Gemeinden verweigerten häufig die Zahlung von Steuern, im Mai und Juni 1955 kam es zu Generalstreiks, und den Kaids, die im Namen eines von der Bevölkerung nicht akzeptierten Sultans handelten, wurde die Gefolgschaft verweigert.

In verschiedenen Gebieten des Landes hatten sich Partisanengruppen gebildet, die gegen das französische Militär vorgingen; 1955 war überdies eine nationale Befreiungsarmee gebildet worden, die sich verhältnismäßig rasch aktiv zeigte. Spanien, das 1926 mit Marokko Frieden geschlossen hatte, erkannte den Nachfolger Mohammed Ben Yussefs gleichfalls nicht an und gewährte den Nationalistenführern bereitwillig Asyl.

Das ganze Land war in Aufruhr. Die französische Enklave Bu Zineb in der spanischen Zone war zeitweilig eingeschlossen worden, und auch einige Stämme der Rifberber kämpften auf seiten der Befreiungsarmee, deren geheimer Staatssitz in Nador gelegen haben soll.[3]

Die gleichen Truppen wurden übrigens später wie die arabischen Einheiten aus dem französischen Protektorat in die neue marokkanische Armee eingegliedert.[4] Aber den Ausschlag mochte der Beginn des algerischen Befreiungskampfes gegeben haben, denn gegen Ende des Jahres 1955 sah sich Paris tatsächlich gezwungen, den Sultan aus der Verbannung zurückzurufen, wollte es seinen Einfluß in Marokko nicht vollends verlieren.

So kehrte Mohammed Ben Yussef am 16. November 1955 im

Triumph in seine Heimat zurück, nachdem es ihm schon zuvor erlaubt worden war, seinen Aufenthalt in Paris zu nehmen (dort hatte ihn am 25. Oktober 1955 der Pascha von Marrakesch, Thami el-Glaoui, aufgesucht und um Aussöhnung gebeten). Der alte und neue Sultan beschloß nun, aufs Ganze zu gehen: Die politische Souveränität war in greifbare Nähe gerückt.

Zunächst wurde mit aufständischen Berberstämmen abgerechnet: Die aufwieglerischen Kaids wurden entweder von ihren eigenen Stämmen getötet (wie zum Beispiel Kaid Driss vom Stamm der Gaita) oder vor Gericht gestellt. Der Glaoui war in der Zwischenzeit verstorben, die meisten seiner Söhne gingen ins Ausland. Der Sultan war zum nationalen Symbol geworden.

Mohammed Ben Yussef war es in der Tat bestimmt, zum Befreier seines Volkes zu werden. Er, der sich mit der nationalen Opposition verbündet hatte, konnte seinem Land am 2. März 1956 die volle Unabhängigkeit verkünden; am 2. April wurde die spanische Zone, am 29. Oktober Tanger wieder mit dem Gesamtstaat vereinigt, und am 12. November 1956 wurde Marokko in die UNO aufgenommen. Die Schwäche Frankreichs, hervorgerufen durch die Kämpfe mit Algerien und das Abenteuer Vietnam, hat den Erfolg Marokkos zweifellos begünstigt – allein begründet hat sie ihn sicher nicht.

Sultan Mohammed Ben Yussefs Stellung war nunmehr gefestigt. Nach dem vereinbarten Vertrag von Paris (mit dem französischen Außenminister Pineau) war ihm die gesetzgebende Gewalt übertragen worden, gleichzeitig hatte er die internationalen Verpflichtungen Frankreichs für Marokko übernommen und erklärt, „keine internationalen Konventionen abzuschließen, die den anerkannten Rechten der anderen Partei zuwiderlaufen würden".

Im August 1957 wurde Marokko Königreich, und der Sultan ließ sich zum König Sidi Mohammed V. ausrufen (vgl. die Stammtafel „Die Dynastie der Alawiden" im Anhang). Er regierte absolut und akzeptierte lediglich eine Konsultativversammlung, an deren Meinung er jedoch nicht gebunden war. Im Mai 1960 übernahm er zudem das Amt des Regierungschefs und ernannte seinen Sohn, Kronprinz Moulay Hassan, zum Vizeministerpräsidenten.

Natürlich bestand auch weiterhin ein Widerspruch zwischen

den Forderungen des Volkes und den Interessen des Hofes (auch fehlte eine Verfassung; die erste trat Ende 1962 in Kraft). Die Zentralgewalt des Maghzen (Mahzan) war brüchig geworden, zudem geradezu mittelalterlich-feudalistisch organisiert; an der für den Ausbau einer modernen und lebensfähigen Wirtschaft erforderlichen Intelligenzschicht mangelte es. Der größte Teil der Bevölkerung lebte arm und bedürfnislos auf dem Lande, gesellschaftlich in Stammesverbänden strukturiert. Unerfüllte Territorialansprüche gegenüber den ehemaligen Protektoratsmächten sowie gegenüber den Nachbarn wie Ifni, Spanisch-Sahara, Mauretanien sowie die wertvollen Erzgebiete von Tindouf im Süden und ein von etwa 200 000 Juden und 500 000 französischen „colons" beherrschter Handel komplizierten die wirtschaftliche Lage. Für das Herrscherhaus Mohammeds V. kam es also vor allem darauf an, die überkommenen Traditionen und Strukturen mit den modernen, zeitgenössischen Erfordernissen sinnvoll zu verbinden und zugleich darauf zu achten, daß die eigene Autorität nicht aufs Spiel gesetzt wurde. Ein schwieriger und langwieriger Prozeß . . .

Zunächst berief der König eine beratende Versammlung mit Ahmed Ben Barka als Präsident (der 1959 zurücktrat), um den Forderungen der Istiqlal-Partei entgegenzuwirken, die ein Einparteiensystem anstrebten. Radikale Teile dieser Partei, die ungeduldig geworden waren, bildeten 1959 die UNFP (Union Nationale des Forces Populaires), eine sozialistisch orientierte Gruppe unter Ben Barka, Bouabid und Abdullah Ibrahim. Auch die gewerkschaftlich organisierte Union Marocaine du Travail gehörte dazu.

Als das königliche Appellationsgericht von Rabat am 9. Februar 1960 ein Verbot der Kommunistischen Partei aussprach und zahlreiche UNFP-Führer im Verlauf des gleichen Jahres verhaftet wurden, zeigte es sich plötzlich, daß die Autorität König Mohammeds V. wieder abzunehmen begann.

Um die Parteien zu besänftigen, wurden Lokalwahlen ausgeschrieben. Sie brachten der Unabhängigkeitspartei 44 %, der UNFP 23 % der Stimmen (zumeist in den Küstenstädten). Im November 1960 wurde ein Verfassungsrat einberufen, der noch tagte, als der König unerwartet am 26. Februar 1961 verstarb.

Der Kronprinz an der Macht

Mohammed V., ein rastloser und ehrgeiziger Arbeiter, war von seinen Ärzten wiederholt gewarnt worden, nicht in diesem Tempo weiterzumachen. Er sollte sich mehr Ruhe- und Erholungspausen gönnen. Doch davon mochte er nichts hören. „Was wollt ihr?" fragte er bei solchen Gelegenheiten. „Ich weiß, daß ich nicht mehr lange zu leben habe. Was soll ich also tun? Mir bleibt ja nichts anderes übrig."

Eine schmerzhafte Nasen- und Ohrenerkrankung, die ihm häufig Schwindelanfälle verursachte, zwang die Ärzte zur Operation. Die Entfernung der Nasenscheidewand verlief in knapp eineinhalb Stunden erfolgreich, doch im Anschluß daran versagte das Herz.

Die Nachricht von seinem Tod verbreitete sich in Windeseile im ganzen Land und wurde mit beispielloser Trauer aufgenommen. Erst jetzt stellte es sich heraus, wieviel Freunde und Anhänger Sidi Mohammed V. unter seinem Volk gehabt hatte, das ihn als Befreier und treusorgenden Landesvater verehrt hatte: Man weiß nicht, wie viele Menschen sich aus Kummer das Leben genommen haben, doch dürften es mehrere Hunderte gewesen sein. Auch während der Trauerfeierlichkeiten kam es zu erschütternden Szenen.

Der König war tot, der Thron dennoch nicht verwaist. Kronprinz Moulay Hassans Stunde war gekommen. „Al-Mamlakah al-Maghrebija", das Königreich Marokko, hatte einen großen Regenten verloren; ob der Nachfolger Sidi Mohammed V. gleichwertig war oder ihn gar übertreffen würde, mußte die Zukunft erweisen.

Hassan selbst zeigte sich tief betroffen, er hatte seinen Vater glühend verehrt und sehr geliebt. Der sowohl islamisch wie auch französisch erzogene Kronprinz wußte wohl, welch schweres Amt er übernehmen mußte; er ahnte, daß er stets an den Leistungen seines erfolgreichen Vaters gemessen und beurteilt werden würde.

In seiner Rundfunkansprache anläßlich der Thronbesteigung, die er in klassischem Arabisch hielt, sagte Hassan: „Ich wende mich an dich, liebes Volk, in einem Augenblick höchster Trauer, denn unsere Wunden sind noch offen und unsere Seelen leiden an schier unerträglicher Pein. Wir beweinen den Fortgang unseres verehrten Königs, unseres großen Vaters Mohammed V., und hoffen, daß sich Seine Seele an göttlicher Glückseligkeit erfreue.

Er ist uns durch jähen Tod zu einer Zeit entrissen worden, da wir Seine Gegenwart dringend benötigt hätten, um die große Mission des Werkes zu vollenden, dem er sein ganzes Leben gewidmet hatte. Aber wenn die Stunde des Todes schlägt, ist Allahs Wille unabwendbar. Wir müssen uns in unser Schicksal ergeben und es annehmen, um jene Gnade zu erlangen, die den Gläubigen zukommt: ‚Kündige denen diese neue Stunde an, die selbst nach schweren Schicksalsschlägen geduldig bleiben und sagen: Allah ist unser einziger Beistand, er ist unser Trost.'

Die gesamte Nation hat nach diesem bedeutungsvollen Tag den Fortgang ihres geliebten Königs beweint und beklagt. Die gesamte Nation sah sich veranlaßt, ihm – der die große Reise angetreten hat – den letzten Abschied zu entbieten.

Wir alle sind in diesen tragischen Stunden nur von einem Gefühl erfüllt, und unsere Herzen trauern um jenen Menschen, der unseren Kampf gelenkt, der sein Leben für unsere Befreiung, unser Glück und unser Wohlergehen eingesetzt hat.

Wir verkünden dir in diesen Stunden, in denen sich in Würde und Majestät unsere unendliche Liebe zu Seiner Person und Treue zu seinem Gedenken vollständig offenbaren, feierlich, daß Wir mit Allahs Hilfe von der Königlichen Macht Besitz ergreifen und daß Wir den Thron unserer ruhmreichen Vorfahren besteigen, um deinem einmütigen Willen zu entsprechen, den du in deinem Akt der Bestimmung Unserer Person ausgedrückt hast und um die Einstellung Seiner Majestät – unseres verstorbenen Königs – zu achten und Unsere Pflichten dem Vaterland gegenüber wahrzunehmen.

Ich verspreche Allah und Ihnen, daß ich diese Verantwortung, unter Wahrung der höheren Interessen des Vaterlandes, übernehmen und meine Pflichten, gemäß den Grundsätzen des Islam, den geistlichen Werten und weltlichen Traditionen der Nation, einhalten werde. Gleichzeitig verpflichte ich mich vor Allah und Ihnen, das Land, seine Unabhängigkeit und seine Souveränität zu verteidigen, seine Einheit zu überwachen und mich dafür einzusetzen, daß Stellung und Ansehen unter den Nationen (der Welt) gesteigert werden.

Ich bin mir der Schwere dieses mir seit heute obliegenden Amtes vollständig bewußt. Ich bin entschlossen, die Verantwortung nach bestem Willen und Gewissen zu übernehmen und es an der notwendigen Weisheit und Umsicht nicht mangeln zu lassen.

Der Geist meines erhabenen Vaters bestärkt mich darin und geleitet mich durch die Lehren Seiner ewigen Botschaft, indem ich Seinen Rat und Seine Anordnungen befolge und die Tugenden übe, die er mir vermittelt hat. Das sind zum Beispiel die Gnade, die Gerechtigkeit, die Liebe und die Zuneigung zu Ihnen, die Sorge nach Ihrem Wohlergehen und das Beseitigen allen Übels auf Ihrem Weg. Vor allem aber will ich Sie als meine Söhne, nicht etwa als Untertanen, betrachten.

Ich werde den Schwachen zu ihrem Recht verhelfen und die Mächtigen daran hindern, ihre Macht zu mißbrauchen. Ich werde auch als König Ihre Angelegenheiten im Auge behalten und Ihre Interessen vertreten, so wie ich es schon als Prinz gehalten habe – als ich einer von Ihnen war, der geboren wurde, um unter Ihnen groß zu werden; einer, der wie Sie gefühlt und gedacht und der Ihre Freuden und Leiden geteilt hat.

Ich bin davon überzeugt, daß Sie mir vermehrt die Liebe entgegenbringen werden, die Sie meinem Vater entgegengebracht haben, und das gibt mir die Kraft, dieses schwere Amt zu übernehmen und mich der Verantwortung recht optimistisch zu stellen. Ich bin sicher, daß mir jeder von Ihnen so helfen wird, wie er ihm geholfen hat. (. . .)

Den Wert der Völker mißt man an der Zuverlässigkeit ihrer Tugenden, nicht an ihrer Einwohnerzahl. So wollen wir dem Gedenken an unseren lieben Dahingegangenen treu bleiben und das große Vermächtnis bewahren, das er uns hinterlassen hat. Wir richten unsere inbrünstigen Gebete an den Allerhöchsten, damit sich die Seele unseres geliebten Verstorbenen an göttlichem Wohlwollen und himmlischer Glückseligkeit erfreue.

Wir bitten Allah, daß er uns Geduld verleihen und Kraft schenken möge, in dieser tiefen Trauer auszuhalten. Wir erflehen Seinen Schutz und Seine Milde für unser Volk, Seinen Beistand und Seine Hilfe für uns alle. ‚Im Namen Allahs mögen sich alle Menschen vereinen. Wer in dieser Einheit lebt, wird sich auf dem rechten Weg des Herrn befinden.'"[5]

Das waren große, verheißungsvolle Worte, und die Menschen vernahmen sie mit Freude. Wer an König Mohammed V. geglaubt hatte, setzte nun all seine Erwartungen und Hoffnungen in den Thronfolger, der eben versprochen hatte, im Sinne seines Vaters weiterzumachen, ja mehr noch, ihn sogar zu übertreffen. Die meisten Marokkaner waren strenggläubige Moslems, und die Menschen waren gespannt, ob der neue König die religiösen Bräuche ebenso in Ehren halten würde wie sein Vorgänger, von dem man wußte, daß er sie stets peinlich genau nach den Vorschriften des Korans verrichtet hatte. Mohammeds V. tiefe Religiosität war sprichwörtlich gewesen. Zweifellos hatten diese Tugenden ganz erheblich zu seiner ungeheuren Popularität beigetragen.

Was Hassan betraf, war man sich in dieser Hinsicht nicht so sicher. War er nicht nach dem Vorbild der Ungläubigen erzogen worden? Hatte er sich nicht schon von der Kleidung her westlichem Beispiel angepaßt? Fehlte er nicht an so manchem Freitag in der Moschee? Es mußte sich erst zeigen, ob und inwieweit er das Vertrauen rechtfertigen konnte.

So warteten die Menschen auf den ersten Freitag nach dem Tode König Mohammeds V. mit großer Neugier. Der 3. März 1961 war gleichzeitig der Tag der Thronerhebung Hassans. Man wußte, daß der bisherige König bei keinem Freitagsgebet gefehlt hatte, und seine prunkvoll ausgerichteten Besuche der Moschee waren zu einem Ritual geworden, das man nicht mehr missen mochte. Dazu hatte er die vorgeschriebene Kleidung getragen: einen extra langen Turban unter einem feinen Musselin-Überwurf. (Diese Kopfbedeckung war nur religiösen Festen vorbehalten.) Die wenigen hundert Meter Entfernung vom Palast zur Moschee wurden stets in einer prächtig geschmückten Kutsche zurückgelegt, die einer seiner Vorfahren von Königin Victoria von England geschenkt bekommen hatte. Wie wohl Hassan verfahren würde?

An der nichtöffentlichen Zeremonie der Inthronisation nahmen nur illustre Gäste und höchste Beamte teil. So waren die Mitglieder der königlichen Familie (unter ihnen sein jüngerer Bruder Abdullah), bedeutende Ulema (islamische Gesetzesgelehrte), Provinzgouverneure, Scheichs der wichtigsten Stämme, Führer der einzelnen Parteien und ausländische Botschafter zugegen. Der Kronprinz mußte dabei traditionsgemäß „sanft genötigt" werden, seinen Platz auf dem riesigen Thron einzunehmen.

Dann war es soweit: Marokko hatte in Moulay Hassan II. einen neuen König. Und er hielt sich an die Tradition und suchte als erstes die Moschee auf, wohl wissend, daß die Menschen dies erwarteten. Schwarze Wachen auf weißen Pferden bildeten die Vorhut, ganz in Weiß gekleidete Palastdiener mit roten Tarbuschen[6] folgten.

Dann erschien die bekannte Kutsche, und als die Menge darin den neuen König erkannte, kam ein unbeschreiblicher Jubel auf. Frenetische Rufe erschollen und die Menschen applaudierten begeistert: Der König sah Sidi Mohammed V. zum Verwechseln ähnlich! Das Land hatte einen neuen Gebieter, und die Menge rief begeistert: „Malik! Malik!" (Führer) Das half, das traurige Ereignis leichter zu verkraften.

König Hassan besuchte sogleich die Provinzen (es gibt insgesamt 19 und zwei ihnen gleichgestellte Stadtpräfekturen), die unter Leitung von Super-Kaids in Bezirke, Stadt- und Landgemeinden untergliedert sind. Zu einer Landgemeinde gehören etwa 20 Duars (Dörfer). Die Gemeinden selbst werden von Kaids geleitet. Hassan stellte sich vor und vertrat sein Regierungskonzept. Er bereiste das ganze Land und wurde überall jubelnd begrüßt, selbst in Casablanca, das doch als Zentrum der Linken galt.

Das Ausland hatte den Thronwechsel mit gemischten Gefühlen aufgenommen. Besonders Frankreich argwöhnte zunächst ernste Probleme, doch Staatspräsident De Gaulle sah es positiv: „Wegen der Agitation der politischen Kreise des Landes ist zu befürchten", sagte er, „daß die durch die Thronfolge eröffnete Krise große Erschütterungen nach sich zieht. Dem ist aber nicht so. Der junge Prinz Hassan ergreift sofort die Initiative und besteigt ohne lange zu fackeln den Thron seines Vaters. Wie eifersüchtig der neue König auch über die nationale Souveränität wachen mag, er beabsichtigt die außerordentlichen Bande zu Frankreich beizubehalten. Alles in allem können wir damit rechnen, daß Marokko mit Tunesien von nun an die algerische ‚Front' dazu ermutigen wird, das Richtige zu tun, sprich: zu verhandeln."[7]

Der neue König

Moulay Hassan wurde am 9. Juli 1929 in Rabat geboren, zu einer Zeit, als Sultan Mohammed Ben Yussef in Frankreich weilte. Der Sultan hatte den Namen Hassan im Gedenken an seinen Großvater gewählt, einen der fähigsten Herrscher der Alawiden-Dynastie. Er hatte beschlossen, seinem Erstgeborenen eine sorgfältige Erziehung angedeihen zu lassen, und so geschah es auch.

Zunächst waren der Prinz und seine Schwester Aischa, die in einer eigenen kleinen, neben dem Königspalast gelegenen Villa wohnten, von einem französischen Kinderfräulein namens Espagnet betreut worden, dann von Mademoiselle Meyer, einer Gouvernante. So lernte Hassan von klein auf Französisch (das er dann mit reinstem Pariser Akzent sprach), und es bereitete ihm keine Mühe, Esprit und Mentalität Frankreichs zu erfassen.

Der Sultan erkannte rasch die Intelligenz seines Ältesten, den er wie seinen Augapfel hütete. Der Junge wurde zum erklärten Liebling seines Vaters, der ihn sichtlich seinen anderen Kindern vorzog. Natürlich wurde Hassan auch islamisch erzogen. Die hervorragendsten Lehrer des Landes unterrichteten ihn in klassischem und maghrebinischem Arabisch sowie im Koran. So soll er das umfangreiche Heilige Buch der Moslems schon bald auswendig beherrscht haben.

Früh bildeten sich Eigenschaften heraus, die ihn auch als Erwachsenen kennzeichnen sollten: Hassan war erstaunlich auffassungsbegabt, höflich und ungewöhnlich großzügig. R. Landau, einer der besten Kenner des Königs, erzählt in seiner Biographie „Hassan II." zwei amüsante Anekdoten aus dieser Zeit.

So besuchten der Sultan und sein Sohn 1932 Paris (Hassan war damals drei Jahre alt), und der damalige Ministerpräsident Edouard Herriot zeigte ihnen unter anderem den Louvre, in dem es auch Spielzeuge gab. Der kleine Hassan war am meisten von einem Automobil angetan, einem Zweisitzer, und kletterte sogleich hinter das Steuer. Herriot schlug besorgt vor, den Jungen in dem Fahrzeug festzubinden, damit er nicht herausfalle. „Nein", soll der Prinz da geantwortet haben, „*du* würdest herausfallen." Er sagte nichts weiter, doch war es klar, daß er gerne hinzugefügt hätte: „Weil du zu dick bist."

Ein Jahr später verbrachten sie ein paar Tage im Hotel Rhul zu Nizza; der Prinz hatte eben einen schmucken Tarbusch geschenkt bekommen. Als er vom Balkon aus bemerkte, daß sich auf den Straßen eine Menge begeisterter Menschen angesammelt hatte, um ihn zu sehen und ihm zuzujubeln, nahm er kurzerhand den neuen Tarbusch ab und warf ihn gerührt unter die Leute. Er wollte ihnen seine Dankbarkeit zeigen . . .[8]

Als der Prinz eingeschult werden sollte, überlegte der Sultan lange, ob das im Ausland oder in der Heimat geschehen sollte. Dann entschied er sich für das letztere, denn er wollte keinesfalls, daß es zu einer Entfremdung käme. Doch die Schulen und Institute seines Landes waren in ihren Methoden und Programmen nicht auf modernstem Stand, und an den französischen Lehrinstituten wurden keine islamischen, arabischen und marokkanischen Studien betrieben. Also ließ er 1941 ein speziell für diese Zwecke zugeschnittenes Institut, das „Collège Impérial", eröffnen, das seine beiden Söhne besuchen sollten. Außer Hassan und Abdullah wurden noch 20 Kinder der vornehmsten Familien des Landes zugelassen, wie zum Beispiel der Kadiris, Osmans, Tahiris und Ben Zidans. Die Jungen waren im Collège selbst untergebracht; unterrichtet wurden sie von erstklassigen Pädagogen wie dem späteren Unterrichtsminister und erstem Rektor der Universität von Rabat, Mohammed el Farsi, und dem späteren Staatssekretär Mohammed Bahnini. Die französischen Lehrkräfte kamen vom Rabater Lyzeum. Auf dem Stundenplan standen arabische Sprache und Literatur, Geschichte, Religion, Recht und Philosophie. Dazu kamen Französisch, Latein und Englisch. Hassan hat später keine Gelegenheit ausgelassen, sich seinen Lehrern gegenüber dankbar zu zeigen.

Der Sultan verlangte von allen Lehrkräften, daß sein Sohn in keiner Weise bevorzugt werde. Dennoch stellte sich schnell heraus, daß Hassan der beste aller Schüler war. Nur in Mathematik verhielt es sich anders. „Die Leistungen Ihres Sohnes sind gleich Null!" soll ein Lehrer auf entsprechendes Befragen geantwortet haben.[9]

Geschichte und Literatur waren Hassans Lieblingsfächer, und dabei kam ihm zweifellos sein ausgezeichnetes Gedächtnis zustatten. Noch Jahre danach verblüffte er Zuhörer, indem er ihnen ganze Prosa- und Lyrikpassagen arabischer oder französischer Autoren vortrug. Überhaupt interessierte er sich mehr für den Stil eines Werkes als für seinen Inhalt. Geistvolle Metaphern, brillante Epigramme oder Paradoxa und kunstvoll verschlungene Sätze schätzte er besonders; Chateaubriand war einer seiner bevorzugten Autoren.

Die Ferien verbrachte Hassan mit Vorliebe in Frankreich, meist in Gesellschaft von Mohammed Bahnini. Da er die Werke eines Montaigne, Corneille und Racine überaus schätzte und zudem die griechische Kunst verehrte, interessierte er sich lebhaft für die berühmten Pariser Museen und Theater. Enge Kontakte zu zeitgenössischen Autoren, Verlegern und Journalisten pflegend, wurde er überdies auch rasch mit der französischen Moderne vertraut.

An seinem 18. Geburtstag durfte der Prinz eine hübsche Villa in Souissi beziehen, die eigens für ihn gebaut worden war. Dann setzte er das Studium an der Universität fort (das Rabater „Institut des Hautes Etudes" gehörte zur Universität Bordeaux). Er belegte islamische Theologie, arabische Literaturgeschichte und moderne Rechtswissenschaften. Die Studien schloß er mit dem „Diplôme d'Etudes Supérieures" erfolgreich ab.

Trotz seiner schulischen Erfolge wird man Hassan nicht als Intellektuellen bezeichnen. In seiner Jugend begeisterte er sich vor allem für Sport: Er spielte Fußball und Basketball, war ein guter Schwimmer und vielseitiger Athlet. Er liebte den Schießsport und die Jagd, nahm an Rabater Pferderennen teil (er machte sich einen Namen im Hindernisrennen), fuhr früh einen eigenen Wagen und spielte gut Tennis. Ebenso zeichnete er sich im Schachspiel aus und liebte die andalusische Musik (er spielte einige Instrumente). Ein großzügig bemessenes Budget erlaubte ihm solche Faibles; sein Vater brachte ihm volles Verständnis entgegen. Er vertrat den Standpunkt, daß seine Söhne ihre Jugend genießen sollten.

Als Kronprinz erweiterte Hassan die Kontakte zum Ausland. So besuchte er den belgischen König Baudouin anläßlich der Eröffnung des marokkanischen Pavillons auf der Brüsseler Weltausstellung 1958. In Kairo führte er lange Gespräche über die Struktur der Arabischen Liga und den schier unüberwindlichen Konflikt zwischen Nasser und Bourgiba. In New York sprach er vor der UNO-Vollversammlung, und in Farnborough (England) besichtigte er die für die Royal Air Maroc am besten geeigneten Flugzeugtypen. Hassan besuchte auch Italien, wo er in Anwesenheit von Staatspräsident Gronchi die Eröffnungsrede zu einem Mittelmeer-Colloquium hielt (Florenz), in der er für religiöse Toleranz unter Juden, Moslems und Christen plädierte. Sie wurde mit viel Beifall aufgenommen.

England besuchte er des öfteren. 1960, als er bei einer offiziellen Visite mit der Queen und dem Ministerpräsidenten zum Essen verabredet war, kam es zu einem kleinen Mißgeschick: Hassan verspätete sich um ein paar Minuten und wurde als „notorisch unpünktlich" entschuldigt. Dabei verhielt es sich so, daß der Prinz am Abend in London angekommen war und erst im Hotel – eben als er sich umkleiden wollte – festgestellt hatte, daß sich sein Reisegepäck noch auf dem Flughafen befand. Bis man es endlich herbeigeschafft hatte, verging ungebührlich viel Zeit; er hätte beim besten Willen nicht pünktlich im Buckingham Palace eintreffen können. Er versuchte die Queen zu versöhnen, wobei er ihr einen herrlichen goldenen Gürtel verehrte, der nach traditioneller Art der Mauren gearbeitet war. Sie „vergab" ihm, indem sie ihm erlaubte, ihr den Gürtel selbst um die Taille zu legen.

Hassan begleitete auch seinen Vater. Ob es sich um Reisen nach Spanien, in die Schweiz oder in die USA handelte – er war meistens dabei. Der Prinz machte sogar die traditionelle Pilgerfahrt nach Mekka und in die arabischen Staaten des Mittleren Ostens (1960) mit. Es mag dies vor allem deshalb der Fall gewesen sein, weil Mohammed Ben Yussef der Welt zeigen wollte, wen er zum künftigen Herrscher Marokkos bestimmt hatte.

Nun waren die sorglosen Jahre plötzlich zu Ende. Hassan hatte das Erbe seiner Väter angetreten: Er allein war für sein Land verantwortlich. Jetzt ging es darum, das Gelernte unter Beweis zu stellen.

Der neue König machte sich mit Eifer an die große Aufgabe, wobei es ihm besonders schwer gefallen sein mag, sich an Pünktlichkeit und Disziplin zu gewöhnen. Doch rastlos arbeitete er sich in sein schweres Amt ein, er war ja Ministerpräsident, Oberkommandierender und Generalstabschef der Armee in einer Person. Auch behauptete er die religiöse Führerrolle für sich. So kam es immer häufiger vor, daß er noch um Mitternacht an seinem Arbeitstisch saß, und seine Minister konnten sicher sein, daß sie selbst zu den „unmöglichsten" Stunden von ihm gerufen wurden, falls es sich um wichtige Angelegenheiten handelte.

Den überwiegenden Teil des Tages verbringt der König mit Audienzen, Kabinettsbesprechungen und der Erledigung von Verwaltungsaufgaben. Wenn es seine knapp bemessene Freizeit erlaubt, veranstaltet er Familienpicknicks auf dem Land, um der lästigen Etikette des Hofes zu entgehen. Bevorzugtes Ziel ist Ifrane, ein herrlich gelegener Ort im Mittleren Atlas.

Probleme und Reformen

Zunächst ließ sich alles ganz vielversprechend an. Hassan wurde von der Istiklal-Partei unterstützt (die Bedeutung und Notwendigkeit von politischen Parteien war ihm klar) und bereits im November 1962 konnte er die (längst fällige) erste Verfassung des Landes erlassen, die durch anschließende Volksabstimmung bestätigt wurde. Sie führte vor allem ein – mit beschränkten Vollmachten ausgestattetes – Parlament ein.

Obwohl Marokko nun de jure zur konstitutionellen Monarchie geworden war, änderte sich doch de facto nichts an der absoluten Herrschaft des Königs. Hassan war der Ansicht, daß eine Demokratisierung solange zurückgestellt werden mußte, bis der allgemeine Lebensstandard entsprechend verbessert, soziale Gerechtigkeit erreicht, die Arbeitslosigkeit beseitigt und die Emanzipation der Frau verwirklicht war. Auch um Kultur und Hygiene war es nicht zum besten bestellt.

Die Verfassung beinhaltete folgende Bestimmungen:[10]

– Der König ernennt den Ministerpräsidenten und die Minister. Er entbindet sie auf eigene Verfügung ... von ihren Funktionen (Art. 24).
– Der König hat den Vorsitz im Ministerrat (Art. 25).
– Der König übt die Verordnungsgewalt auf den Gebieten aus, die ihm ausdrücklich durch die Verfassung vorbehalten sind (Art. 29).

Der König konnte Offiziere und Richter ernennen, Verträge unterzeichnen und ratifizieren, den Ausnahme- und Belagerungszustand verkünden und den Vorsitz im „Hohen Rat für Nationalen Aufbau und für Planung", im „Hohen Rat der Richterschaft" und im „Hohen Rat der Staatsanwaltschaft" führen, wann immer es ihm beliebte.

Die Regierung war gleichfalls dem König verantwortlich, die Gesetzgebung oblag dem Parlament. Art. 48, 53 und 99 beschränkten die parlamentarischen Funktionen auf individuelle und kollektive Rechte, die Grundprinzipien des Zivil- und Strafrechts, das Gerichtswesen des Königreichs, die Grundgarantien für zivile und militärische Beamte des Staates, das Budget und den Wirtschaftsplan.

Ganz deutlich wurden die Grenzen des Parlaments durch folgende Zusätze festgesetzt:

- Sachgebiete, die nicht in den Kompetenzbereich der Gesetzgebung fallen, gehören zum Verordnungsrechtswesen[11]. (Artikel 49)
- Die Regierung kann die Annahme jedes Vorschlages oder jeder Abänderung verweigern, wenn diese nicht in den Kompetenzbereich der Gesetzgebung fallen. (Artikel 56)
- Bei Annahme unterliegt der Text (eines Gesetzes) der Entscheidung des Königs. (Artikel 62)

Unter diesen Umständen dürfen die ersten Jahre durchaus als scheinparlamentarisch bezeichnet werden. Streitereien über die Nationalisierung von Landwirtschaft und Wirtschaft sowie über die Aufteilung des freigewordenen Colonlandes führten zu nichts.

In diesem Zusammenhang ist es interessant zu wissen, daß in Marokko extreme Betriebsformen und Besitzverhältnisse herrschen. Gegen Ende der Protektoratszeit befand sich das beste Fünftel des für Ackerbau und Dauerkulturen benutzten Landes in europäischem (vor allem französischem) Besitz – 1963 waren es immer noch rund 10 Prozent. Eine Bodenreform wurde nur in Ansätzen wirksam, und so ging der ausländische Grundbesitz beinahe unverändert auf marokkanische Großgrundbesitzer über, die Gewinne und Pachtzahlungen nicht etwa dazu verwendeten, ihre Betriebe zu modernisieren, sondern um noch mehr Land zu erwerben. Oder sie beteiligten sich am städtischen Großhandel und brachten auf diese Weise auch noch die selbständigen Bauern in ihre Abhängigkeit. So befindet sich selbst heute noch beinahe die Hälfte des Landes in den Händen von etwa acht Prozent aller Landbesitzer, andererseits können rund 55 Prozent der Kleinbauern und Pächter nicht einmal das für eine gesunde Ernährung notwendige Existenzminimum aufbringen.

Diese bitteren Tatsachen stehen in krassem Gegensatz zu Hassans wiederholten Äußerungen, er wolle sich dafür einsetzen, daß Privilegien besitzender Klassen beseitigt und sozialer Mißbrauch verhindert würde; er wolle dafür Sorge tragen, daß das ausländische Kapital im bestmöglichen Sinne für die Interessen Marokkos verwendet, die Arbeitslosigkeit abgebaut und eine gerechtere Lohnpolitik betrieben werde.

Die dürftigen Fortschritte in der Landwirtschaft konzentrieren sich vor allem auf den Export (Orangen, Gemüse); überall verbreitet ist die Viehzucht. Die Industrialisierung steckt noch in den Anfängen, und auch Fischerei und Bergbau sind mehr exportorientiert (produktivster Wirtschaftszweig ist der Phosphatbergbau; Marokko ist nach den USA der größte Phosphatproduzent der Welt). Da das Land ein gut entwickeltes (auf die Protektoratszeit zurückgehendes) Verkehrswesen besitzt, nahm in den letzten Jahren der Tourismus einen gewaltigen Aufschwung und wurde schließlich zu einer wichtigen Devisenquelle.

Dennoch konnte das Außenhandelsdefizit kaum verringert werden. Überdies zeigte es sich, daß der König seine Großgrundbesitzer entgegen seinen Versprechungen begünstigte oder sich zumindest nicht mit ihnen anlegen wollte. So verstärkten sich rasch die Oppositionsgruppen gegen seine Macht. Hassan mochte bezweifelt haben, daß er sich nach den ersten Wahlen in der Geschichte des Landes (sie fanden am 17. Mai 1963 statt), weiter an der Macht halten könnte, und so veranlaßte er kurz vorher die Gründung einer neuen Partei: der „Front pour la Défense des Institutions Constitutionels" (FDIC = Front für die Verteidigung der verfassungsmäßigen Einrichtungen). Ihr Führer wurde Hassans Kabinettchef, Achmed Réda Gedira (Guédira), und ihre Funktionäre setzten sich aus Gouverneuren, Ministern und Verwaltungsbeamten zusammen. Später ging aus der FDIC die „Volksbewegung" (Mouvement Populaire) hervor.

Der Wahlkampf festigte die Monarchie, ganz so, wie es sich Hassan II. vorgestellt hatte. Jetzt sollten demokratische Reformen in Angriff genommen werden. Doch das war alles andere als einfach. Da bot sich an der marokkanisch-algerischen Grenze im Gebiet von Tindouf bei Hassa Beida und Tindschub (Tindjoub) sowie bei Beni Ounif südöstlich Figuig Gelegenheit, von diesen Schwierigkeiten abzulenken, und zwar durch eine militärische Intervention. Der Grenzkonflikt, bei dem es um die Förderung von hochwertigem Eisenerz und um die strategisch wichtige Lage des Ortes ging, wurde bewußt provoziert – denn begründet war er sicher nicht. Berberische Soldaten, die bei Tindschub etwa 60 Kilometer auf algerisches Territorium vordrangen und bei Beni Ounif die einzige leistungsfähige Straßen- und Bahnverbindung nach Béchar (früher Colomb-Béchar) und ins Kampfgebiet bei Hassi Beida und Tindschub blockierten, wurden von marokkanischen Bombern und Panzern unterstützt. Erst der Konferenz der Staatschefs von Äthiopien, Mali, Marokko und Algerien in Bamako (November 1963) gelang es, auf Vermittlung von Kaiser Haile Selassie, einen Waffenstillstand und die Anrufung der im gleichen Jahr in Addis Abeba gegründeten Organisation der „Afrikanischen Einheit" zu vereinbaren.

Die Entspannung mit Algerien wurde allerdings erst mit dem Sturz Ben Bellas (1965) eingeleitet. Der Staatsbesuch Boumediennes vom 11. bis 16. Januar 1969, der Abschluß eines Freundschaftsvertrages und die Regulierung der strittigen Grenzfragen im Mai 1970 besiegelten diese Entwicklung im positiven Sinne. Algerien hat sich seither auch nicht wieder in die inneren Angelegenheiten Marokkos eingemischt (im Gegensatz zu Libyen).

Die geschilderte Entwicklung führte zunächst zu heftigen Studenten- und Arbeiterunruhen in Casablanca (1965). Dann folgte die sensationelle Entführung und Ermordung Ben Barkas in Paris, an welcher der deswegen von einem französischen Gericht zum Tode verurteilte General Oufkir beteiligt war. Sie führte zum Abbruch der diplomatischen Beziehungen, die erst 1970 wiederaufgenommen wurden.

Hassan löste unter Ausrufung des Ausnahmezustandes das Parlament auf und regierte vom 7. Juni 1965 bis 6. Juli 1967 mit Achmed Balafredsch als persönlichem Stellvertreter unmittelbar. Als er die Lage wieder einigermaßen unter Kontrolle hatte (Ben Barka war ein heftiger Gegner der Monarchie gewesen und hatte sich unentwegt für eine demokratischere Verfassung eingesetzt), versuchte der König, mit Hilfe der Regierungen Benhima (6. Juli 1967 bis 6. Oktober 1969), Laraki (6. Oktober 1969 bis 4. August 1971) und Lamrani (6. August 1971 bis Oktober 1972), sich wenigstens nach außen hin von der Tagespolitik zu distanzieren, um so den Verlust der Autorität abzuschwächen. General Oufkir war zunächst als Innenminister, dann ab 1971 als Verteidigungsminister tätig. Der König vertraute ihm uneingeschränkt, was sich noch als verhängnisvoll erweisen sollte.

Inzwischen hatte sich die Istiklal-Partei ein sozialistisches Programm gegeben und mit der UNFP (Union Nationale des Forces Populaires) zur „Nationalen Front" (El Kautlah el Watania) zusammengeschlossen. Sie strebte eine politische, wirtschaftliche und soziale Demokratie an und boykottierte auch die am 24. Juli 1970 in einer Volksabstimmung gebilligte zweite Verfassung des Landes, die, bei formal zwar erweiterten Rechten von Parlament und Regierung, in Wirklichkeit weiterhin alle Macht beim König beließ.

Doch dieser Union zwischen Istiklal und UNFP war keine lange Dauer bestimmt: im August 1972 wurde sie wieder aufgelöst.

Die Lage des Königs war zum Zeitpunkt der zweiten Verfassung (am 1. März 1972 folgte eine dritte) ausgesprochen prekär, denn die Wirtschaftslage war offensichtlich schlechter als vor dem Erlangen der Unabhängigkeit und das trotz seit 1960 laufender Wirtschaftspläne und Erfolgen in der Sozialgesetzgebung. Schuld daran war ein stetiger Bevölkerungszuwachs, eine ausufernde Arbeitslosigkeit und eine bis zu fünfzigprozentige Unterbeschäftigung auf dem Lande.

Mehdi Ben Barka erwähnt in seinem Buch „Revolutionäre Alternative" vor allem ein erschreckendes Anwachsen der Lebenshaltungskosten, Kaufkraftschwund und fortschreitende Inflation. Bitter stellt er fest: „Seit Ende 1960 hat Marokko den Weg der Unabhängigkeit und des Wachstums verlassen, um auf den

Weg der Verschuldung und der finanziellen Abhängigkeit zurückzukehren. Es hat damit begonnen, mehr auszugeben als es selbst produziert, insbesondere um den Konsum von ein paar tausend Privilegierten sowie die Verschwendung des Staates zu dekken. Seitdem wurde das Defizit durch Auslandsgeldreserven und durch Auslandsanleihen ausgeglichen. Je mehr unsere Auslandsreserven abnahmen, desto lauter wurden die Regierungsappelle nach Auslandshilfen, so daß wir eine absolute Abhängigkeit zu erreichen schienen . . . Marokko ist eines der wenigen Länder, die den Weg der Unterentwicklung gewählt haben; es schreitet diesen wenigen Ländern sogar voran."[12]

Außenpolitisch war auffällig, daß Marokko bestrebt war, sich aus dem Ost-West-Gegensatz der Supermächte herauszuhalten. Obwohl das sowjetische Staatsoberhaupt dem Land im April 1969 einen Besuch abstattete und es zur Abnahme von 16 MIG-17-Jägern kam, sympathisierte Hassan II. mehr mit dem Westen, was dann auch durch eine Assoziierung mit der EWG im gleichen Jahr bekräftigt wurde.

Das Verhältnis zu den unmittelbaren Nachbarstaaten war gleichfalls lange Zeit getrübt. Erst als Marokko auf den Souveränitätsanspruch über Mauretanien verzichtete (1969 wurde das entsprechende Ministerium aufgelöst), konnten diplomatische Beziehungen aufgenommen und 1970 gar ein Freundschaftsvertrag mit dem Land abgeschlossen werden.

Die Beziehungen zu Frankreich und Algerien wurden bereits erwähnt; das Verhältnis zu Spanien hatte sich normalisiert, als dieses 1958 die südmarokkanischen Gebiete von Tarfaya sowie am 4. Januar 1969 die Enklave von Ifni zurückgegeben hatte. Es sollte jedoch einige Jahre später durch den als „Grünen Marsch" in die Geschichte eingegangenen Saharazug erneut auf die Probe gestellt werden.

Der Militärputsch von Skhirat

Im Jahre 1971 war General Medbouh Direktor des königlichen „Maison Militaire". Hassan II. stellte später fest, daß er sich bei der Besetzung dieses Postens den falschen Mann ausgesucht hatte. Der General hatte sich rasch mit Oberstleutnant Mohammed Ababou, der Chef der Unteroffiziersschule von Ahermoumou war, und Oberst Larbi Chelouati, dem zum dritten Büro des Stabs versetzten Exgouverneur von Oujda, zusammengetan und ein Komplott ausgeheckt. Die Verschwörung richtete sich (nach späteren Aussagen) gegen die im Lande herrschende Korruption, in Wahrheit strebte man wohl die eigene Machtübernahme an.

Nur von „begrenzter Intelligenz", wie Hassan ironisch meinte, dafür aber von brennendem Ehrgeiz erfüllt, planten diese drei Offiziere einen Staatsstreich. Da sie weder über ein klar ausgearbeitetes Konzept verfügten, noch auf irgendeine öffentlich-rechtliche oder politische Organisation zählen konnten, mußte das Unternehmen von vornherein zum Scheitern verurteilt sein.

Der Militärputsch sollte anläßlich des 42. Geburtstages des Königs am 10. Juli 1971 in Skhirat (der Name bedeutet „Klippe" oder „Fels") stattfinden, da man wußte, daß Hassan diesen Tag gewöhnlich im dortigen Sommerpalais verbrachte.

In der Tat hielt sich der König dort auf. Ab acht Uhr morgens empfing er unentwegt Gäste, insgesamt an die 800 Personen. Sie spielten Golf oder Boule, schwammen in dem großzügig angelegten Pool und waren guter Dinge. Anwesend waren die Botschafter Frankreichs, der USA, der UdSSR, Belgiens, der arabischen Länder, zahlreiche Mitglieder ausländischer Regierungen, Vertreter der eigenen Ministerien, Wissenschaftler, Künstler, Schriftsteller und gute persönliche Freunde. Auch General Medbouh war unter den Gästen.

Der König wollte sich eben in das vor dem Palais aufgebaute große Zelt begeben, um einen Lunch einzunehmen, als plötzlich Gewehrfeuer zu hören war. Medbouh war der einzige, der zu diesem Zeitpunkt, etwa 14 Uhr, wissen konnte, wer da schoß. Was er nicht wissen konnte, war, daß er selbst ein paar Stunden später getötet würde. Was war geschehen?

Die 1400 Eleven der Militärschule von Ahermoumou, das östlich von Taza im Atlas liegt, hatten ihre Ausbildungsstätte um 3.15 Uhr morgens in zwei motorisierten Kolonnen verlassen. Man hatte ihnen gesagt, es ständen außerplanmäßig realistische Schießmanöver in Ben Slimane auf dem Programm. Der Ort ist bekannt für seine Korkeichenwälder und liegt zwischen Rabat und Casablanca. Um elf Uhr machten die Kolonnen in Sidi Bouknadel, etwa 16 km vor Rabat, eine kurze Rast.

Mohammed Ababou rief die vier Bataillonchefs zusammen und enthüllte seinen staunenden Untergebenen, daß es sich bei dem Manöver in Wirklichkeit darum handelte, „umstürzlerische Elemente unschädlich zu machen, die in das Palais von Skhirat eingedrungen seien, um Freiheit und Leben des Königs zu bedrohen". Rasches Handeln und entschiedenes Durchgreifen sei deshalb das Gebot der Stunde.

Kommandant Kadiri, mißtrauisch geworden und genauere Erklärungen fordernd, wurde beruhigt, dann aber vorsichtshalber unter Bewachung gestellt. Ababou erklärte seinen Leuten, wie er sich das weitere Vorgehen vorgestellt hatte. Demnach sollten zuerst das Palais umzingelt und die zahlreichen Gäste in Verwahrung genommen werden. Dann würde man weitersehen. In Wirklichkeit hatten die Verschwörer vor, anschließend die kleine Leibwache des Königs zu überwältigen und Hassan gefangenzunehmen.

So geschah es dann auch. Die Soldaten umstellten das Palais von Skhirat und drangen ungestüm ein. Da sich Hassan nicht auf dem Golfplatz befand – wo man ihn um diese Zeit vermutete –, sondern offensichtlich plaudernd unter der Menge steckte, mußten die Verschwörer nach ihm suchen; das machte sie nervös und unruhig.

Nachdem der König seine Verblüffung überwunden und den Ernst der Lage erkannt hatte, begab er sich geradewegs zum Thronsaal, um seine Truppen zu alarmieren und Hilfe anzufordern.

Bereits um 15.15 Uhr waren die Leute des Königs überwältigt und entwaffnet. Hassan beschloß, sich mit etwa zwölf Getreuen in einen Nebenraum des Thronsaales zurückzuziehen, um dort bis zur Befreiung auszuharren. Unter den Männern waren Ministerpräsident Achmed Laraki, Informationsminister Achmed Snoussi, Oberst Dlimi – der Direktor der Sicherheitspolizei –, die Professoren Gennes und Touraines, Achmed Balafredsch und Innenminister General Oufkir.

Medbouh besaß plötzlich die Unverfrorenheit, den König darüber zu informieren, daß Ababou das Haupt der Verschwörung sei und an einer Unterredung interessiert sei. „Wollen Eure Majestät mit ihm sprechen?" fragte er.

Hassan verspürte nicht die geringste Lust dazu und lehnte ab: „Sagen Sie ihm, daß ich mit einem Verräter nicht verhandle, der noch dazu kaltblütig das Leben so vieler unschuldiger Menschen aufs Spiel setzt."

Inzwischen war es 17 Uhr geworden. Der König und seine Leute hatten gemerkt, daß sich die Aufrührer offensichtlich nicht über den Sinn ihres Unternehmens im klaren waren und daß sie nicht einmal wußten, wer sich in dem von ihnen belagerten Raum befand. Das bewiesen deutlich vernehmbare Fragen der jungen Putschisten wie: „Was machen die da drin? Wo sind die Verräter? Weshalb hatten wir Schießbefehl gegen die ‚Compagnies d'Intervention'?"

Es war die Stunde der „Fatiha", jenes Gebetes der Moslems, das unserem Vaterunser entspricht. Die zu Mekka offenbarte erste Sure des Korans „Al-Fatiha" eröffnet das Heilige Buch des Islams und lautet:

> Im Namen Allahs, des Allbarmherzigen!
> Lob und Preis sei Allah, dem Herrn
> aller Weltenbewohner,
> dem gnädigen Allerbarmer,
> der am Tage des Gerichtes herrscht.
> Dir allein wollen wir dienen,
> und zu dir allein flehen wir um Beistand.
> Führe uns den rechten Weg,
> den Weg derer, welche sich deiner Gnade erfreuen –
> und nicht den Pfad jener,
> über die du zürnst oder
> die in die Irre gehen!

Just in dem Augenblick, als der König dieses Gebet verrichtete, gelang es etwa sieben Soldaten einzudringen und ihn zu umstellen. Der Zufall wollte es, daß einer von ihnen Hassan sogleich erkannte. „Das ist doch der König selbst!" rief er aus. Er beugte sich demütig über die Hand des Herrschers und sagte: „Man hat uns glauben lassen, Ihre Majestät befänden sich in Gefahr: nur deshalb haben wir das Palais umzingelt. Darum hat man uns auch Schießbefehl erteilt. Ich ersuche Majestät, das zu verstehen. Auch ich begreife das erst in diesem Moment, wir sind betrogen worden!"[13]

Der König hatte noch einmal Glück gehabt, Allah hatte zur rechten Zeit geholfen. Unverzüglich erteilte Hassan entsprechende Befehle. Bereits abends um 22.30 Uhr war der König Sieger auf der ganzen Linie; er beherrschte die Lage souverän. Die Verschwörer wurden unter Anklage gestellt und nach kurzem Verfahren abgeurteilt. Vier Generale, fünf Oberste und ein Major – unter ihnen Ababou und Medbouh – wurden hingerichtet.

Anderntags sagte der König in einer Ansprache an die Öffentlichkeit: „Wir wenden uns heute an die politischen Führer und Vorsteher der Gewerkschaften, um Ihnen mitzuteilen, daß wir nunmehr die Früchte geerntet haben, die Sie gesät haben. Schuld daran hatten Ihre unentwegte Pressekampagne und die Behauptungen, Marokko sei wegen seiner trostlosen Situation und ungesunden Wirtschaft auf dem Weg zum Zusammenbruch. Einige von Ihnen haben diesen Gerüchten Glauben geschenkt, und jetzt sind diejenigen, die diese Gerüchte in die Welt gesetzt haben, ihre ersten Opfer geworden. Das beweist, daß Sie nur im Begriff sind, sich Ihr eigenes Grab zu schaufeln. Wenn es den Aufständischen gelungen wäre, die Macht zu ergreifen, hätten sie sich keineswegs auf Ihre Stufe gestellt: Medbouh, Bougrine oder Hamou hätten Sie nicht gerufen, um sich mit Ihnen in die Macht zu teilen. Denn jene Männer wußten, daß Sie sie nicht verstehen würden, und sie hätten auch Sie nicht verstanden. Darum möchte ich Ihnen, die Sie die öffentliche Meinung Marokkos entweder durch die Presse oder durch in Umlauf gesetzte Gerüchte entsprechend beeinflussen, sagen, seien Sie vorsichtig! Wenn Sie Wind säen, werden Sie Sturm ernten!"[14]

Am 4. August 1971 bezog sich der König in einer Rundfunkansprache erneut ausführlich auf den Putsch-Versuch und stellte den „Coup" als reines Abenteuer dar. Ironisch sagte er abschließend: „Ein Komplott muß stets gut vorbereitet werden und überdies nach einem sorgfältig ausgearbeiteten, überschaubaren Programm ausgeführt werden. Verbündete, Freunde und politische Organisationen müssen dahinterstehen. Die Operation vom

10. Juli hatte jedoch eher den Charakter eines Straßenraubs. Ihre Urheber verfügten über nichts von alldem, sie handelten weder nach einem Plan noch nach klaren Anweisungen. Und sie konnten außerdem auf keinerlei Rückendeckung seitens einer Gruppe, Organisation oder eines Verbandes hoffen."[15]

Hassan war der Ansicht, er sei deshalb nicht ernsthaft in Gefahr gewesen. Daß er sich dabei irrte, sollte er bald erfahren.

Ein General verübt Selbstmord

Sofort nach dem mißglückten Militärputsch ernannte König Hassan II. General Oufkir zum neuen Verteidigungsminister und kündigte energische Säuberungsmaßnahmen an. Im März 1972 wurde die dritte Verfassung Marokkos erlassen und durch Volksabstimmung angenommen. Sie bestätigte erneut stark erweiterte Rechte für Regierung und Parlament. So kann der König auch weiterhin einen Gesetzesbeschluß des Parlaments zurückweisen und eine zweite Lesung verlangen; bleibt die Kammer nicht mit mindestens Zweidrittelmehrheit bei ihrem Beschluß, kann er die Vorlage einer Volksabstimmung ausschreiben. Vorschläge für Verfassungsänderungen werden vom König gemeinsam mit dem Parlament vorgelegt, jedoch kann der König auch allein einen Vorschlag dem Referendum unterbreiten. Er führt den Vorsitz im Ministerrat und in beratenden Fachausschüssen der Regierung, ernennt und entläßt den Premierminister, die Minister, Diplomaten, Beamten des zivilen und militärischen Staatsdienstes und Richter, ratifiziert internationale Verträge, hat das Gnadenrecht und kann das Parlament auflösen. Nach Artikel 35 kann er außerdem den Ausnahmezustand verhängen, „wenn die Integrität des nationalen Territoriums bedroht ist oder Ereignisse eintreten, die das Funktionieren der verfassungsmäßigen Institutionen gefährden könnten".

Ein Jahr war seit Skhirat vergangen, als Hassan II. am 17. August 1972 von einem 20tägigen Urlaub, den er in Frankreich verbracht hatte, nach Marokko zurückkehrte.

Die Boeing aus Paris überflog gerade Tétouan, als der Pilot vier Northrop F5-Jäger auf Gegenkurs bemerkte. Von einer zum Empfang des heimkehrenden Königs vorgesehenen Eskorte war nichts bekannt. Noch bevor Kommandant Kabbadsch irgendwelche Fragen durch Funk stellen konnte, wurde aus einer F5 Feuer auf die Boeing eröffnet.

Die Passagiere mochten die Kampfflieger kaum wahrgenommen haben, doch spürten sie die von den Geschoßeinschlägen hervorgerufenen Erschütterungen. Einige wurden verletzt. Der König war ins Cockpit gegangen und hatte Anweisung gegeben, sich mit dem Kontrollturm von Rabat in Verbindung zu setzen. „Wir werden die Burschen bluffen!" sagte Hassan selbstbewußt, der selbst Jagdflieger gewesen war, und er fügte hinzu: „Los, geben Sie einen Notruf durch und lassen Sie durchblicken, der Pilot sei tot und der Copilot verletzt. Der König sei im Nacken getroffen worden und schwer verletzt. Man versuche die Landung."

Kouira, der Kommandant der feindlichen F5, überwachte das Landemanöver und kehrte dann zufrieden zu seiner Ausgangsbasis Kenitra zurück, um neu aufzutanken und Munition zu ergänzen. Dort wurde er von Oberstleutnant Amokrene erwartet und erstattete ihm Bericht.

Tatsächlich war dem König nichts geschehen; die Passagiere verließen aufatmend die lädierte Maschine. Es war alles gerade noch gutgegangen.

Nachdem der Kommandant des Flughafens von Rabat den Notruf des Königs aufgefangen hatte, war General Oufkir verständigt worden. Der eilte unverzüglich herbei und führte längere Unterredungen mit einigen Offizieren, um dann ruhig die Rückkehr seines Königs vorzubereiten. Oufkir hatte Hassan noch vor seiner Reise nach Frankreich bis Tanger begleitet.

Auf dem Weg ins Quartier des königlichen Regimetsstabs traf der General auf Oberst Hassan Lyoussi und ließ ihn in seinen Dienstwagen einsteigen. Erst in diesem Augenblick entdeckten die beiden Männer das Flugzeug des Königs.

„Das ist doch nicht möglich!" soll Oufkir in diesem Moment entfahren sein. Lyoussi stieg rasch wieder aus, um den König willkommen zu heißen, der eben die Garde besichtigte. Als sich der König in den Ehrensaal begab, befand sich sein Verteidigungsminister nicht unter den Anwesenden. Wo war er? Niemand wußte es.

Später hieß es, Oufkir sei nach Kenitra gefahren, um nach den Verschwörern forschen zu lassen. Man war weit davon entfernt zu ahnen, daß der General mit den Aufrührern unter einer Decke stecken könnte.

Am Abend rief der König seine Frau an, die noch an der Küste des Mittelmeers weilte, und teilte ihr mit, daß er wohlauf sei. Zu Hause sei alles in Ordnung, es herrsche völlige Ruhe. Dann fuhr er in seinen Palast, wo er die Nacht verbringen wollte. Von Oufkir hatte er noch immer nichts gehört.

Anderntags veröffentlichte die „Maghreb Agence Presse" (MAP) folgende lakonische Meldung: „Gestern nacht hat General Oufkir in seinem Büro im Stabshauptquartier Selbstmord verübt. Er schoß sich gegen 0.30 Uhr eine Kugel in den Kopf."

Eine mysteriöse Geschichte, die die ganze Welt in Staunen versetzte! Warum hatte der Verteidigungsminister des Königs Selbstmord verübt? Ausgerechnet der Mann, der unter allen Mitarbeitern Hassans größtes Vertrauen genossen hatte? Und sofort jagten sich die Gerüchte: Das konnte kein Selbstmord gewesen sein! Der General mußte ermordet worden sein! Wer jedoch an Selbstmord glaubte, sprach von einem plötzlichen Schockzustand, der den General zu der verzweifelten Tat getrieben hätte.

Eine Militärambulanz hatte den Körper des Generals in seiner Villa in Souissi (nur seine Neffen und sein Schwager befanden sich in dem Haus) untersucht. Uniform und Körper waren blutbespritzt; man hatte vier Wunden entdeckt, eigentlich zu viele für einen Freitod. Eine im Genick eingedrungene Kugel war beim linken Ohr wieder ausgetreten und hatte ein Brillenglas zerschlagen. Eine andere steckte in Höhe des Schulterblatts, eine dritte saß im Kreuz und die vierte im rechten Arm!

Am darauffolgenden Tag erschien eine Berichtigung des amtlichen Kommuniqués, in der Innenminister Benhima, interim auch für das Informationsministerium verantwortlich, feststellte, daß der General nicht an einer Kugel in seinem Büro im Stabshauptquartier, sondern durch drei Kugeln im Palais von Skhirat gestorben sei.

Sichtlich verlegen ergänzte Benhima: „Oufkir jagte sich drei Kugeln in den Leib. Eine in die Brust, eine, die nicht lokalisiert werden konnte, und eine weitere, die tödlich war."

Jedermann wußte, daß Oufkir ein hervorragender Schütze war. Weshalb hätte es dreier Schüsse bedurft? Warum diese merkwürdige Version? Wollte man den Aussagen jener Ambulanzhelfer zuvorkommen, die eindeutig die Behauptung, Oufkir sei an einer einzigen Kugel gestorben, widerlegen konnten? Benhima fügte hinzu, daß es zwei Zeugen des Vorfalls gäbe, nämlich Moulay Hafid Alaoui, den Protokollchef, und Oberst Achmed Dlimi, einen alten Mitstreiter Oufkirs aus den Tagen der Ben Barka-Affäre. Beide Männer hätten vergeblich versucht, den General an seiner Tat zu hindern. Seltsamerweise erschien weder der eine noch der andere anläßlich der außerplanmäßig anberaumten Pressekonferenz, so daß die zahlreichen Journalisten mit den bereitwillig gegebenen, jedoch völlig unbefriedigenden Erklärungen Benhimas vorlieb nehmen mußten: Der König habe nach seiner Ankunft Oufkir zu sprechen verlangt. Im Vorzimmer habe der General Moulay Hafid und Dlimi angetroffen und gefragt, ob der König von Kommandant Kouira schon gehört habe, wer für den Luftangriff verantwortlich zu machen sei. Als die Männer in Schweigen verharrten, habe Oufkir annehmen müssen, daß der König von seiner Mitwirkung an dem Komplott wisse. Er habe den König aufgesucht; die anschließende Unterredung habe knapp 45 Minuten gedauert. Mit einem Revolver in der Hand sei Oufkir schließlich davongestürzt, offensichtlich, um die Konsequenzen aus seinem schmählichen Verrat zu ziehen.

Benhima hatte auch eine Erklärung darüber, wie der König von Oufkirs falschem Spiel unterrichtet worden sei. Oberstleutnant Amokrane, der mit einem Hubschrauber aus Kenitra geflüchtet war, habe mit ihm – Benhima – Funkverbindung aufgenommen. Bereits über Gibraltar habe ihm Amokrane enthüllt, daß er von einem berühmten General Befehl erhalten habe, das königliche Flugzeug zu beschießen. Er könne den Namen seines Auftraggebers selbstverständlich nicht nennen; nur soviel, daß er mit „O" beginne, dürfe er sagen. Da wäre es für ihn auf der Hand gelegen, daß nur Oufkir gemeint sein konnte.

Diese Aussagen werden jedoch nichtig angesichts der Tatsache, daß der König gegen 2.30 Uhr durch Kouira erfuhr, welche Rolle Oufkir gespielt hatte. Der König selbst war es, der den Kommandanten seiner Gruppen diese neue Version übermittelt hatte, als er daranging, das persönliche Kommando über die Armee zu übernehmen. Im Klartext hieß das jedoch, daß Oufkir bereits zu einem Zeitpunkt gestorben sein mußte, an dem man seine Schuld offiziell noch gar nicht entdeckt hatte. Warum?

War also der „treueste Diener der Monarchie" ein Verräter oder nicht? Außer der offiziellen Version gab es keinerlei Beweise gegen ihn. Es war kein Geheimnis, daß Oufkir in letzter Zeit des öfteren keinen Hehl aus seiner Meinung in bezug auf Korruption und Mißwirtschaft des Staates gemacht hatte. Seiner hohen Stellung wegen glaubte er, sich ein offenes Wort erlauben zu können.

Die Tragödie von Skhirat hatte sich also wiederholt. Es war darum gegangen, den König zu beseitigen, wenn nicht sogar die Monarchie. Sie hatte zehn Menschen das Leben gekostet, denn die F5-Jäger hatten nicht nur die landende Boeing, sondern auch verschiedene Gebäude des Flughafens bombardiert.

Hassan selbst sagte in seiner Rede von Skhirat vom 19. August 1972, in der er ausführlich zu dem Ereignis Stellung nahm, daß Kouira bei seiner Festnahme – in Gegenwart von General Driss Ben Aomar – gestanden habe, General Oufkir sei in der Tat für das Luftattentat verantwortlich gewesen. Und dies decke sich mit den Andeutungen von Oberstleutnant Amokrane.[16]

Demnach hätte das königliche Flugzeug nach entsprechendem Beschuß im Meer versenkt werden sollen. Es wäre das perfekte Attentat gewesen. Anschließend hätte man seinen damals neunjährigen Sohn – den Thronfolger – als Sidi Mohammed VI. auf den Thron Marokkos gesetzt. Auch wäre ein Attentat auf Hassans Bruder Abdullah vorgesehen gewesen.[17]

Als Konsequenz dieses Angriffs auf sein Leben werde ab sofort der Posten des Verteidigungsministers, des Generalstabschefs und dessen Stellvertreters nicht mehr besetzt. Er selbst, der König, werde künftig das Ressort des Verteidigungsministeriums leiten, unterstützt von Leuten der Verwaltung und dem Generalsekretär. Vielleicht lasse sich auf diese Weise eine Wiederholung der Attentate von Skhirat vermeiden.

Hassan war nicht der Meinung, unglaubliches Glück gehabt zu haben, wie die Presse des Auslandes vorwiegend schrieb. Er sah lediglich ein zweites Mal bestätigt, daß Allah über ihn wachte und ihn beschützte.

Der am 3. November 1972 mit der Bildung eines neuen Kabinetts beauftragte Ministerpräsident Achmed Osman, ein Schwager des Königs, sollte die Wege für eine erneute Annäherung des Königs an die untereinander und mit sich selbst uneinigen großen Oppositionsparteien ebnen. Der Versuch mißlang, weil Allal el-Fassi, der Führer der Istiklal, selbst gerne Ministerpräsident geworden wäre. Die UNFP, in zwei Flügel gespalten, enthielt sich einer Mitwirkung. So schien es Hassan am vernünftigsten, das Kabinett mit unabhängigen Politikern zu besetzen.

„Der grüne Marsch"

Zu einer grundsätzlichen Änderung der wirtschaftlichen und sozialen Situation des Landes kam es auch in der Folgezeit nicht. Die dringend notwendige Bodenreform, eine äußerst schleppende Industrialisierung, scharf ausgeprägte soziale Gegensätze und Analphabetentum (nur die Hälfte aller Kinder besuchte eine Schule) ließen verständlicherweise auch weiterhin Kritik an den Versprechungen des Königs lautwerden. Dennoch bezeichnete Moulay Ali Skalli, der ehemalige marokkanische Botschafter in Bonn, seine Heimat als „Land des Humanismus und des Fortschritts".

Innenpolitisch herrschte auch weiterhin ein hektisches Klima. Etwa ein Jahr nach dem Luftangriff auf das Flugzeug des Königs kam es in Rabat und Casablanca zu Bombenanschlägen. Die brutalen Verschwörer konnten jedoch gefaßt werden, und das Militärtribunal von Kenitra sprach später 16 Todesurteile aus, von denen 15 vollstreckt wurden.

Zu Beginn der siebziger Jahre kam es dann plötzlich zu außenpolitischen Spannungen zwischen Marokko und Spanien, da die ehemalige europäische Kolonialmacht völlig unerwartet Ansprüche auf Besitztümer in der West-Sahara anmeldete.

Im Oktober 1975 hatte der Internationale Gerichtshof in Den Haag ausdrücklich festgestellt, daß es sich bei dem von Spanien besetzten Gebiet im Zeitpunkt der Kolonisierung nicht etwa um „terra nullius" gehandelt habe, sondern daß bereits damals zwischen der West-Sahara und dem Königreich Marokko juristische Bindungen bestanden hätten, die einem solchen Vorgehen widersprächen. Für Marokko bedeutete das, daß die Saharaouis, wie die Bewohner genannt werden, dem Land zu Gehorsam und Gefolgschaftstreue verpflichtet waren. Es bezog sich ohnehin auf Ereignisse der Geschichte, wonach dieses Gebiet bereits unter Moulay Ismail (1679) und unter Moulay Hassan I. (1882 bzw. 1886) zum nationalen Territorium gehört hatte, und berief sich außerdem auf die internationalen Verträge mit England (1895), Frankreich und Deutschland (1911), bei denen gleichfalls die marokkanische Oberhoheit über diese Region anerkannt worden war. Nicht zuletzt aus diesem Grund hatte Spanien wohl auch auf das ursprünglich im Gespräch gewesene Referendum unter den Saharaouis verzichtet.

Saharaouis gibt es außer in Marokko auch in Mauretanien, in Algerien, in Mali und im Senegal. Wer nähme, so fragte Hassan in seinen Memoiren, wohl die staatlichen Interessen dieser Menschen wahr, wenn alle diese Splittergruppen nach Selbstbestimmung und Unabhängigkeit trachteten? Selbstbestimmung dürfte in einem solchen Fall auf Selbstzerstörung hinauslaufen.

Da die zu Marokko gehörigen Saharaouis ihre Heimat nicht verlassen konnten, sah sich Hassan seinerseits genötigt, dorthin zu ziehen, um öffentlich für die Interessen dieser Gruppe einzutreten und die Zugehörigkeit zu seinem Land zu manifestieren.

Gleichzeitig erwartete er einen entsprechenden Beschluß der UNO, der seine Haltung billigte. Mit Sicherheit wollte der König keinen Krieg mit Spanien heraufbeschwören – den weder Madrid noch Rabat wünschen konnte. Und doch wäre es durch den als „Grünen Marsch" in die Geschichte eingegangenen Protestzug beinahe dazu gekommen.

350 000 Freiwillige nahmen daran teil. Hassan erklärt in seiner Autobiographie (Le défi) diese Zahl: Gerade so viele Menschen werden in Marokko alljährlich geboren. Und wenn Allah dem Land jährlich so viele neue Bürger schenkte, dann sollten es nun symbolisch genauso viele sein, die für ein Gebiet eintraten, das man niemals aufgeben würde. Der Name „Grüner Marsch" rührt von der grünen Fahne des Propheten Mohammed her, in dessen Gedenken dieser Pilgerzug durchgeführt wurde.

Hassan informierte die Öffentlichkeit in einer längeren Rede am 16. Oktober 1975. Auch Henry Kissinger, dem damaligen Außenminister der USA, sandte er eine ausführliche Botschaft. Am 26. Oktober wurde in Anwesenheit Kurt Waldheims, des Generalsekretärs der UNO, feierlich die „Al-Massira" (Barriere des friedlichen Marsches) eingeweiht. Dann stand der König spanischen, französischen und amerikanischen Journalisten Rede und Antwort.

Das Ausland verfolgte das Unternehmen mit Hohn und Spott. Es schien in der Tat unmöglich zu sein, eine solche Menschenmenge buchstäblich „in die Wüste zu schicken" und dabei angemessen zu verpflegen. Man übersah, daß die Teilnehmer aus einem Land stammten, das aufgrund seiner geographischen Lage Erfahrungen mit solchen Reisen haben mußte. Und man vergaß, daß die Regierung dieses Unternehmen zwölf Tage lang ausgezeichnet vorbereitet hatte. So waren die Freiwilligen aus den nördlichen und östlichen Landesteilen in zahlreichen Sonderzügen nach Marrakesch transportiert worden. Von dort ging es per Lastkraftwagen weiter über Agadir nach Tarfaya. Hassan schreibt, daß damit insgesamt 7813 Lkws betraut waren. 230 Ambulanzwagen des Gesundheitsdienstes, 470 Ärzte und zahlreiche Helfer waren dabei, um in Notfällen Erste Hilfe zu leisten. Gewaltige Verpflegungsmengen wurden mitgeführt: 17 000 Tonnen Nahrungsmittel, 23 000 Tonnen Wasser, 2 590 Tonnen Treibstoff, Waffen und Munition für den Fall eines feindlichen Angriffs.

Hassan hatte angeordnet, daß der Marsch absolut friedlich verlaufen und daß Auseinandersetzungen mit spanischen Truppen strikt vermieden werden sollten. Fremden Angreifern gegenüber sollte man sich jedoch verteidigen. Für diesen Fall wurde das Eingreifen eigenen Militärs in Aussicht gestellt.

Der König hatte die spanische Regierung über seinen Schritt – durch einen Friedensmarsch gegen Spanisch-Sahara zu demonstrieren – informiert und aus Madrid die Zusage erhalten, daß sich die spanischen Truppen friedlich verhalten und bis auf etwa 40 km südlich der Grenzlinie zurückziehen würden.

Am 23. Oktober setzte Hassan die Bewohner der Provinz Sahara offiziell von dem Unternehmen in Kenntnis. Den Teilnehmern des „Grünen Marsches" gab er am 5. November die letzten sorgfältigen Instruktionen, wie sie sich zu verhalten hätten und daß vor allem äußerste Disziplin zu bewahren sei.

Am Morgen des 6. November 1975 war es dann soweit. Die 350 000 Menschen – unter ihnen befanden sich etwa 10 Prozent Frauen – setzten sich in Bewegung. Der „Grüne Marsch" in die Sahara hatte begonnen. Die Teilnehmer stammten aus Agadir (33 000), Ouarzazate (20 000), Tiznit (18 000), Tarfaya (15 000), Tetouan, Oujda und Figuig, Casablanca (35 000), Rabat und Salé (10 000), Marrakesch (25 000), Fassi, Ksar-es-Souk, Beni Mellal, Taza, Tanger, Meknès, Kenitra, Khemisset und Nador. Und jeder einzelne von ihnen wollte der erste sein, der die „Grenze" überschritt, die keine sein sollte. Stolz schwangen sie ihre Wimpel und Fahnen, auf denen der grüne Stern prangte; viele trugen den Koran bei sich.

Um den 9. November stellte Hassan plötzlich fest, daß es mit dem Verständnis des Auslandes offensichtlich zu Ende war. Der Marsch wurde nun ganz anders beurteilt, man warf Marokko Aggressionspolitik vor und kritisierte die mangelnde Verständigung mit Spanien über die Frage der Saharaouis. Da beschloß der König, das Unternehmen abzublasen, um die angespannte Lage zu entschärfen.

Das war keine leichte Aufgabe, denn wenn es schon nicht einfach war, den Marsch in die Sahara einwandfrei zu organisieren, so war es ungleich schwieriger, die Begeisterung der Massen zu zügeln und die Fanatiker unter ihnen wieder auf den Boden der Realität zurückzuholen. Sie zogen beharrlich weiter nach Süden, Richtung El-Ayoun (El-Aiún). Am 17. November wandte sich der König erneut an seine „Pilger" und eröffnete ihnen, daß man Marokko das betreffende Gebiet in einem speziellen Vertrag zwischen Marokko, Spanien und Mauretanien (Dreierabkommen) am 14. November in Madrid zugesprochen habe und daß deshalb jede Demonstration ab sofort überflüssig geworden sei.

Dem Ausland gegenüber betonte Hassan nachdrücklich, daß das Unternehmen „Sahara" keinesfalls nur den reichhaltigen Phosphorvorkommen gegolten habe, wie gelegentlich behauptet worden war. Man habe allein den Zweck verfolgt, die nationale Zugehörigkeit zu manifestieren.

Tatsächlich hatten Spanien, Marokko und Mauretanien im November 1975 vereinbart, daß die von Spanien bis spätestens 28. Februar 1976 aufzugebende Kolonie „Spanische Sahara" (Westsahara) unter den beiden nordafrikanischen Staaten aufzuteilen sei. Zur Unterstützung der spanischen Interimsverwaltung sollten ein Gouverneur aus Marokko und einer aus Mauretanien eingesetzt werden. Die Interessen der Saharaouis seien stets zu respektieren. Die beteiligten Länder versicherten überdies, den Generalsekretär der UNO über den genauen Wortlaut des Vertrages zu unterrichten, der unter Beachtung der Charta der UNO geschlossen worden war.

Daß ihm an der Erhaltung der Freundschaft zu Spanien etwas gelegen war, hatte Hassan mehrfach betont. Als er sich entschloß, das Unternehmen Westsahara aufzugeben, versöhnte er auch seine heftigsten Kritiker, die den Friedensmarsch als Expansionsversuch verstanden hatten. So gipfelte beispielsweise ein Artikel der spanischen Zeitschrift „Blanco y Negro" in dem Satz: „Bisher liegt das militärische Übergewicht noch immer eindeutig in Spanien und nicht in Marokko. Vielleicht sollte der unverschämte Sultan (sic!) daran erinnert werden."

Der „Grüne Marsch" hatte also in der Tat eine mögliche militärische Auseinandersetzung mit Spanien vermieden. Eine Abordnung des Generalsekretärs der UNO überzeugte sich Anfang Februar 1976 davon, daß sich die Saharaouis sehr wohl als Marokkaner fühlten. „Hassan II. ist unser König!" riefen sie stolz. „Marokko ist unser Vaterland!"

Und auch Hadschi (Hadj) Khatri Ould Said, der Präsident der Stellvertretenden Versammlung (der Dschemaâ oder Jemaâ) sowie Vizepräsident Hadschi Achmed Ould Raschid versicherten den Leuten Waldheims, daß sich die Lage in El-Ayoun inzwischen völlig normalisiert habe. „Wir sind frei", sagten sie, „weil wir Marokkaner sind. Und das wollen wir auch bleiben."

Ein Porträt des Königs

Die Saharafrage war eben zu einer befriedigenden Lösung gebracht worden, als eine Guerillaorganisation damit begann, die Bevölkerung zu terrorisieren. Unter Berufung auf das Selbstbestimmungsrecht der afrikanischen Völker protestierte nämlich gemeinsam mit einer wachsenden Zahl von OAU-Staaten[18], darunter vor allem Algerien und später auch Libyen, die aus dem algerischen Exil agierende Befreiungsbewegung Polisario.[19] Da sich in ihren Reihen auch zahlreiche algerische Söldner befanden, ließ der König diese kurzerhand festnehmen und ausweisen.

Präsident Houari Boumedienne nahm diesen Schritt Hassan offensichtlich gewaltig übel, doch gelang es dem König, die Wogen wieder zu glätten. Er schickte Boumedienne eine versöhnliche Botschaft, wobei er sich auf die arabische Freiheit im allgemeinen und die maghrebinische im besonderen berief.

Polisario rief die ADRS[20] aus und führte fortan einen bewaffneten Befreiungskampf gegen Mauretanien und Marokko. Da Mauretanien seine Ansprüche im August 1979 in einem Vertrag mit der Polisario aufgab, ist heute nur noch Marokko Kriegsgegner der ADRS. Eine militärische Lösung des Konflikts wurde bisher noch nicht erreicht. Trotz sehr intensiver Anstrengungen der OAU, speziell ihres Westsahara-Komitees, blieb jedoch auch eine politische Lösung aus. Denn Marokko verweigerte die Mitarbeit bei der Implementierung des von diesem Komitee erarbeiteten Friedensplanes. Sein Kernstück war die Abhaltung eines Referendums unter den Bürgern der ADRS. So hält Marokko das Territorium der ADRS bis auf den heutigen Tag besetzt. Und die OAU verfügt nicht über das Instrumentarium, Marokko zur Respektierung ihrer Vorstellungen zu zwingen. Der Schaden ist weit größer, als es zunächst erscheinen mag. Denn die OAU streitet weiter um die Frage der Staatlichkeit der ADRS, und damit um die Frage, ob die ADRS an ihren Konferenzen teilnehmen darf. Damit ist die Arbeit der OAU weitgehend gelähmt. So scheiterte an dieser Frage u. a. die Abhaltung des 19. Gipfels der OAU im August 1982 in Tripolis.[21]

In den letzten Jahren scheint sich auch die innenpolitische Lage wieder stabilisiert zu haben. Hassan II. hat die aufgetretenen Schwierigkeiten meist souverän gemeistert. Seit 1961 leitet er nun die Geschicke seines Landes, bisher sehr diplomatisch zwischen den Supermächten lavierend, wenn auch mit leichter Tendenz zum Westen. An Problemen und innenpolitischen Schwierigkeiten war bisher kein Mangel und wird es auch weiterhin nicht fehlen. Dennoch hat er es verstanden, sich stets gut aus der Affäre zu ziehen und aufkommende Kritik immer wieder verstummen zu lassen. Er gab dem Land die überfällige Verfassung, erweiterte und verbesserte sie, um den Bedürfnissen der Zeit Rechnung zu tragen. Es mag sein, daß in Marokko die Zeit für eine weitreichendere Demokratisierung noch nicht reif ist, wie er mehrfach behauptet hat. Das Beispiel Iran in jüngster Zeit scheint ihm recht zu geben. Jedoch sollten die bisher ängstlich vermiedenen sozialen Reformen durchgeführt werden. Nahziele müssen umfassende Bodenreformen (die selbstverständlich zu Zusammenstößen mit den Großgrundbesitzern führen werden), die Beseitigung der erschreckenden Arbeitslosigkeit (vor allem auf dem Land) und eine Hebung des allgemeinen Lebensstandards sein.

Auch der Einfluß des ausländischen Kapitals bildet ein großes Problem. Solange die ausländischen Monopole nicht verdrängt werden können, wird das Land niemals auch wirtschaftlich unabhängig sein. Andererseits braucht das Land „Entwicklungshilfe", denn die Produktivität der einheimischen Industrie ist gering (infolge der ungenügenden Ausstattung der Betriebe mit moderner Technik), und die nationale Wirtschaftsentwicklung muß als zu einseitig bezeichnet werden. Hinzu kommt ein beachtlicher Bevölkerungszuwachs, trotz unzureichender Ernährung und geringer Lebenserwartung.

Hassan wird diesen Problemen nicht ausweichen können. Er sollte aber in der Lage sein, Abhilfe zu schaffen; nicht umsonst rühmt man ihm Beharrlichkeit, Energie und Verständnis für die Nöte der einfachen Leute nach. Er wird das bei seiner Thronbesteigung in Aussicht gestellte soziale Engagement beweisen müssen.

Mag sein, daß erst das Bewußtsein von den verantwortungsvollen Aufgaben die Entwicklung seiner positiven Charakterzüge ausgelöst hat. In jedem Fall hat sich der Wechsel in Hassans Persönlichkeit kaum merklich vollzogen. Genoß er als Kronprinz den Ruf eines „Playboys", so galt er schon rasch nach seiner Thronbesteigung als disziplinierter und rastloser Arbeiter, der seine traditionellen Aufgaben sehr genau nahm. Dennoch war ihm die Umstellung keineswegs leichtgefallen.

Der mittelgroße, sportliche Monarch wird allgemein als impulsiv und temperamentvoll geschildert. Seine Bewegungen sind von feiner Eleganz. Er gilt als bescheiden, höflich und charmant. Hassan ist stets sehr gut gekleidet (er bevorzugt italienische Schneider) und liebt gutes Essen. Er ist ein vorzüglicher Redner und versteht es, in Diskussionen zu überzeugen.

Wenn er neue Ideen für gut befindet, setzt er sie in die Tat um. Er ist für sofortige und unbürokratische Entscheidungen bekannt. Unvorbereitet empfängt er seine Mitarbeiter nie. Er arbeitet sich intensiv in jeden Problemkreis ein, bevor er Unterredungen anberaumt und seine Minister empfängt.

Nach maurischem Brauch obliegt dem Vater oder Vormund von Mädchen die Aufgabe, diese zu verheiraten. Als Befürworter der Emanzipationsbewegung der marokkanischen Frau (die seine Schwester Lalla Aischa ins Leben gerufen hatte), kümmerte sich Hassan jedoch nicht um diese Tradition und ließ seine Schwestern selbst entscheiden. Innerhalb von sechs Monaten hatten die Prinzessinnen ihre Wahl getroffen: Fatima Zahra heiratete Prinz Moulay Ali, ihren Cousin, Lalla Aischa Hassan el-Yacoubi, den Sproß einer wohlhabenden Familie aus Casablanca, und Lalla Malika Mohammed Cherkaoui, den marokkanischen Botschafter in Paris.

Die dreifache Trauungszeremonie wurde am 16. 8. 1961 im Palast von Rabat vollzogen. Der König lud 50 sozial minderbemittelte Paare ein, mit den Prinzessinnen am gleichen Tag Hochzeit zu machen. Früher dauerten derartige Feierlichkeiten etwa eine Woche oder sogar noch länger, diesmal begrenzte man sie auf drei Tage. Am ersten fanden die Trauungen statt, wobei die Prinzessinnen wunderschöne Brautkleider mit bis auf den Boden reichenden Schleiern trugen; anderntags war „Damentreff" der marokkanischen High-Society und am dritten Tag empfing der König Mitglieder der Regierung und Vertreter des dipolomatischen Dienstes.

So ist der König von Marokko ein moderner und dennoch traditionsverbundener Herrscher, der sein Land liebt und geeignet erscheint, es aus seiner Rückständigkeit heraus in eine bessere Zukunft zu führen.

Zum 60. Geburtstag des Monarchen war für den 9. Juli 1989 ein ganz ehrgeiziges Projekt geplant: In Casablanca sollte bis dahin die größte Moschee der Welt, die „Große-Hassan II.-Moschee", entstehen. Beinahe hätte der König das Richtfest für die

Mammut-Moschee feiern können, doch Hassan fand das 172 Meter hohe Minarett zu niedrig, überdies soll von der Spitze aus künftig ein 30 Kilometer langer Laserstrahl in Richtung Mekka weisen. Aus diesem Grund muß der bereits fertige Turm von Grund auf verändert werden, damit er auf insgesamt 200 Meter aufgestockt werden kann. Für den Kolossalbau muß Marokko rund eine Milliarde Mark aufbringen. Einen Großteil davon haben die königlichen Geldeintreiber der Bevölkerung bereits abgerungen: Firmen mußten ein Prozent ihres Umsatzes entrichten. Markthändler wurden an flugs errichteten Straßensperren von der Polizei geschröpft. Manche Bauern mußten einen Teil ihrer Herden verkaufen, um ihre Zwangsabgabe aufbringen zu können. Andere fällten ihre Orangenbäume, weil nach deren Anzahl die Tributzahlung berechnet werden sollte. Spenden aus Saudi-Arabien und Kuwait sowie Darlehen aus mehreren westlichen Ländern sollen darüber hinaus zur Finanzierung beitragen.

Die reichgeschmückte Moschee wurde in einem modernistischen Stil von dem 62 Jahre alten französischen Architekten Michel Pinseau entworfen, der seit 14 Jahren in Marokko lebt und arbeitet. Mehr als 3000 Arbeiter haben in Tag- und Nachtschichten die gewaltige Betonfassade und das Minarett hochgezogen. In 60 Meter Höhe wird ein gewaltiges Dach konstruiert, das sich hydraulisch öffnen lassen wird und den Blick auf den Himmel freigeben soll. Derzeit beginnen weitere 7000 Handwerker mit der Verkleidung des Rohbaus mit Travertin, Marmor und Granit sowie mit Mosaiken, Holzschnitzereien und Stukkaturen.

Mehr als 20 000 Gläubige werden in der Moschee beten können und viermal so viele auf dem davorgelegenen Platz. Eine Koranschule und türkische Bäder, eine Bibliothek und ein Museum sollen den Komplex vervollständigen. Teile der Altstadt werden abgerissen, um den Blick auf das neue Wahrzeichen freizugeben und um Platz zu schaffen für eine 60 Meter breite Verbindungsavenue bis ins Zentrum von Casablanca.

Die Loyalität seiner Streitkräfte konnte sich der König bislang erhalten, vielleicht auch deshalb, weil die Armee durch verschiedene Einsätze außerhalb der Landesgrenzen (Golanhöhen und Sinai 1973, Zaire 1977/78, Westsahara seit 1976) immer wieder abgelenkt wurde. Das monarchistisch-patriarchalische Regierungssystem Hassans II. ist durch eine konservative Grundhaltung gekennzeichnet. So hat Marokko auf allen arabisch-afrikanischen und internationalen Konferenzen seinen gemäßigten Einfluß zur Geltung gebracht und seit der Entlassung aus der französischen Protektoratsherrschaft eine dem Westen gegenüber aufgeschlossene Außenpolitik verfolgt. Dies kommt vor allem in den seit Anfang 1982 eingegangenen militärischen Bindungen an die USA zum Ausdruck.

Politisch-militärische Schwierigkeiten, die sich aus der West-Saharafrage ergaben und ebenfalls daraus resultierende wirtschaftlich-finanzielle Engpässe mochten dafür verantwortlich sein. In immer neuen Resolutionen, zuletzt am 23. November 1982, hatten sich die Vereinten Nationen für Direktverhandlungen zwischen Marokko und der saharaouischen Befreiungsfront Polisario nach vorausgegangenem Waffenstillstand und einer Volksbefragung eingesetzt, um das Recht der Saharaouis auf Selbstbestimmung und Unabhängigkeit zu verwirklichen. Auch Algerien unterstützte diese Bestrebungen, indem es der Polisariofront an den Grenzen zu Marokko logistische Basen einräumte und Waffen- und Ausbildungshilfe gewährte.

Anlaß für diesen Schritt war die von der Organisation für Afrikanische Einheit (OAU) vertretene Auffassung, daß es sich bei dem West-Saharakonflikt nicht um ein Entkolonisierungsproblem handele, sondern um ein rein innerafrikanisches, das deshalb nur von der OAU kontrolliert werden solle.

Aber gerade der OAU war es bisher nicht gelungen, die politische Lösung, nämlich das auf der 18. OAU-Gipfelkonferenz von Nairobi am 26. Juni 1981 beschlossene und dann von Marokko im Prinzip zugestandene Referendum, durchzuführen. So war die für den 5. August 1982 vorgesehene 19. Gipfelkonferenz in Tripolis geplatzt. Marokko und mehr als ein Drittel der OAU-Mitglieder hatten gegen die satzungsgemäß nicht einwandfreie Aufnahme der Saharaoui-Exilregierung „République Arabe Saharaoui Démocratique“ (RASD) als 51. OAU-Mitglied Protest eingelegt.

Nachdem die RASD „vorübergehend und freiwillig“ auf die Teilnahme an der Konferenz verzichtete, wurde diese in Addis Abeba am 8. Juni 1983 doch noch beschlußfähig, wo sie die von Marokko bisher abgelehnten Direktverhandlungen zur Beilegung des Konflikts über Waffenstillstand und Referendum innerhalb von sechs Monaten verlangte. Ob Marokko sich diesem Beschluß beugen wird, ist genauso offen wie die Modalitäten hinsichtlich der Frage der Stimmberechtigung, der Befugnisse einer Interimsverwaltung und der Fragestellung zum Referendum: Das Land will nämlich unter einer solchen Abstimmung immer nur ein „Zustimmungsreferendum“ (d. h. zur Zugehörigkeit der Westsahara zu Marokko) und nicht etwa ein „Selbstbestimmungsreferendum“ verstehen. So hat König Hassan II. den von der OAU begründeten Termindruck zum Anlaß und Vorwand genommen, die marokkanischen Parlamentswahlen erst einmal auf unbestimmte Zeit zu vertagen.

Der Konflikt ist übrigens auch militärisch in eine Art Sackgasse geraten. Einerseits wurden die ca. 8000 Soldaten der Polisario-Front im Oktober 1981 über Algerien und Libyen mit sowjetischen Luftabwehrraketen und Panzern versorgt, andererseits zogen sich die marokkanischen Saharastreitkräfte (man schätzt sie auf rund 45 000 Mann) hinter einen 450 Kilometer langen befestigten Sandwall zwischen dem Ouarkziz-Gebirge im Nordosten und der Atlantikküste bei Boujdour zurück. Dies bedeutet im Klartext, daß Marokko von den insgesamt 266 000 Quadratkilometern des beanspruchten Territoriums nur noch etwa ein Neuntel beherrscht. Seither ist es, wenn man einmal von den erfolglosen örtlichen Angriffen von etwa eintausend Polisariokämpfern gegen einen marokkanischen Außenposten Anfang Juli 1983 absieht, zu keinen wesentlichen Kampfhandlungen mehr gekommen.[22]

Es liegt auf der Hand, daß die finanziellen Belastungen dieses Konflikts immer größer werden. Waren die Streitkräfte zu Beginn der Auseinandersetzungen vor sieben Jahren noch nur 70 000

Mann stark, so wuchsen sie inzwischen auf weit über das Doppelte an. Vom ordentlichen Haushalt beanspruchten die Verteidigungsausgaben in den letzten Jahren 14 Prozent und darüber. Genau bestimmbar ist der Wehretat ohnehin nicht, da der marokkanischen Kriegskasse beachtliche Finanzhilfen Saudi-Arabiens und der Golfstaaten zufließen. So schätzte eine Studienkommission des amerikanischen Kongresses die jährlichen Aufwendungen für Verteidigung und Sicherheit auf 1,9 Milliarden Dollar, das wären etwa 40 Prozent der Haushaltsmittel Marokkos.[23]

Vor diesem Hintergrund ist die seit 1982 einsetzende amerikanische Hilfe zu verstehen: Die jährlichen Waffenlieferungen wurden von bisher 30 auf 50 Millionen Dollar erhöht, die Ausbildungshilfe von bisher 1,1 auf 1,6 Millionen Dollar gesteigert. Im Februar 1982 wurde ein Abkommen über Lieferung und Finanzierung von 170 000 Tonnen amerikanischem Weizen sowie über Finanzhilfe für den amerikanischen Fünfjahresplan unterzeichnet. Mit amerikanischer Unterstützung wurde darüber hinaus im April 1983 eine Weltbankanleihe in Höhe von 127 Millionen Dollar gewährt. Nachdem im Juni 1982 ein neues, für ausländische Anleger günstiges marokkanisches Investitionsgesetz in Kraft getreten ist, hat man in den USA damit begonnen, für amerikanische Investitionen zu werben.

Das amerikanisch-marokkanische Militärabkommen vom 27. Mai 1982 räumt den USA für zunächst sechs Jahre im Bedarfsfall Nutzungsrechte auf zwei marokkanische Luftwaffenbasen ein, dafür sollen dieselben mit amerikanischer Investitionshilfe in Höhe von 20 Millionen Dollar modernisiert werden. Amerikanische Militärberater werden außerdem die marokkanische Armee für Kommandounternehmen im Wüstenkrieg ausbilden.

Das Nachbarland Algerien hat bisher alles getan, um aus diesem regionalen Konflikt keine bewaffnete Auseinandersetzung mit Marokko werden zu lassen. Die algerische Hilfe für die Polisariofront wurde nicht nur kostspielig, das Engagement für diesen Wüstenraum blieb auch ohne nennenswerte Resonanz bei der algerischen Bevölkerung. Unter der Politik des algerischen Staatspräsidenten Chadli Bendjedid wuchs daher das Interesse an einer baldigen politischen Lösung des Konflikts.

Entscheidend dafür, ob also die von den USA angestrebte Stabilisierung der Gesamtregion zu erreichen ist, um Marokkos Brükkenfunktion zwischen Atlantik und Mittelmeer strategisch nützen zu können, wird wohl die Fortsetzung des mit dem marokkanisch-algerischen Gipfeltreffen eingeleiteten Entspannungskurses sein. Die UdSSR hat sich bisher in diesem Konflikt relativ zurückgehalten und mit Rücksicht auf die Beziehungen zu Marokko die Saharaoui-Exilregierung nicht anerkannt. Das Recht der Einwohner der Westsahara auf Selbstbestimmung wird zwar anerkannt, aber eine friedliche Lösung gefordert, bei der „die Interessen aller an diesem Konflikt beteiligten Personen berücksichtigt werden".[24] Moskau ist schließlich ein wichtiger Handelspartner Marokkos: Als Exportland steht es an vierter, als Importland an siebter Stelle. Im März 1978 war es zu einem Vertrag über den Aufbau eines Phosphat-Industriekomplexes gekommen, einem der größten Geschäfte der Sowjetunion mit der dritten Welt. Neben dem Düngemittelbedarf ergeben sich für die Sowjets wohl auch interessante Möglichkeiten der Urangewinnung aus Phosphatsäure.

Wichtigster Handelspartner Marokkos ist immer noch Frankreich. Finanz- und technische Hilfe sind beträchtlich, auch die Zusammenarbeit auf kulturellem Gebiet ist für Marokko unerläßlich, denn mehr als 25 000 Marokkaner studieren in Frankreich und etwa 6000 französische Lehrkräfte arbeiten in Marokko. Dennoch wird der Einfluß der USA, zumindest auf militärischem Gebiet, immer dominierender.

Auch die Beziehungen zu Spanien sind Schwankungen ausgesetzt. Mit der Regierungsübernahme der spanischen Sozialisten schien sich nämlich 1982 nicht nur eine Aktivierung der Gibraltarfrage, sondern auch ein Wandel in der bisher strikt neutralen Haltung Spaniens im Westsaharakonflikt zugunsten der algerischen Position abzuzeichnen, sie wurde wohl durch enge Parteibeziehungen begünstigt. Die möglichen Kursänderungen führten automatisch zu einer Verstärkung der marokkanischen Forderungen nach Rückgabe der spanischen Enklaven an der marokkanischen Mittelmeerküste, von denen die ältesten, Ceuta und Melilla, bereits seit 1580 bzw. 1497 in spanischem Besitz sind. Auf der Konferenz der Union Arabischer Parlamentarier im Februar 1983 in Rabat wurde die Forderung nach Rückgabe der spanischen Besitzungen in die Schlußresolution aufgenommen. Spanien schickte daraufhin Flotteneinheiten nach Ceuta und führte mehrere Landemanöver durch. Die Lage wurde erst durch den Staatsbesuch von Felipe González in Rabat am 28. und 29. März 1983 entschärft: In der Westsaharafrage wurde die spanische Position der Nichteinmischung bekräftigt, die Frage der Enklaven aber ausgeklammert, um einer künftigen Zusammenarbeit den Weg zu ebnen.

Bleibt noch ein kurzer Kommentar zu Marokkos Rolle im regionalen Umfeld des Maghreb. Am 25. April 1983 trafen sich beispielsweise in Tanger hochrangige Vertreter der marokkanischen Istiqlal-Partei, der Algerischen Nationalen Befreiungsfront und der tunesischen Destourpartei, um den 25. Jahrestag jener Konferenz zu feiern, auf der seinerzeit die Idee des „Arabischen Groß-Maghreb" geboren wurde. Form und Ergebnis dieses Treffens entsprachen dem Mißverhältnis zwischen Anspruch auf Wirklichkeit dieses Konzepts: Weder war es eine Zusammenkunft von Staatsoberhäuptern, noch eine Kundgebung der Massen. Vielmehr wurden durch die Vertreter der entsprechenden Parteien banale Harmoniefloskeln ohne verpflichtende Inhalte und ohne konkrete Ansätze gewechselt. Dennoch gibt es Anzeichen regionaler Annäherungen im Maghreb: Das sind Begegnungen von Staatschefs[25], Verträge[26] und Grenzabkommen[27], die zum einen eine Normalisierung und die zum andern die arabisch-afrikanische Einheit nach außen demonstrieren sollen.

Bleibt festzustellen, daß Hassans Marokko langfristig von dieser Entwicklung regionaler Kooperation mit Sicherheit mehr profitieren dürfte als vom unnachgiebigen Festhalten an seiner expansiven Saharapolitik. Denn die meisten Nachbarländer haben eines gemeinsam: Wirtschaftsnöte aufgrund der gesunkenen Weltmarktpreise für Rohstoffe sowie aufgrund der Probleme ihrer unterentwickelten Landwirtschaft angesichts einer unaufhaltsamen Geburtenexplosion.

Ibn Saud
Der Reformer der Wüste

Wir sind wie die großen Wadis unseres Landes: Wie der Wadi Rumma, der während eines Jahrhunderts nur ein- oder zweimal Wasser führt, aber dann alles fortreißt, alles vor sich hertreibt, alles von seinen Ufern reißt, was die Menschen dort errichtet haben.

IBN SAUD, König von Saudi-Arabien

Unter fremder Herrschaft

„Dschesiret (Dschezirat) el-Arab" nennen die Araber ihre Heimat, das heißt „Insel der Araber". Die 3,5 Millionen Quadratkilometer umfassende Halbinsel Saudi-Arabien stellt die Urheimat der meisten arabischen Stämme dar, und die geographische Lage war der Grund dafür, daß von Anfang an Verbindungen sowohl zu Afrika als auch zu Asien hergestellt worden sind.

Saudi-Arabien ist der größte Staat dieses Raumes (es ist nur um ein Drittel kleiner als ganz Europa), dabei jedoch unwirtlich und wüstenhaft. Vor knapp 1300 Jahren trat aus dieser Gegend der Islam, die heute drittwichtigste Religion, ihren Siegeszug um die Welt an. Sie eroberte Asien und Afrika und drang über die Pyrenäenhalbinsel nach Europa vor. Obwohl im 10. Jahrhundert die zentrale Macht der Kalifen zusammenbrach, lebte der Glaube an Mohammed, den Propheten, weiter. Es waren die osmanischen Türken, denen es gelang, das Reich der Kalifen zu erneuern und eine Weltmacht aufzubauen, die beinahe 1000 Jahre lang die Geschichte Europas entscheidend mitbestimmt hat. In einem unaufhaltsamen Prozeß des Niedergangs begriffen, zerfiel das Osmanenreich zu Beginn dieses Jahrhunderts.

Inzwischen dämmerte Arabien in einer Art Dornröschenschlaf jahrhundertelang im Schatten der großen Ereignisse der Weltgeschichte dahin. Schuld daran waren unter anderem Hedschas und Asir, „die Schranke" und „das Schwerzugängliche", zwei äußerst abweisende Randlandschaften, die eine staatliche Sonderentwicklung geradezu verlangten. So verlagerte sich der politische Schwerpunkt der arabischen Welt in die Nachbarländer (Syrien und Irak); lediglich der religiöse Zentralismus bestand weiterhin: Die Gläubigen kamen (und kommen) nach Mekka und Medina, in die heiligen Städte des Islam, um ihre Kulthandlungen zu verrichten.

Da wurde um 1700 Mohammed Ibn Abdul Wahab („der Gepriesene") als Sohn eines Schriftgelehrten in Adschana (Adjana) in der Provinz Nedschd (Nedjd) geboren. Ihm war es vorbehalten, ein größeres und dauerhafteres Reich zu errichten. Er sollte zum Begründer der noch heute herrschenden Dynastie der Wahabiten werden.

Abdul Wahab hatte es nicht leicht: Glaube und Sitten waren verfallen, es gab weder Ordnung noch Gerechtigkeit. Er predigte Reinheit, Einfachheit und Rückkehr zum Koran und der Überlieferung – wie es die „Sunna" verlangte. Schließlich ging er nach Darija, wo es ihm gelang, die herrschende Familie der Sauds von seinem religiösen Fanatismus einzunehmen. So entstand der Wahabismus: aus der Verbindung von Kriegern mit einem Glaubenslehrer.

Die Wahabiten, die sich selbst „Hanbaliten" nannten (nach der Sekte, der Abdul Wahab zuerst beigetreten war) oder Muwahedin („Bekenner der Einheit Allahs") waren keine Philosophen, sondern eine militärische Organisation und kamen sehr rasch in den Ruf, das Befolgen der vom Koran vorgeschriebenen Handlungen mit dem Schwert in der Hand zu überwachen.

Sie schafften es in knapp dreißig Jahren, das Nedschd, die fruchtbarste Provinz Zentralarabiens, zu erobern. Dann drangen sie in den Hedschas und in den Irak vor und nahmen Städte wie Kerbela (Karbala), Aleppo, Basra, Mekka und Medina ein. Das brachte ihnen militärische Auseinandersetzungen mit dem Sultan der Osmanen ein, und als sie schließlich in Ägypten einfielen, wurden sie von Mohammed (Muhammad, Mehmed) Ali, dem türkischen Vizekönig, vernichtend geschlagen. Ibrahim Pascha, sein Sohn, besiegte die Wahabiten endgültig: seine Truppen eroberten Riad (Er-Riyad), die Hauptstadt des Nedschd, und nahmen Abdullah I. Ibn Saud, das damalige Oberhaupt der Bewegung, gefangen. Er wurde im Triumphzug nach Konstantinopel geschafft und dort enthauptet. Fast alle seine Freunde und fast die ganze Familie Saud verschwand in den Gefängnissen von Kairo. Dennoch gelang es den Überlebenden, die Herrschaft über das Nedschd wieder zu gewinnen, und Abdurrahman Ibn Feisal (Faisal) gelang es sogar, von den Osmanen als Herrscher dieser Region anerkannt zu werden. Unter ihm wurde Riad wieder zur Hauptstadt.

Nach Feisals Tod bahnte sich ein unerquicklicher Erbstreit an. Abdullah, der älteste von drei Söhnen, bestieg den Thron, doch sein Bruder Mohammed machte ihm diesen Platz streitig. Abdurrahman, der Jüngste, sah sich bald einem das Land verheerenden Bürgerkrieg ausgesetzt. Ein weiterer Bruder, Saud, war an Typhus gestorben. Abdullah, in Bedrängnis geraten, verließ schließlich Riad und ging nach Hail, um die dort ansässige Beduinenfamilie Banu Raschid um Hilfe zu bitten, die zum Stamm der Schammar gehörte. Mohammed Ibn Raschid gewährte ihm Unterstützung und eroberte das Nedschd – allerdings für sich. Abdullahs Bruder Mohammed fiel im Kampf; seine beiden Söhne mußten das Land verlassen.

Abdullah war kein Sieger im eigentlichen Sinne. Mohammed Ibn Raschid ließ ihn nämlich sein Erbe nicht antreten, sondern behielt ihn als eine Art fürstlichen Gefangenen an seinem Hof. Dort starb der Unglückliche kinderlos, und der Fürst der Schammar setzte in Riad einen Stadtverwalter ein.

Die Würde des Imâms, des geistlichen Oberhaupts der Wahabiten, fiel nun Abdurrahman zu, dem jüngsten Sohn Feisals, der weiterhin in Riad wohnen bleiben durfte. Abdurrahman galt als fromm und verträglich. Mohammed Ibn Raschid nahm an, daß er sich seinem Regime auch künftig nicht widersetzen werde. Doch das war ein Irrtum. Abdurrahman sann unentwegt nach Mitteln und Wegen, das Joch der Raschids wieder abzuschütteln und die Herrschaft der Sauds zu erneuern.

Der Stadtverwalter residierte in der Zitadelle von Riad, Abdurrahman bewohnte weiterhin den Palast der Sauds, der einer Festung ähnelte: Hohe Lehmmauern, Erdwälle und hölzerne Wachttürme umgaben ihn. Durch zahlreiche Anbauten und Innenhöfe erweitert, war mit den Jahren ein labyrinthähnlicher Komplex entstanden. Während die Räume nach den Straßen hin keine Öffnungen aufwiesen, blickten sie im Inneren – nach islamischer Sitte – durch Muscharabijen, holzvergitterte Balkons, auf die Höfe. Die düsteren Räume waren nach dem Brauch der Wahabiten, die jeglichen Prunk und Lebensgenuß verschmähten, kahl und schmucklos. Hier wurde an einem Novembermorgen des Jahres 1880, just zur Gebetsstunde, ein Junge geboren, der den Namen Abdul Asis (Aziz) Ibn Abdurrahman Ibn Feisal Ibn Turki Ibn Abdullah Ibn Mohammed Ibn Saud erhielt. Es war der Monat Rabi al-Awwal (das ist der dritte Monat des Mondjahres) des Jahres 1298 nach der Hedschra.

Die Mutter, Sara Sudairi, war die Tochter Achmeds, des Scheichs der Dawasir, eines im Süden beheimateten Stammes. Sie war stolz, einfach und kräftig und ihrer zurückhaltenden Art wegen die Lieblingsfrau von Abdurrahman. Sara war eine echte Araberin, sie lebte seit ihrer Kindheit verschleiert und von der Außenwelt gut abgeschirmt; sie konnte zwar lesen und schreiben, doch hatte sie sich für nichts weiter zu interessieren.

Abdul Asis wurde anfangs im Frauengemach des Palastes von seiner Mutter versorgt. Er war kaum der Mutterbrust entwöhnt, als er der Obhut eines schwarzen Sklaven übergeben wurde, der mit seinem Leben für das Wohlbefinden des Kindes verantwortlich war. Er wuchs unter fröhlichen Kindern auf, die teils die Söhne seiner Verwandten waren, teils von der Dienerschaft abstammten.

Schon mit etwa sechs Jahren wurde er für sein späteres Leben vorbereitet, die Erziehung zum Krieger begann. Abdurrahman, der Imâm der Wahabiten, machte mit seinem Sohn keine Ausnahme: Er schickte ihn auf die Schule von Riad (der Name bedeutet „die Gärten" und leitet sich von dem früheren Darija ab), wo er lesen und schreiben lernte und im Koran, dem Grundgesetz islamischer Lebensführung, unterrichtet wurde. Die Koranverse mußten mit einem Stilett auf ein mit weißem Ton überzogenes Holztäfelchen gemalt und dann auswendig gelernt werden. Arabische Dichtkunst und Landesgeschichte vervollständigten den Stundenplan. Es zeigte sich, daß der Junge nur wenig Lust und Neigung zum Lernen verspürte.

Die körperliche Ertüchtigung war sehr streng. Jeden Tag mußte er bereits zwei Stunden vor Sonnenaufgang aus dem Haus; barfuß mußte er während der mörderischen Mittagssonne durch den glühenden Sand marschieren und lernen, sich tagelang auf dem Rücken von Kamelen zu halten. Bald wußte er mit Gewehren umzugehen, auch war er schon damals ein hervorragender Reiter.

Der sehnige und hochgewachsene Junge war impulsiv, temperamentvoll und dennoch von zarter und gefühlvoller Natur. Sein Vater sprach schon früh mit ihm über die kühnen Pläne und legte daher besonderen Wert auf militärische Unterweisungen, so daß man Abdul Asis selten untätig antraf. Dazu kam, daß die beiden Zweige der Familie auch innerhalb der Mauern ihres Palastes in beständigem Streit lebten. Abdurrahman hatte sich stets bewußt ferngehalten und mit den Seinen einen abgeschiedenen Flügel des Palastes bewohnt, wo er sich – seiner Natur entsprechend – fast ausschließlich religiösen Pflichten widmete. Dennoch war er von Spitzeln umgeben, die seine Verwandten mit bösartigen Gerüchten versorgten.

Immer noch sann er nach einer Möglichkeit, die verhaßten Fremden aus der Stadt zu vertreiben. Er hatte geheime Zusammenkünfte mit führenden Persönlichkeiten aus dem Nedschd und sandte Boten hinaus auf die Dörfer, um die Stämme gegen die Banu Raschid aufzuwiegeln. Mohammed Ibn Raschid hörte von diesen Intrigen und hielt ein Strafgericht: Ein Dutzend der Aufrührer wurde kurzerhand im Hof des Palastes gehenkt, ein weiteres Dutzend zu Tode gepeitscht und ein drittes Dutzend in siedendem Öl ersäuft. Da die Unruhen jedoch nicht zu ersticken waren, beauftragte er seinen Statthalter Selim, die Sauds endgültig unschädlich zu machen. Solange Abdurrahman und die Seinen lebten, würde keine Ruhe herrschen.

Selim beschloß, Abdurrahman anläßlich des Beiramfestes, das den Fastenmonat Ramadan beendet, seine Aufwartung zu machen. Dabei wollte er den Ahnungslosen überfallen und mitsamt den männlichen Mitgliedern der Familie niedermachen lassen. Aber Abdurrahman erhielt Kenntnis von diesem Vorhaben und traf seine Vorbereitungen.

Als Selim mit stattlichem Gefolge im Audienzsaal des Palastes erschien, wurden sie, kaum daß die üblichen Begrüßungsworte getauscht worden waren, überwältigt. Selim, der verwundet war, wurde gefesselt und ins Gefängnis geworfen. Seine Garnison wurde davongejagt, die Stadttore wurden verschanzt; dann richtete man sich auf einen Gegenangriff der Banu Raschid ein, der in der Tat nicht lange auf sich warten ließ. Mit allen seinen Streitkräften brach Mohammed Ibn Raschid eiligst nach Riad auf, um

„diese Satansbrut, die Arabien ja nie zur Ruhe kommen lassen wird, solange noch einer von ihnen am Leben ist“[1], zu vernichten.

Raschid belagerte die Stadt. Seine Krieger fällten die Dattelpalmen, die sie umgaben, zerstörten die Bewässerungsanlagen, vergifteten die Brunnen und verwüsteten die Gärten der Umgebung. Lebensmittel und Wasser wurden knapp, und als schließlich gar noch die öffentliche Zisterne der Stadt leer geworden war, waren die Bewohner Riads des Kampfes müde. Aus Furcht vor dem Durst- oder Hungertod ließen sie die Sauds im Stich und ergaben sich. Da entschloß sich Abdurrahman zur Flucht: Mit nur wenigen Anhängern und den zwei Söhnen Abdul Asis und Mohammed verließ er Riad, und Mohammed Ibn Raschid sah sich um seine Rache betrogen.

Fast ein Jahr lang irrte Abdurrahman mit seinen beiden ältesten Söhnen im Land umher; seine Frauen und jüngeren Kinder hatte er auf den Bahrein-Inseln in Sicherheit gebracht. Dann fanden sie schließlich Zuflucht bei den Murra, die ein unwirtliches Gebiet, die Wüste von Ruba el Khali, bewohnten. Als Abdul Hamid II., der damalige Sultan des Omanischen Reiches[2], bemerkte, daß die Raschiden immer mehr Macht gewannen, beschloß er, die Sauds zu schützen, die er gegen dieses rebellische Stammesfürstentum vielleicht noch einmal brauchen konnte, und gewährte ihnen Asyl in Kuwait (Kuweit), das ihm gleichfalls unterstand.

Abdurrahman, der nun seine Familie wieder beisammen hatte, fühlte sich nicht wohl in der Stadt an der Spitze des Persischen Golfs. Das Klima war ermüdend, feuchtheiß. Er sehnte sich nach der freien Weite und der herben Luft des innerarabischen Hochlandes zurück. Ob er es wohl jemals wiedersehen würde?

Asyl in Kuwait

Die wilde Zeit bei den Murra, dem räuberischen Stamm der Wüste Ruba el Khali, hatte aus Abdul Asis schon früh einen Mann gemacht. Streng und grausam, abgehärtet und kriegerisch (als 12jähriger hat er seinen ersten Feind getötet), hatte er gelernt, mit den Tücken des Lebens fertig zu werden. Jetzt, in Kuwait (der Name bedeutet „umwalltes Dörfchen“), führte er ein ganz anderes

Leben. Er durchstreifte die engen Gassen der Hafengegend, hörte den Matrosen zu und unterhielt sich mit Händlern, Reisenden und Wüstenscheichs. Im Gegensatz zu seinem Vater gewöhnte er sich rasch ein. Bei den jungen Leuten der Hafenstadt am Persischen Golf war er allerdings nicht sonderlich beliebt. Man machte sich über seine offen kundgetanen Träume, die Einheit Arabiens herzustellen, lustig und nahm ihn nicht für voll.

Im Alter von 15 Jahren heiratete er ein Beduinenmädchen: Dschauhara war eine Urgroßnichte von Abdul Wahab. Sie schenkte ihm 1899 einen ersten Sohn Turki und ein Jahr darauf einen zweiten namens Khalid (Chalid). Abdul Asis machte sich eines Tages allein auf den Weg, um „sein Königreich" zu erobern. Das Kamel, das er sich zu diesem Zweck geborgt hatte, war alt und hatte die Räude. So kam es, daß es bereits nach drei Tagen zu hinken anfing, sich einen Knöchel verstauchte und im Sand liegenblieb. Enttäuscht und wütend mußte der Sohn Abdurrahmans zurückkehren. Wie sehr man in Kuwait über dieses Ereignis lachte, kann man sich unschwer vorstellen. Das Ansehen der Sauds erlitt dadurch einen schweren Schlag, denn die Geschichte wurde sogar dem Sultan im fernen Konstantinopel hinterbracht.

Der Emir von Kuwait, Mohammed (er stammte aus dem Geschlecht von Sabah), hatte einen Bruder namens Mubarak („der Schlaue"), den er haßte wie die Pest. Der Emir war schwächlich, engherzig und geizig, sein Bruder ein Spieler und Lebemann. Da er sein väterliches Erbteil verpraßt und sich deswegen mit Mohammed zerstritten hatte, war er nach Bombay gegangen, wo er zahlreiche wertvolle Kontakte geknüpft hatte. Wieder in Kuwait, wurde er von seinem Bruder nicht mehr im Regierungspalast aufgenommen und schikaniert, wo es nur ging. Dennoch führte er ein aufwendiges Leben: Er trank, rauchte und amüsierte sich mit Tänzerinnen. Er hatte seidene Kissen in allen seinen Zimmern, weiche Liegestätten, geschnitzte Decken, alle Arten von Bildern, sogar von nackten Frauen. Mubarak hielt Empfänge nach europäischer Art ab, auf einem goldenen Sessel sitzend. Er aß mit Giauren (Ungläubigen), fluchte und ließ sich in Sänften durch die Basare tragen. Die Bevölkerung betete ihn – seiner Freigiebigkeit wegen – wie einen Halbgott an. Er glaubte an nichts, ging nur zur Moschee, um aus seinem Gebet ein pomphaftes Schauspiel, eine „Show" zu machen.[3]

Dieser Mann faßte eine große Zuneigung zu Abdul Asis, den er bei Besuchen im Hause Abdurrahmans kennengelernt hatte; er behandelte ihn wie einen Sohn, lud ihn häufig zu sich ein und unterhielt sich bestens mit ihm. Von ihm lernte der Sohn der Wüste, die Zusammenhänge der großen Politik zu durchschauen, Diplomatie und Menschenkenntnis.

Obwohl Abdurrahman von Mubarak nichts hielt, ihn seines Lebenswandels wegen sogar verachtete, erklärte er sich schließlich damit einverstanden, daß der Bruder des Emirs seinem Sohn – der immerhin seit Riad keine Schule mehr besucht hatte – Unterricht in Geschichte, Geographie, Mathematik und Englisch erteilte, da er ihn als seinen Sekretär anstellen wollte.

Da sah Mubarak eines Tages seine Stunde gekommen. Nachdem er wieder einmal in aller Öffentlichkeit von seinem Bruder beleidigt worden war, schlich er sich nachts mit zwei Sklaven in den Palast, ermordete den Emir im Schlaf und beförderte auch gleich noch den zweitältesten Bruder ins Jenseits. Am nächsten Morgen verkündete er den Kuwaitern, daß er den Thron seiner Väter bestiegen habe, Allah habe es so gewollt. Die beiden Söhne des Ermordeten hatten gerade noch rechtzeitig entfliehen können. Die Bevölkerung nahm die Tat gelassen hin, insgeheim hoffte man, daß sich Mubarak noch großzügiger und entgegenkommender erweisen würde, was dann ja auch der Fall war. Klug und geschickt setzte er zunächst die drückendsten Abgaben herab, förderte den Handel und kümmerte sich mehr um die Untertanen. Er protegierte auch die Sauds, wo er nur konnte: Sie bekamen eine Pension, und Abdul Asis übersiedelte in den Palast.

Da starb plötzlich der unversöhnliche Gegner der Sauds – Mohammed Ibn Raschid, der Fürst von Hail und mächtige Gebieter des innerarabischen Reiches. Da er kinderlos war, folgte ihm sein Neffe Abdul Asis Ibn Raschid.

Etwa um die gleiche Zeit waren die ungeheuren Ölreichtümer Südpersiens entdeckt worden und der Persische Golf mit den angrenzenden Ländern in den Mittelpunkt der Weltpolitik gerückt. Der Kampf der Großmächte um die größten Schiffahrtswege und vor allem um das wertvolle Öl setzte ein; England begann, sein Imperium immer mehr zu erweitern. Es vernichtete das Reich des Mahdi (1898), eroberte dadurch den Sudan und gelangte auf diese

Weise auch in den Besitz Ägyptens. Die Erweiterung des südafrikanischen Machtbereichs nach Norden führte zu den erbittert geführten Burenkriegen.

Da es den Seeweg durch das Rote Meer nach Innerasien bereits beherrschte, strebte es nun vor allem danach, die über Arabien führende Landbrücke mit dem Ausgang am Persischen Golf unter Kontrolle zu bringen. Das führte zur Konfrontation mit Frankreich und Rußland. Da sich die Interessen immer mehr zuspitzten, galt es vor allem, Kuwait mit seinem beachtlichen – zugleich aber geschützten und leicht zu verteidigenden – Hafen als wichtigsten Stützpunkt zu erobern. Und in dieser Auseinandersetzung suchte schließlich auch das Osmanische Reich mitzumischen. Sultan Abdul Hamid II. war bemüht, den islamischen Einheitsgedanken (Panislamismus) neu zu beleben, um so den mohammedanischen Völkern eine geistige Barriere zu errichten. In wirtschaftlicher, aber auch strategischer Hinsicht dachte er dabei an den Bau von Eisenbahnen. Als man schließlich von deutscher Seite unverhofft mit ganz neuen Ideen bezüglich des Bahnbaus an ihn herantrat, begann sich mit einem Mal das Projekt einer Weltverkehrsstraße abzuzeichnen, die dem englischen Zugriff entzogen war und die Mächte des Kontinents von der englischen Vorherrschaft unabhängig machte. Wenn Mitteleuropa auf diese Weise mit dem Balkan verbunden wurde, konnte sie den Anschluß an den Nahen Osten herstellen und von dort aus ungehindert Zugang zu den noch unerschlossenen attraktiven asiatischen Märkten finden.

Der erste Teil der Bahn wurde rasch und problemlos vollendet. Bereits 1888 war eine direkte Linie quer durch den Balkan hergestellt und damit Konstantinopel, die Hauptstadt des Osmanischen Reiches, an das mitteleuropäische Verkehrsnetz angeschlossen. Die zweite Etappe wurde von deutschen Bankinstituten finanziert und auch unter deutscher Leitung ausgeführt. Von der asiatischen Seite Konstantinopels ausgehend, sollte die Bahn ganz Anatolien durchqueren und den Nahen Osten an Europa anschließen. Nach 10 Jahren war die Hauptstraße bis Konia (Konya) fertiggestellt, eine Abzweigung führte nach Ankara. Auch die Fertigstellung des dritten und am heftigsten umstrittensten Teilstücks, nämlich des Baus der sogenannten Bagdadbahn, wurde einer deutschen Finanzgruppe – unter Führung der Deutschen Bank – übergeben.

Sie sollte sich an die anatolische Strecke anschließen, quer durch die nordarabischen Länder nach Bagdad führen und dann zum Persischen Golf weitergeleitet werden, um dort den Ausgang zum Meer zu gewinnen. Da sich aber in Basra, am Zusammenfluß von Euphrat und Tigris, die Hafenverhältnisse als äußerst ungünstig herausstellten, wurde das etwas weiter südlich gelegene Kuwait als Endpunkt angepeilt.

Die Absichten der Engländer am Persischen Golf waren Sultan Abdul Hamid II. schon lange ein Dorn im Auge, und so erschien es ihm nun mehr als geboten, wenigstens das seiner Oberhoheit unterstehende Emirat Kuwait vor ihrem Zugriff zu bewahren. Gelang es ihm, die Hafenstadt fest unter Kontrolle zu bringen, so konnte er sich auf diese Weise den Zugang zum Meer offenhalten. Da er jedoch dem jetzigen Emir Mubarak nicht trauen konnte, beschloß er, den unzuverlässigen Vasallen beseitigen zu lassen. Doch Mubarak erhielt Kunde von den wahren Absichten des Sultans, und so schloß er kurzerhand mit der englischen Regierung einen Geheimvertrag ab. Darin verpflichtete er sich, mit keiner anderen Macht ein Abkommen zu treffen oder ihr gegenüber irgendwelche Bindungen einzugehen; dafür sollte er alles, was er begehrte, erhalten: Geld, Waffen und Schutz seiner Interessen.

Abdul Hamid II. hatte zunächst seinen Statthalter von Basra angewiesen, ein Kanonenboot nach Kuwait zu schicken, um den aufsässigen Rebellen festzunehmen und nach Konstantinopel schaffen zu lassen. Als jedoch die Osmanen auf der Kuwaiter Reede erschienen, verwehrte ihnen ein englisches Kriegsschiff den Zugang zum Hafen. Die Verhandlungen verliefen ergebnislos, und so sah sich das Kanonenboot genötigt, unverrichteterdinge wieder umzukehren.

Da diese Schlappe den Sultan der Osmanen ganz gewaltig wurmte, setzte er sich mit dem neuen Gebieter von Hail – Abdul Asis Ibn Raschid – in Verbindung und forderte ihn auf, sich des Emirats von Kuwait zu bemächtigen.

Der nahm diesen Befehl freudig auf und sah sich im Geiste bereist als Gebieter der wichtigsten Handelsstraßen. Ibn Raschid rüstete sogleich zum Krieg, doch Mubarak blieben diese Vorbereitungen nicht verborgen. Der Emir, der über genügend Geld verfügte, hob zehntausend Freiwillige aus, die sich aus den verschiedensten Stämmen zusammensetzten, und übergab den Sauds einen Großteil seiner Truppen. Zudem stellte er ihnen in Aussicht, nach einem Sieg über die Raschids wieder auf den Thron von Riad zu verhelfen.

Doch es verlief nicht ganz so, wie es sich der Emir von Kuwait vorgestellt hatte. Schon nach den ersten Auseinandersetzungen mit dem Heere Raschids desertierten die unzuverlässigen Verbündeten oder liefen sogar zum Feind über; Mubarak konnte schließlich froh sein, wenn es ihm gelang, Kuwait zu halten. Raschid war indes immer weiter gegen ihn vorgerückt und hatte Oasen und Dörfer um Kuwait planmäßig verwüstet. Als er sich eben anschickte, die Hafenstadt zu erstürmen, stellten sich ihm im letzten Augenblick die Engländer in den Weg. Sie forderten Raschid auf, seine Truppen aus dem Gebiet zurückzuziehen und verlangten auch von Sultan Abdul Hamid II., auf den Gebieter von Hail den nötigen Druck auszuüben, damit er von seinem Vorhaben Abstand nähme. Mubarak sei ihr Bundesgenosse. Der osmanischen Regierung blieb nichts anderes übrig, als sich – wenn auch zähneknirschend – diesem Ultimatum zu beugen.

Abdul Hamid II. rief Raschid zur Ordnung, und so mußte dieser das Feld räumen.

Der Emir von Kuwait war gerettet und mit ihm die Sauds. England aber sah sich im unbestrittenen Besitz des Persisches Golfs, des wichtigen Stützpunkts auf dem Weg nach Indien. Es hatte erstmals die Karten auf den Tisch gelegt und seine wahren Interessen kundgetan.

Die Rückeroberung von Riad

Abdul Asis Ibn Abdurrahman Ibn Feisal Ibn Turki Ibn Abdullah Ibn Mohammed Ibn Saud, von jetzt an hier nur noch kurz Ibn Saud genannt, war inzwischen 21 Jahre alt geworden. Mit seinen 2,04 Metern überragte er die meisten seiner Stammesgenossen um mehr als Haupteslänge. Er hatte breite Schultern, war durchtrainiert und sah zudem ausgezeichnet aus. Weitausgreifende Gebärden und ein lockerer Gang gaben ihm etwas Edles und Männliches. Die großen, braunen Augen verrieten ein feuriges Temperament. „Nichts an ihm wirkte kleinlich oder gehemmt", drückte es H. C. Armstrong in seiner Ibn-Saud-Biographie aus.[4] Der Sohn Abdurrahmans schlief wenig und dachte unentwegt nach, auf welche Weise er den Kampf gegen Raschid erneut aufnehmen und doch noch zu einem für die Sauds glücklichen Ende führen könnte.

Während sich sein Vater mit dem kümmerlichen Dasein in Kuwait abgefunden zu haben schien, litt er selbst sehr unter der Erniedrigung und Schmach der Familie. Beinahe sieben Jahre währte nun schon die Zeit der Verbannung; das Leben mochte ihm bereits sinnlos und langweilig vorkommen. Als er feststellte, daß er weder von Mubarak noch von den Engländern, denn auch an sie hatte er sich mit der Bitte um Hilfe gewandt, ernstlich unterstützt werden würde, entschloß er sich, den Krieg gegen Raschid auf eigene Faust fortzusetzen; ein Unterfangen, das nach Ansicht seiner Eltern ganz und gar hoffnungslos war. Lediglich Lieblingsschwester Nura bestärkte ihn in seinen Plänen, denn sie war stolz und unbeugsam wie er.

Schließlich stellte ihm Mubarak nach langem Drängen dreißig miserable Kamele, eine Menge alte Gewehre und Munition und 200 Goldrials zur Verfügung und sagte, er solle ihn künftig gefälligst in Ruhe lassen.[5] Der Rebell suchte und fand schließlich an die 200 Getreue, die bereit waren, mit ihm die Heimat zurückzuerobern. Es war im Herbst des Jahres 1901, und Ibn Sauds junge Frau (er hatte im Laufe des Lebens an die 200) erwartete gerade ihr drittes Kind, als er, sein Bruder Mohammed und sein Cousin Dschiluwi aufbrachen. Abdurrahman befürchtete, seinen Sohn nie mehr wiederzusehen.

Wie er es bei den Murra, den Wüstenräubern, gelernt hatte, marschierte er mit unglaublicher Schnelligkeit los und hinterließ nicht die geringsten Spuren. Proviant und Gepäck waren ihm nicht nötig erschienen; was sie benötigten, wollten sie sich durch Überfälle auf feindliche Dörfer verschaffen.

Als erstes überfiel er ein Lager der Adschman, jenes Stammes, dessen Krieger im Kampf gegen Raschid fahnenflüchtig geworden waren; er brannte Schammarsiedlungen in der Nähe von Hail – dem Hauptquartier Raschids – nieder und verbreitete systematisch panischen Schrecken im Land. Obwohl er erfolgreich operierte, verhielten sich die im Nedschd ansässigen Stämme abwartend, und auch die seßhafte Bevölkerung, mit deren Sympathien und Beistand Ibn Saud gerechnet hatte, hielt sich zurück.

Der erbarmungslose Guerillaeinsatz schien zu nichts zu führen. Dazu kam, daß die finanziellen Mittel begrenzt waren; die schwachen Kamele erkrankten und der Munitionsvorrat ging immer mehr zur Neige. Ibn Saud sagte später: „Es war eine der schwersten Zeiten meines Lebens. Die Männer hatten sich mir angeschlossen, weil sie kämpfen wollten – Kriegführen war ihnen Handwerk und Zeitvertreib. Sie konnten nicht einsehen, wieso ich sie zur Untätigkeit zwang. Das Einsiedlerleben in der Wüste kam ihnen absurd vor. Sie wollten sich entweder schlagen oder zu ihren Frauen heimgehen. ‚Ein Leben ohne Kampf und ohne Frauen', sagten sie, ‚ist nicht wert, daß man es überhaupt lebt.' Trotzdem mußte ich ihnen verbieten, auch nur für 24 Stunden Urlaub zu nehmen, denn ich wußte, daß sie daheim nicht den Mund halten würden. Aber das geringste verlautete Wort konnte uns zum Verhängnis werden, denn es hätte dem Feind verraten, wo wir uns befanden. Die Schwierigkeiten, gegen die ich in jener Zeit angehen mußte, haben mich erkennen gelehrt, daß das härteste, was man von einem Mann verlangen kann, nicht Mut oder Tatkraft ist, sondern die Fähigkeit, auf etwas zu verzichten."[6]

Schließlich näherte sich der kleine Trupp Riad. Als sie in Schamschija ankamen, wo die Palmenpflanzungen aufhörten und die Gärten der Stadt begannen – nach denen Riad benannt ist –, ließ Ibn Saud eine Palme fällen und aus dem rauhrindigen, entasteten Stamm eine Art Leiter machen. Er war entschlossen, Riad im Handstreich zu nehmen. Als die Dunkelheit hereinbrach, schlichen etwa zehn Männer durch die Gärten, bis sie die Stadtmauer erreichten. Sie lehnten den Palmstamm schräg gegen die Mauer, kletterten empor und sprangen von der Brüstung auf eine kleine Gasse hinab. Es war der 15. Januar 1902.

Die Bewohner Riads befanden sich um diese Zeit wegen der bitteren Kälte in ihren Häusern, und so gelang es Ibn Sauds Leuten, ungehindert das Haus des Statthalters Adschlan zu erreichen. Dort kam es zu einem Ringkampf zwischen Ibn Saud und dem Statthalter, während die Begleiter mit den Wachen der Raschids zu tun hatten. Adschlan wollte fliehen, wurde jedoch auf den Stufen der Moschee eingeholt und dort von dem getreuen Dschiluwi mit dem Säbel niedergeschlagen.

Er richtete dem Sterbenden das Gesicht nach Mekka, schlug ihm dann mit einem Hieb den Kopf ab und hielt ihn – für alle sichtbar – hoch.

Ein Triumphgeschrei ohnegleichen brach los und ermutigte Ibn Sauds Leute, den Rest von Raschids Garnison einzunehmen – zumal sich der Großteil der Bewohner von Riad auf ihre Seite geschlagen hatte. Inzwischen waren auch noch die restlichen Krieger in die Stadt eingedrungen, und als es Mittag war, rief man Ibn Saud zum alten und neuen Herrn von Riad aus. Nach einem Exil von beinahe 11 Jahren herrschte die Familie Saud wieder über ihre Geburtsstadt.

Doch wenn auch damit die rund dreißigjährige Herrschaft der Raschids über Riad zu Ende gegangen war, so hatte Ibn Saud noch lange keinen Grund, endgültig zu triumphieren. Riad war nicht das Nedschd, und das Nedschd war nicht identisch mit Arabien. Auch wenn Adschlan tot war, so lebte doch noch immer der Fürst von Hail – Abdul Asis Ibn Raschid.

Die erste Runde im Kampf um die Wiederherstellung der Familienehre war gewonnen, und die Kunde von dem verwegenen Handstreich verbreitete sich in Windeseile von Lager zu Lager, von Dorf zu Dorf. Sie gelangte auch nach Kuwait, noch bevor dort Ibn Sauds persönliche Boten eintrafen, und der überglückliche Abdurrahman konnte darangehen, mit seiner Familie in die längst verloren geglaubte Heimatstadt zurückzukehren.

Obwohl die Reise nicht ungefährlich war, gelangte der Imâm heil und wohlbehalten nach Hause, und schon zwei Wochen danach ernannte er seinen Ältesten stolz zum Emir von Nedschd und neuen Imâm der Wahabiten. Die Einsetzung fand in einem feierlichen Akt vor versammeltem Volk statt, und Abdurrahman überreichte dabei seinem großen Sohn den Dolch seines Großonkels Sauds des Großen, den die Sauds von Generation zu Generation innerhalb der Familie weitergegeben hatten. Der Dolch hieß er-Rahaidschan („Der Scharfgeschliffene") und war eine der wertvollsten Waffen des ganzen Landes. Die Klinge war aus reinem Damaszenerstahl, der Schaft aus massivem Gold und mit Perlen besetzt. Man sagte, er besitze eine „Baraka", die einst Abdul Wahab besessen habe: eine heilige Ausstrahlungskraft, die dem Träger der Waffe nach arabischem Glauben zu Wohlstand, Glück und Sieg verhelfen würde (was dann ja auch in Erfüllung gehen sollte).[7]

Der neue Emir von Riad tat den Schwur, daß kein Feind mehr die Schwelle der Stadt überschreiten werde, solange sich dieser Dolch in seinen Händen befinde. „Al Hamdulillah! La ilaha il Allah! – Lob sei Allah! Es gibt keinen Gott außer Allah. Allah ist groß, er wird mir auch künftig beistehen."

Die Ichwan

Während Ibn Saud unaufhörlich gegen die Schammar zu Felde zog (er war ein Meister des Bewegungskrieges) und Sieg auf Sieg an seine Fahnen heftete, mußte der Sultan des Osmanischen Reiches immer mehr erkennen, daß alle Versuche, die arabischen Länder fester mit der Türkei zu verknüpfen, zum Scheitern verurteilt waren.

Ibn Raschid mußte schließlich die Osmanen um Hilfe angehen, doch unterlagen die Truppen bei Kasim (1904), und am Ende verlor er sogar bei einer direkten Auseinandersetzung mit Ibn Saud das Leben. Mit dem letzten bedeutenden Fürsten des Hauses Raschid war der Glanz derer von Hail erloschen und der Weg für Ibn Saud endgültig frei, die Herrschaft über das Nedschd an sich zu reißen.

Unter den zahlreichen Gefangenen waren auch die Söhne des inzwischen verstorbenen Cousins Ibn Sauds der älteren Linie. Er schenkte ihnen als Verwandten das Leben und nahm sie in allen Ehren an seinem Hofe auf. Doch noch lebte der eine der beiden Cousins, der den Anspruch auf das Erbe weiter vertrat und Ibn Saud später viel zu schaffen machen sollte.

Zwar bedrohten die Stämme von Hasa am Persischen Golf noch eine Zeit lang die Sauds, doch Anfang 1914 griff er kurz entschlossen die Stadt an und nahm sie an einem Tag ein. Innerhalb eines Monats vertrieb er die letzten Osmanen aus dieser Gegend und unterwarf auch diese Stämme.

So mußte die Hohe Pforte den Verlust ein für allemal abschreiben, und Ibn Saud wurde nie mehr von den Osmanen behelligt.

Doch noch hielt kein nationales Gemeinschaftsgefühl die

Stämme zusammen. Die Beduinen gehorchten ihren Scheichs, und diese fügten sich wiederum einem Höheren nur dann, wenn und solange sich dieser als der Mächtigere zeigte – oder wenn sie sich von ihm Vorteile erhoffen konnten. Ibn Saud wollte nicht Scheinherrschaft, er strebte nach einem geordneten Staatswesen. Nur darin sah er eine Chance für sein Land. „Für den Glauben und für Arabien!" hieß die neue Devise, und der „Leopard der Wüste", wie man ihn mittlerweile nannte, schickte sich an, nach den Sternen zu greifen.

Um sein Ansehen und seine Macht zu behaupten, galt es, mit eiserner Härte zu regieren! Ibn Saud schreckte nicht davor zurück, an Aufrührern und Rebellen ein Strafgericht zu vollziehen, und damals soll er gesagt haben: „Ich ziehe mein Schwert den Beduinen über das Gesicht! Diese Sprache allein verstehen sie."[8] Auf diese Weise kam es beispielsweise zu der Massenhinrichtung von Laila, bei der 18 Unruhestifter aus der Sekte der Assasinen öffentlich enthauptet wurden. Sie brachte selbst die aufsässigsten Beduinen zur Vernunft. Es schien in der Tat besser zu sein, dem neuen Gebieter des Nedschd Gehorsam zu leisten, als sich seinem Zorn auszusetzen.

Um diese Zeit, Ibn Saud war mittlerweile 32 Jahre alt geworden, kam dem neuen Herrn des Nedschd eine kühne Idee: Wenn es gelang, das Nomadentum nach und nach einzuschränken und die Beduinen durch Anreiz zum Ackerbau in der Umgebung von Wasserstellen seßhaft zu machen, dann müßte sich die Struktur Arabiens von Grund auf verändern. Ein gigantischer Plan!

Ausgehend von der Lehre des Wahabismus, der die Übernahme fremder Einflüsse ablehnte, baute er eine religiöse Vereinigung mit dem Ziel auf, den Kampf gegen alle Ungläubigen durch einen Kampf gegen die Wüste vorzubereiten. Die „Ichwan" (Ikhwan), das heißt die „Bruderschaften" (Mehrzahl von Achu), ein von ihm gegründeter religiöser Kampfverband, sollten ihm dabei helfen.

Die „Vorkämpfer der Einigkeit und Brüder im Gottesgehorsam", wie sie sich mit vollem Namen nannten, ließen sich in Artawija, am Rande der Provinz Kasim, nieder und gründeten eine Kolonie mit dem Zweck, den Boden zu bestellen und der Wüste für immer zu entreißen. Die Bewegung der Ichwan war erfolgreich und hatte rasch ungeheuren Zuwachs. Was niemand jemals für möglich gehalten hätte, geschah: Leute aus den verschiedensten Stämmen lebten in ähnlichen Kolonien zusammen, bearbeiteten dasselbe Feld und waren zu „Ichwan" (Brüdern) geworden. Der erste Schritt zu einer Einigung Arabiens war getan.

Hedschra nannte man eine Ichwankolonie, und für gewöhnlich lebten zwischen 2000 und 10 000 Menschen in einer solchen Ansiedlung. Drei Gruppen ließen sich darin unterscheiden: Beduinen, die zu seßhaften Bauern geworden waren; Missionare (Mutawwis) und Kaufleute. In Kriegszeiten unterschied man als erste Gruppe die für einen Dschihad (Glaubenskrieg) Bereitstehenden, die Reservisten (Hirten und Taglöhner) sowie Händler und Bauern.

So schien die Stammesorganisation endlich überwunden zu werden, und die streitbaren Diener Allahs waren zugleich treue Soldaten Ibn Sauds, die nur ihm – ihrem weltlichen wie geistlichen Oberhaupt – zu Treue und Gehorsam verpflichtet waren. Da jedes Kind männlichen Geschlechts Rekrut werden mußte, verfügte er rasch über ein stehendes Heer von mehr als dreißigtausend Mann, das in den Kolonien als ebenso vielen Standorten verteilt auf Abruf jederzeit verfügbar war. Diese Truppe entwickelte sich schließlich zur zuverlässigsten Stütze Ibn Sauds.

Da sich Ibn Saud auch weiterhin der Mitwirkung der Geistlichkeit versichern mußte, beschloß er, die Weltanschauung des Wahabismus durch Mutawwis (Mutauwis) verkünden zu lassen, denen er meist die Oberaufsicht in den Kolonien übertrug. Die Priesterschaft bildete eine mächtige, streng gegliederte Hierachie: An der Spitze standen die „Ältesten" als Nachkommen Abdul Wahabs und deshalb eine bevorzugte Kaste. Ibn Saud war als Imâm ihr oberster Herr. Aus den Reihen der Ältesten wurden die Ulemas (Theologen) gewählt; sie hatten die Einhaltung des Rituals zu überwachen, die Schriften auszulegen und das Volk zu unterrichten. Ihnen unterstanden die Muezzins (Muessine), die Hüter der Moscheen, welche die Gläubigen fünfmal täglich zum Gebet riefen und die „acht Gebetshaltungen" überwachten. Die Mutawwis standen an unterster Stelle.

Sie, die Prediger, die wahren Streiter für die Lehre des Wahabismus, wurden nun in die Dörfer und zu den Stämmen geschickt, wo sie die Menschen unterrichten und betreuen sollten. So wurden sie schließlich zu Missionaren Ibn Sauds und verbreiteten die religiöse Einheitsidee selbst in entferntesten Gegenden.

Die Einrichtung bewährte sich; fünf Jahre nach Gründung der ersten Kolonie zählte die Ichwan-Bewegung bereits 50 000 Mitglieder. Doch diese dem Herrscher zur Verfügung stehende Militärmacht erfüllte die Geistlichkeit plötzlich mit Besorgnis. Sie befürchteten Gewaltherrschaft und Entzug der Privilegien und veranstalteten schließlich eine Art Verleumdungsfeldzug gegen Ibn Saud. Der Erfolg war Mißbehagen unter der Bevölkerung.

Daraufhin hatte Ibn Saud erneut eine tollkühne Idee. Er wußte, daß er die Ulemas nur dann zum Schweigen bringen würde und seine geistliche Oberhoheit über Arabien bewahren konnte, wenn es ihm gelang, die heiligen Städte Mekka und Medina unter seine Herrschaft zu bringen. Dazu kam, daß er mit Hussein Ibn Ali, dem Großscherif von Mekka, seit geraumer Zeit unangenehme Differenzen hatte.

Doch noch bevor er darangehen konnte, seinen Vorsatz in die Tat umzusetzen, brach der Erste Weltkrieg aus und verwickelte London in einen offenen Konflikt mit Konstantinopel, wo man inzwischen Sultan Abdul Hamid II. zur Abdankung gezwungen und Mehmed V. auf den Thron gesetzt hatte.

Die Staatsgründung

Ibn Sauds wachsende Erfolge hatten inzwischen vor allem Englands Interesse geweckt. Captain Shakespear wurde als Vertreter des Landes nach Riad geschickt, um die wahren Absichten der Wahabiten zu erkunden. Ibn Saud ließ durchblicken, daß er an Waffen interessiert sei, und schon im November 1914 schlug Shakespear vor, mit den Sauds ein Bündnis gegen die Türken einzugehen. Es kam zu einem Kompromiß: gegen das wahabitische Versprechen, mit keiner ausländischen Macht einen Pakt einzugehen und fremden Truppen den Durchmarsch zu verweigern, erkannte London Ibn Saud als Herrscher von Nedschd und Hasa an und versprach ihm im Bedarfsfall Hilfe gegen jeden türkischen Angriff.

Das war für Ibn Saud ein großartiges Geschäft, denn an sich hatte er nichts weiter zu tun, als neutral zu bleiben. Dafür war er englischer Protektion sicher. Als dann der türkische Sultan zum Dschihad (Glaubenskrieg) gegen die Engländer aufrief, konnte Ibn Saud der Wahrheit entsprechend ablehnen: Er könne es nicht riskieren, die englische Seemacht herauszufordern.

Auch Hussein Ibn Ali, der Großscherif von Mekka, der damit spekulierte, ein arabisches Großreich unter seiner Führung zu errichten – und als direkter Abkömmling des Propheten (als Haschemit) die Kalifenwürde zu gewinnen –, war um diese Zeit Ibn Sauds größter Gegner.

Die Haschemiten (mancherorts auch Haschimiden genannt) hatten seit Beginn des 13. Jahrhunderts die Oberaufsicht über die heiligen Städte des Islams und durften sich deshalb Emire von Mekka nennen. Hussein hatte nach dem Tode seines Vaters das in seiner Familie erbliche Amt übernommen, jedoch nicht sehr lange ausgeübt. Abdul Hamid II., der damalige Sultan der Osmanen, mißtraute dem Großscherif und übertrug die Verwaltung der heiligen Städte einem seiner Beamten, ließ Hussein mit seiner Familie (er hatte die vier Söhne Ali, Feisal, Abdullah und Said) nach Konstantinopel schaffen und zwang ihn, dort Wohnung zu nehmen.

Hussein verstand es, das Wohlwollen seiner Umgebung zu gewinnen. Er wurde Mitglied des osmanischen Staatsrats, bekam einen schönen Palast am Goldenen Horn zugewiesen und erreichte – als mit der Revolution von 1909 die Jungtürken an die Macht kamen –, daß man ihm das Amt eines Hüters der heiligen Städte erneut übertrug. Die Jungtürken versprachen sich von ihm eine Stütze für ihre Herrschaft, und es schien, als solle er sich als getreuer Vasall des Reiches erweisen und mit Konstantinopel in bestem Einvernehmen bleiben.

Um dieselbe Zeit hatte in Assir, einer südlich des Hedschas gelegenen Landschaft, ein gewisser Achmed Ben Idrisi einen religiösen Orden gegründet, aus dem später die Senussi hervorgingen (er war dem Wahabismus im großen und ganzen ähnlich), ein Fürstentum geschaffen und eine neue Dynastie gegründet. Seine Nachfolger hatten den Besitz systematisch erweitert. Mohammed Ibn Idrisi, ein Urenkel Achmeds, versuchte schließlich die Selbständigkeit zu erringen und sich aus dem osmanischen Reichsverband zu lösen. Da die Türken gerade damit zu tun hatten, den Einfall Italiens in Tripolis abzuwehren, war man an der Hohen Pforte[9] dem Großscherif von Mekka mehr als dankbar, als er diesem Vorhaben energisch entgegentrat und Mohammed Ibn Idrisi wieder zur Vernunft brachte.

Hussein hatte dies jedoch nicht aus purer Selbstlosigkeit getan, sondern in der Absicht, seinen eigenen Herrschaftsbereich abzusichern und zu vermeiden, einen zu starken Fürsten als unmittelbaren Nachbarn zu haben. Auch hatte er vor, Assir selbst zu bekommen. Stand er so mit den Jungtürken in bester Verbindung, pflegte er überdies mit den syrischen Nationalisten gute Beziehungen. Daß ihm bei seinen Plänen der mächtige Herrscher des Nedschd im Wege stand, versteht sich. So nahm er im Sommer 1911 Ibn Sauds Bruder Saad kurzerhand gefangen, als dieser einige Grenzstämme von Hedschas für die Wahabiten gewinnen wollte, und ließ ihn erst wieder frei, nachdem Ibn Saud die türkische Souveränität über Kasim anerkannt hatte. Seitdem waren sie Todfeinde.

So standen die Dinge, als Sultan Mehmed V. zum großen Dschihad aufgerufen hatte. Der Großscherif wandte sich an seine Nachbarn in Assir (Mohammed Ibn Idrisi), Yemen (den dortigen Imâm Yahia), Hail (Ibn Raschid) und im Nedschd (Ibn Saud), um deren Stellungnahme zum Glaubenskrieg zu erfahren.

Insbesondere Ibn Saud war entschlossen, den Wahnsinn Europas zum Aufstieg Arabiens zu nutzen. Er erteilte Hussein eine Absage und erhielt für seine Neutralität zudem von England einen monatlichen Zuschuß von 5000 Pfund sowie Gewehrlieferungen. Von Anfang an entschlossen, wollte er sich keinesfalls an einer von Hussein geführten Erhebung beteiligen, die eventuell von England begünstigt wurde; auch war er gegen jegliche Verbindung mit den arabischen Nationalisten und Geheimorganisationen, da sie zu sehr von europäischem Denken beeinflußt waren.

Die englischen Subsidien ermöglichten Ibn Saud die Ausrüstung eines Heeres, und dadurch trieb er dem offenen Konflikt mit Hussein immer mehr entgegen. Zu Beginn des Jahres 1916 war Mubarak, der Emir von Kuwait, gestorben, und auch sein Nachfolger Dschabir regierte nur ein paar Monate. Der nächste

Herrscher von Kuwait, Dschahirs Bruder Selim (Salim), war ein Gegner Ibn Sauds; so bahnten sich plötzlich erneut große Probleme an. Überall saßen Feinde. Im Westen saß ein Raschid in Hail, im Süden residierte Großscherif Hussein, und im Osten suchte Selim von Kuwait seinen Herrschaftsbereich – im Bündnis mit den aufrührerischen Adschnan und den Engländern – auszudehnen.

Ein arabischer Aufstand, der nach anfänglichen Erfolgen rasch erlahmte, brachte Hussein 1916 den Titel eines „Königs vom Hedschas" ein. Dazu bekam er monatlich 20000 Pfund in Gold von der Krone und überdies das Versprechen, nach Beendigung des Weltkriegs eine große arabische Konförderation unter seinem Vorsitz zu bilden.

Die Engländer hatten richtig kalkuliert: Hussein ließ sich „kaufen". Er vertrieb die türkischen Garnisonen aus dem Hedschas und ging daran, die rechte Flanke der Sinai-Armee zu decken. Das führte dazu, daß sich fortan die Ostküste des Roten Meeres in der Hand eines Bundesgenossen befand. Ibn Saud aber begriff nun mit einemmal, was ihm sein Abkommen mit England in Wahrheit eingebracht hatte: den Verzicht auf den Hedschas. Denn Hussein war Englands Verbündeter, und er – Ibn Saud – hatte sich in aller Form verpflichtet, „die Verbündeten Englands nicht anzugreifen".

Das Ende brachte den totalen Zusammenbruch des früher mächtigen Osmanischen Reiches und die für die arabische Welt so fatale Konferenz von San Remo (25. April 1920), wobei die Westmächte die orientalische Beute unter sich aufteilten. Syrien wurde gespalten: die nördliche Hälfte bis zum Oberlauf des Tigris ging an Frankreich, Palästina und das Hinterland an England, das außerdem den Irak einschließlich des Mossulgebiets und der dortigen Erdöllager für sich beanspruchte. Daß der Betrug von San Remo zu verzweifeltem Widerstand führen würde, sollte man früh genug erfahren. Die Araber hatten für die Westmächte fortan nur mehr Verachtung und Abscheu übrig, denn sie sahen sich in ihrem Vertrauen schmählich enttäuscht. Schließlich hatte man die Errichtung eines unabhängigen syrischen Königreichs in Aussicht gestellt; der Irak sollte gleichfalls unabhängig werden (Beschlüsse des Kongresses von Damaskus im März 1920).

Die Konferenz von Kairo (1921) suchte unter Churchills Wortführung schließlich wieder einiges gutzumachen: Der Irak durfte sich unter einem erwählten König selbst regieren (Husseins Sohn Feisal); die Palästinafrage wurde durch die Schaffung des neuen arabischen Staates Transjordanien unter Emir Abdullah (Husseins zweitem Sohn) „gelöst". Lawrence von Arabien schrieb in seinen Erinnerungen: „Bei der Konferenz von Kairo entwirrte Churchill den Knoten und fand Lösungen, die – wie ich glaube – unsere Versprechungen dem Buchstaben und dem Geist nach erfüllen (soweit dies möglich war), ohne daß dadurch irgendein Interesse der in Frage kommenden Völker geopfert worden wäre. So hatten wir denn unser Kriegsabenteuer Orient liquidiert, und zwar mit reinen Händen."[10]

Anstatt geeint worden zu sein, war Arabien zerstückelt, die arabische Nationalbewegung war in nichts zerfallen.

Ibn Saud hatte es in all diesen Jahren der Wirren und Gefahren geschickt verstanden, sich abwartend zu verhalten. Jetzt aber zögerte er nicht, seine privaten Fehden wiederaufzunehmen. Er begann mit dem Fürstentum der Schammar: Hail wurde endgültig erobert und seinem Gebiet einverleibt, dann besetzte er Assir, marschierte gegen Dschauf und Wadi Sirhan und versuchte sogar einen (allerdings ergebnislosen) Einfall in Transjordanien.

Zwischenzeitlich kam es auch zu einem heftigen Konflikt um die Oase Khurma an der Grenze zwischen Hedschas und Nedschd. Wieder einmal auf Husseins Seite stehend, befahl England Ibn Saud, die Oase zu evakuieren, der sich jedoch trotz mehrfacher Aufforderung nicht daran hielt.

Da beschloß man in Ankara die Abschaffung des Kalifats und wies den unglücklichen Abdul Medschid (so hieß der letzte Kalif) aus Konstantinopel/Istanbul (März 1924). Ohne jede Konsultation rief sich der Großscherif von Mekka, Hussein Ibn Ali, plötzlich selber zum Kalifen aller Mohammedaner und zum Stellvertreter des Propheten aus, wodurch er selbst seine treuesten Freunde und Anhänger vor den Kopf stieß.

Ibn Saud nahm dies zum Anlaß, im Hedschas einzufallen. Seine Ichwan eroberten Taif und ermordeten an die dreihundert Einwohner, bis ihr Führer das Blutbad stoppen konnte. Hussein, der erkannt hatte, daß er von keiner Seite Hilfe zu erwarten hatte, zog es vor, Mekka kampflos aufzugeben. Da auch Medina in die Hände der Wahabiten fiel, konnte sich Ibn Saud (Dschidda war am 8. Januar 1926 erobert worden) schließlich zum König von Hedschas ausrufen lassen; Sultan des Nedschd war er ohnehin.

Es dauerte noch weitere sechs Jahre, bis zum September 1932, dann war es ihm gelungen, Nedschd, Hedschas und Hasa offiziell zu vereinigen: die Geburtsstunde Saudi-Arabiens war gekommen. Ibn Saud verfügte nun über ein Reich, das etwa viermal so groß war wie das Deutschland des Jahres 1938.

Die Ältesten und Ulemas entschlossen sich, nun alle letzten Widerstände aufzugeben und proklamierten Ibn Saud als „König von Saudi-Arabien" und Protektor der Heiligtümer. Als der neue König nach der Zeremonie vor dem Volk erschien, wurde er mit tosendem Beifall empfangen. Er begab sich zum großen Stadtplatz von Riad und ließ Fahnen und Geschenke verteilen; vor allem seine Soldaten wurden reich bedacht. Auch die Großmächte hatten bevollmächtigte Minister und Konsuln geschickt; es waren Vertreter der Türkei, Italiens, Deutschlands, Englands, der USA, Hollands und Japans anwesend.

Ibn Saud war der neue Gebieter Arabiens, von der Grenze Syriens bis zum Indischen Ozean und vom Roten Meer bis zum Persischen Golf. Auch Rußland hatte bereits drei Wochen vor der großen Versammlung zu Riad seinen Staat anerkannt.

Der große Reformer

Ibn Saud war damit noch keineswegs am Ende seines Weges angelangt. Einige seiner Probleme waren zwar gelöst, zahlreiche neue jedoch entstanden. So kamen die Saudis als Wächter der heiligen Städte in engen Kontakt mit anderen mohammedanischen Staaten und sogar in Konflikt mit den europäischen Mächten, die ihren Einfluß an den jeweiligen Grenzen geltend zu machen versuchten. Gegensätze bestanden auch zwischen den fanatisch gläubigen Wahabiten und unbekümmerten, leichtlebigeren Bewohnern des Hedschas. Beispielsweise gelang es nur mit Mühe, die Wahabiten davon abzuhalten, die über dem Grabmal Mohammeds erbaute Kuppel als götzendienerisches Symbol zu demolieren.

Ibn Saud hatte bereits 1926 mehrere Konferenzen islamischer Staaten in Mekka einberufen, um vor allem die religiösen Verwaltungsprobleme zu besprechen. Vom panislamischen Standpunkt aus betrachtet, waren sie ergebnislos verlaufen, jedoch hatte Ibn Saud einen anderen Erfolg zu verzeichnen: Der Einfluß der größtenteils gebildeten und selbstbewußten Gäste ermöglichte es ihm schließlich, seine traditionsverbundenen Wahabiten auf modernes Leben ein- und umzustellen.

So waren Telefon, Rundfunk und Automobile ernstliche Probleme. Es bedurfte einer Tagung ziviler und religiöser Führer in Riad, bei der es zu heißen Debatten kam, bis der Fernsprecher für die gläubigen Moslems zugelassen wurde. Da man verhältnismäßig schnell einsah, daß auch religiöse Programme und sogar Koranvorlesungen durch den Äther ausgestrahlt werden konnten, akzeptierte man auch das Radio.

Ibn Saud erkannte, daß das Auto die Verkehrsprobleme auf beste Weise lösen konnte, denn es war nicht einmal notwendig, Straßen anzulegen: Die Autos waren in der Lage, sich auf dem Steppenboden Innerarabiens frei und ungehindert nach allen Richtungen hin zu bewegen. Man mußte nur die Wadis – die ausgetrockneten Flußtäler – befahrbar machen oder überbrücken und Brennstoffdepots anlegen. Schließlich würden die Autos auch dem Militär und der Polizei von Nutzen sein!

Bezüglich des Flugzeugs war man sich einig, daß es alle diese Vorteile noch überbieten würde, und die Telegraphie mußte in dem dünnbevölkerten und zum Teil sogar unbewohnten Land zum Idealinstrument der Nachrichtenübermittlung werden.

Die Regierungen der europäischen Länder suchten sich natürlich die lukrativsten Aufträge zu sichern; England schien jedoch deutlich bevorzugt zu werden. Finanzieren konnte Ibn Saud seine kühnen Projekte im wesentlichen durch bedeutende und vor allem regelmäßige Steuereinnahmen, die ihm aus den jährlichen Pilgerfahrten nach Mekka und Medina zuflossen. Er schaffte die Pilgersteuer jedoch ab, als seine eigenen Einnahmen groß genug geworden waren.

Auch Geräte zur Anlage von artesischen Brunnen wurden eingeführt, damit durch Nutzbarmachung des Grundwassers immer mehr Gebiete der regenarmen Steppe für eine Besiedlung erschlossen werden konnten. Dringend nötig waren medizinische und sanitäre Hilfsmittel, um im Kampf gegen Krankheiten und gefährliche Seuchen bestehen zu können und die Gesundheit und das körperliche Wohlbefinden der Bevölkerung zu erhalten. Der Hedschas war schon immer ein Herd vieler schwerer Epidemien, besonders der Cholera, und das ist auch nicht verwunderlich, wenn man bedenkt, daß an den heiligen Orten wie Mekka, Arafa oder Mina stets sehr viele Menschen aus aller Welt zusammenkamen, die Krankheitskeime mitbrachten, die unbekannt und deshalb um so gefährlicher waren.

Funkstationen wurden in Mekka und Medina errichtet, bald auch in anderen Orten. Der Aufbau einer Luftflotte ging freilich nur zögernd voran; überdies widersetzte sich vor allem England diesbezüglichen Plänen, weil Ibn Saud nicht über in einem möglichen Wüstenkrieg überlegene Waffen verfügen sollte. Der König schickte junge, begabte Leute zur Ausbildung nach Europa, denn er wünschte, daß die Handhabung und Wartung aller neuzeitlichen Maschinen und Apparate keinesfalls Fremden überlassen werden sollten. Er ließ auch im Land selbst Technikerschulen eröffnen und richtete ein Erziehungs- und Unterrichtsministerium ein.

Alle diese Reformen bewirkten letzten Endes auch eine Stärkung der Zentralgewalt. Ibn Saud sah sich in der Lage, seine Autorität stets und überall zur Geltung zu bringen. Widerborstige Stämme oder selbstherrlich regierende Stammesscheiche konnten problemlos auf Regierungskurs gebracht werden. Seine Untergebenen kamen in engere Verbindung miteinander; es mußte sich ein stärkeres Gemeinschaftsgefühl herausbilden. Die soziale Struktur des Landes begann sich entscheidend zu verändern. Der Weg zum Nationalstaat war frei.

Das Volk nahm indessen alle diese Neuerungen keineswegs vorbehaltlos und mit Freuden auf. Im Gegenteil: Die Reformen erregten allgemeinen Unwillen. Eine Kluft tat sich zwischen Volk und König auf, die schon bald unüberwindlich schien; Ibn Saud hoffte, daß die Spannungen durch allmähliche Gewöhnung überwunden werden könnten. Die Zeit hat ihm später recht gegeben.

Ganz unverständlich war die Einstellung der Bevölkerung auch nicht. Denn bisher waren immerhin Zucht und Ausfuhr von Kamelen und Pferden Haupteinnahmequellen des Nedschd gewesen, durch die Einführung der Autos hingegen waren die Preise immens gefallen. Pferde und Kamele hatten Geld ins Land gebracht, die Autos trugen es davon.

Es war nicht leicht, die öffentliche Ordnung herzustellen, doch auch bei dieser Aufgabe erwiesen sich die Ichwan als höchst tüchtig. Verbrecher wurden vor Kriegsgerichten abgeurteilt: Mörder wurden enthauptet, Dieben die rechte Hand abgeschlagen (im Wiederholungsfall folgte die linke Hand, dann der rechte und schließlich der linke Fuß). Wer im Zustand der Trunkenheit angetroffen wurde, erhielt 24 Stockschläge. Ehebrecher wurden bis zum Gürtel im Sand eingegraben und so lange mit Steinen beworfen, bis sie tot waren.

Das waren drakonische Maßnahmen, und manchem Europäer mag es bei der Vorstellung solcher Strafen Schauer über den Rükken jagen, doch die Wüste hat ihre eigenen Gesetze. Sie erlaubten keine langfristigen und ausgeklügelten Bestrafungen, keine Verhandlungen und Inhaftierungen. „Auge um Auge, Zahn um Zahn", lautete das Gesetz, die Vergeltung scheint die einzig mögliche Strafe zu sein. Der Erfolg hat Ibn Saud recht gegeben: Innerhalb kürzester Zeit herrschte Ordnung und Ruhe im Lande. Sittlichkeitsverbrechen verschwanden beinahe vollständig; Räuberbanden wurden vernichtet; Reisende konnten wieder allein und sicher ihres Weges ziehen.

Ibn Sauds Verwalter erreichten diesen Erfolg durch den neuen Eilnachrichtendienst, die enge und gute Zusammenarbeit zwischen Statthaltern und Polizei, die große Beweglichkeit und die absolute Vertrautheit mit der Örtlichkeit.

„Wenn es Ibn Saud gelungen ist, Arabien unter seinem Zepter zu einigen", schreibt Maurice Jarnoux, „wenn er aus einer unruhigen Gegend voller Banditen das sicherste Land der Welt gemacht hat, so geschah dies nicht allein mit Säbel und Dolch. Er hat vielmehr in den Schmelztiegel der jungen Nation einen noch viel besseren Bindestoff gegossen: die Verpflichtung an das koranische Gebot. Heute werden in Arabien in einem ganzen Jahr weniger Verbrechen begangen als in Paris an einem einzigen Tag. Das rührt daher, daß in Arabien der Koran das ganze Leben bestimmt. Und der Koran ist ein Gesetzbuch, in dem an alles gedacht ist."[11]

Die wachsenden Verwaltungsaufgaben wurden unter verantwortliche Ministerien aufgeteilt: So kam es zur Schaffung von Innen- und Außenministerium, Finanzministerium, Ministerium für Landwirtschaft und Bergbau, Justiz und Verteidigung. Der Schwierigkeit der Ernennung wichtiger Mitarbeiter kam er bei, indem er seine Leute nicht nur aus dem Nedschd, sondern aus vielen weiteren arabischen Ländern holte. Ibn Saud betrachtete sie nicht als „Ausländer", sondern als Angehörige der gleichen rassischen und religiösen Gemeinschaft. Vielleicht war es auf diesem Weg möglich, die verlorengegangene Einheit der arabischen Welt wiederherzustellen.

Die wichtigste Rolle aber spielten immer mehr die arabischen Erdölzentren; nichts konnte ihren rasanten Aufschwung hindern, denn die Welt war inzwischen völlig von der Energiegewinnung aus Erdöl abhängig. Hatte die Produktion 1935 174 000 Tonnen betragen, so erreichte sie ein Jahr später bereits 640 000 Tonnen, 1937 schon 1 100 000 Tonnen, zwei Jahre danach zwei Millionen und 1941 bereits drei Millionen Tonnen! An den Küsten entstanden Erdölraffinerien, und immer mehr Einheimische wurden hier tätig. Das „Schwarze Gold" füllte die Kassen Saudi-Arabiens; Armut schien plötzlich zum Fremdwort geworden zu sein.

Straßen und Eisenbahnen, Wasseradern und Ölfelder – der Charakter des Landes veränderte sich total. Der Boden Arabiens barg außerdem noch viele andere wertvolle Schätze: Eisen, Kupfer, Silber, Wolfram, Chrom und sogar Gold wurden gefunden und gefördert. „Die technische und industrielle Entwicklung Arabiens", so erklärte Ibn Saud 1938 in einer Ansprache, „muß mit der Berufserziehung des arabischen Volkes Hand in Hand gehen, wenn wir nicht auf immer dazu verurteilt sein wollen, die Ausländer nötig zu haben. Es ist aber auf die Dauer nicht gut, wenn ein Volk zur Durchführung existenznotwendiger Aufgaben sich auf andere verlassen muß. Haben wir deshalb eine politische Vormundschaft abgeschüttelt, damit nun die wirtschaftliche Bevormundung an ihre Stelle tritt? Ich halte es für ein unumgängliches Erfordernis, daß dieses Land modernisiert wird, nicht etwa, weil ich ihm seine Freiheit nehmen wollte, sondern um es in die Lage zu versetzen, daß es sich dieser seiner Freiheit voll erfreuen kann. Unsere abendländischen Freunde, deren Hilfe uns so wertvoll ist, mögen meine Worte nicht mißdeuten: sie sind in keiner Weise unfreundschaftlich gemeint. Unsere Freunde wissen ja, daß sie jederzeit zu mir kommen, mir ihre Schwierigkeiten auseinandersetzen oder ihre Wünsche vortragen können. Sie wissen, daß sie auf meine Achtung und Freundschaft zählen dürfen und daß ich ihnen meinen wohlwollenden Beistand nie versagen werde.

Das arabische Volk hat die Abendländer einst abgelehnt; denn immer war es das Fremde, was dem Volk Unglück gebracht hat. Seit einiger Zeit beginnt diese Haltung sich zu ändern. Ich habe mit Freude festgestellt, daß zwischen den besten meiner Untertanen und den ausländischen Technikern sich ein vertrauensvolles, ja herzliches Verhältnis angebahnt hat. Meine Leute sehen nämlich jetzt in ihnen ihre Führer und Lehrmeister, die sie aus der Unwissenheit befreien und ihnen den Weg zeigen zu einem bisher nicht gekannten Wohlstand.

Aber unsere abendländischen Freunde dürfen sich auch keine Illusionen machen: Unsere Freundschaft wird ihnen nur dann bleiben, wenn sie die Traditionen, die Sitten und den Glauben des arabischen Volkes respektieren. Ich wünsche, daß sie als Lehrer kommen und nicht als Herrscher; als Gäste und nicht als Eroberer. Gottlob ist Arabien groß genug, um allen Ansprüchen zu genügen, außer dem einen: seine Integrität antasten zu wollen. Diese Integrität haben wir unter teueren Opfern erworben, und wir sind stolz darauf. Lieber wollten wir in Armut zugrunde gehen als auf sie verzichten. Arabien, dessen bin ich sicher, wäre sofort bereit, die Vorteile von Zivilisation und Technik zurückzuweisen, falls diese für das Land eine Dienstbarkeit unter ausländischer Macht bedeuten sollten."[12]

Neben den innenpolitischen Problemen, die durch die eben beschriebenen Reformen größtenteils gemeistert werden konnten, entstanden allerdings auch wieder außenpolitische Konflikte. So kam es beispielsweise zu einem Streit mit Ägypten, der immerhin zu einem zehnjährigen Bruch zwischen den beiden Ländern führte, weil Ibn Sauds Wahabiten getreu ihrer Tradition den Schmuckteppich ägyptischer Pilger von der Kaaba entfernten und konfiszierten, weil er ihnen zu überladen und zu protzig erschien. Es dauerte lange, bis der König seine Getreuen dazu brachte, sich zu entschuldigen.

Auch zu einer schweren Staatskrise, die in den Bürgerkrieg geführt hatte (1929), war es gekommen. Schon 1927 hatten sich Konservative unter Führung von Feisal al Dawisch, dem obersten Scheich der Mutair, erhoben. Sie warfen dem König vor, er paktiere mit den Ungläubigen.

Auslösendes Ereignis war ein Bericht, wonach irakische Truppen im Auftrag Englands ein Fort in der entmilitarisierten Grenzzone errichtet hätten. Feisal griff diesen Posten an, ohne Ibn Saud zu benachrichtigen, und tötete die irakische Besatzung. Das führte zu einem sofortigen Angriff durch englische Flugzeuge. Ibn Saud, der eine Auseinandersetzung mit England und dem Irak um jeden Preis vermeiden wollte, befahl, den Rebellenführer gefangenzunehmen, und dieser verlor bei einem Angriff auf sein Lager das Leben.

Auch innenpolitisches Mißtrauen kam auf; und eines Tages soll der König gefragt worden sein, weshalb er denn sein Amt in Anspruch nähme. Ibn Saud antwortete mit einer Gegenfrage. „Kann einer von euch", wandte er sich an die Abgeordneten, „die Neutralität und Ungefährdetheit dieses Heiligen Landes im Fall eines Angriffs von außen her gewährleisten?" Und da keiner antwortete, fuhr er fort: „Dann ist es meine Pflicht, König zu sein. Denn ich allein vermag das Heilige Land zu regieren und es als freien islamischen Staat zu erhalten."

Mit Saudi-Arabien ging es indes unentwegt aufwärts, sehr zum Erstaunen der übrigen arabischen Welt.

Krieg mit dem Jemen

Südöstlich an den Hedschas angrenzend, lag längs der Küste des Roten Meeres das Land Assir, ein unfruchtbares Gebiet, und bereits 1920 hatte es wegen der nur strategisch wichtigen Lage Streitigkeiten mit dem Jemen gegeben. Im Oktober 1926 war ein Vertrag zwischen Ibn Saud und Assir geschlossen und das Bündnis von 1920 verstärkt worden. Die dort ansässigen Idrisi unterstanden jetzt den Wahabiten und setzten plötzlich dem Jemen hart zu.

Als es zu dem im vorigen Abschnitt beschriebenen Aufstand unter der Führung von Feisal al Dawisch kam, wechselte der Führer der Idrisi plötzlich das Lager und schloß sich Yahia an, dem regierenden Fürsten und Imâm des Jemen. Ibn Saud ließ sich jedoch dadurch nicht beeindrucken. Als 1930 der Freundschaftsvertrag mit Assir ablief, verjagte er den Idrisi und gliederte, wie schon erwähnt, Assir seinem Staatsgebiet ein.

Der Jemen ist reich und fruchtbar. Die Araber nennen das Land nicht grundlos „Al-Chadra", das heißt „die Grüne", und schon die alten Römer hatten ihm den Namen „Arabia Felix" („Glückliches Arabien") gegeben, weil die Fruchtbarkeit im Gegensatz zu den Wüstengebieten der Nachbarländer stand. Das Land liefert ausgezeichneten Mokkakaffee, es gibt zahllose Herden und fischreiche Flüsse.

Nach dem Zusammenbruch des Osmanischen Reiches unabhängig geworden, strebte Yahia vor allem danach, den Herrschaftsbereich seines Fürstentums zu festigen und zu erweitern.

Yahia, mit vollem Namen Mohammed Yahia (Jahja) Hamid ad-Din Mutawakkil Ibn Achmed ad-Din Mohammed Mansur, stammte aus einer alteingesessenen Familie des Landes – den Gâsim Rassi – und bewohnte im Zentrum seiner Hauptstadt Sanaa, einer runden, von gewaltigen Mauern umgebenen Stadt, einen Palast. Er war das Haupt der Seiditen, einer unbedeutenden schiitischen Sekte, und strebte nach Anlehnung an eine fremde Großmacht. Er fand sie in Italien, mit dem er im September 1926 eine Art Freundschaftsvertrag geschlossen hatte. Italien erkannte die volle Unabhängigkeit des Jemen innerhalb der bestehenden Grenzen an, stellte Berater zur Neueinrichtung des Staates und lieferte auch Material für Friedens- oder Kriegszwecke, denn es suchte damals seine Stellung im Südteil des Roten Meeres zu stärken.

Als sich der Konflikt zuspitzte, zwang England, das einen Vorteil witterte, den Imâm Yahia durch den Vertrag vom 11. Februar 1934, auf den bisher umkämpften Gebietsstreifen zwischen dem Protektorat Aden und dem Jemen in aller Form zu verzichten. Yahia versuchte sich natürlich dafür im Norden seines Fürstentums schadlos zu halten, und so mußte er mit Ibn Saud zwangsläufig aneinandergeraten.

Ibn Saud schickte seinen Sohn Feisal im April 1934 in das flache Küstengebiet des Jemen, die sogenannte Tihama; eine zweite Kolonne unter dem Kommando des Thronfolgers Saud rückten gleichzeitig von Norden her in Nadschran ein und schnürte so den Imâm Yahia in seiner Hauptstadt ein.

Es zeigte sich rasch, daß die Wahabiten überlegen waren. Sie nahmen einen Ort nach dem anderen ein, und als sich sogar die wichtige Hafenstadt Hodeida ergab und die Tiefebene der Tihama erobert war, gaben sich die Truppen des Imâm geschlagen.

In diplomatischen Noten an England, Frankreich und Italien erklärte Ibn Saud, daß es sich um einen Streit zwischen zwei islamischen Staaten handle und kein christlicher Staat das Recht habe, sich einzumischen. Er hatte tatsächlich nicht die Absicht, das Land ganz zu erobern, um es etwa Saudi-Arabien anzugliedern. So war er auch sogleich damit einverstanden, als der Großmufti von Jerusalem vermittelnd bei ihm erschien und vorschlug, den innerarabischen Streit zu begraben.

Ibn Saud erklärte sich zum Frieden bereit, und da auch der Imâm nachgab, konnte im Juni 1934 in Riad der „Vertrag von Taif", ein Friedensvertrag, geschlossen werden. Demnach behielt der Jemen seine volle Selbständigkeit innerhalb der alten Grenzen; lediglich die Ansprüche auf Assir und die Landschaft Nedschran mußten aufgegeben werden. In dem Vertrag „mohammedanischer Freundschaft und arabischer Brüderlichkeit" hieß es außerdem: „Beide Staaten betrachten sich in Zukunft als Glieder eines Volkes und verpflichten sich, für den Frieden, die Ruhe und das Gedeihen dieser einheitlichen Nation eng zusammenzuarbeiten."

Ein Handelsvertrag mit 20jähriger Laufzeit, Straffreiheit für wahabitenfreundliche Untertanen des Imâm, gemeinsame Vertretung der außenpolitischen Interessen, „vorläufige" Besetzung Hodeidas und der Küste durch Ibn Saud zeigten aber auch, wer in Wahrheit der Sieger und wer der Besiegte war. Dennoch konnte Imâm Yahia zufrieden sein.

Im März 1935 wurde ein Attentat auf Ibn Saud versucht, und es bewies, daß die „arabische Brüderlichkeit" solange ein Traum bleiben mußte, als die religiösen Spaltungen nicht überwunden waren. Ibn Saud weilte gewohnheitsgemäß zur Pilgerzeit in Mekka. Als er anläßlich des „Abschiedsumgangs" am Ende der Feiern am frühen Morgen das fast menschenleere Heiligtum betrat, stürzten hinter einer halbkreisförmigen Mauer an der Nordseite der Kaaba vier Männer hervor und versuchten, den König zu erdolchen. Es waren Attentäter aus dem Jemen, Angehörige der Seiditen-Sekte. Ibn Saud verdankte es seinem Sohn und den Leibwächtern, daß er mit dem Leben davonkam. Die vier Verschwörer wurden niedergeschossen. Der König hatte keinen Augenblick die Ruhe verloren. Er wusch sich im Wasser des Zam-Zam-Brunnens (Sem-Sem-Brunnens) und setzte dann den insgesamt sieben Runden dauernden Gang fort. Der Tawaf (Umgang) hat auf dem Mataf (einem länglich-runden Weg) zu erfolgen, der mit Granit gepflastert ist und dicht um die Kaaba herumführt. Die ersten drei Umgänge werden in einer Art Turnerschritt vorgenommen, die vier übrigen müssen mit berechneter Langsamkeit zurückgelegt werden – so will es der Koran.

In einer Zeit, als das „britische Empire" die ersten Risse bekam (Palästina, Ägypten, Irak) und sich eine neue verstärkte Welle der Auflehnung innerhalb der arabischen Welt bemerkbar machte, nahm Ibn Saud erstmals auch mit Deutschland diplomatische Beziehungen auf (im Dezember 1938 erteilte er das Agrément für den ersten deutschen Gesandten in seinem Reich, und im Februar 1939 überreichte ihm Dr. Grobba, zugleich Gesandter in Bagdad, sein Beglaubigungsschreiben). Ibn Saud schickte Khalid al-Hud, seinen Berater, im Sommer 1939 als Sondergesandten nach Berlin.

Zu Beginn des Zweiten Weltkrieges erkannten die arabischen Länder ihre große Chance, Kolonialherrschaft und Mandat abzuschütteln. Endlich sah man die nationalen Hoffnungen nach Unabhängigkeit, Freiheit und Selbständigkeit in greifbare Nähe gerückt.

Ibn Saud mischte sich weder in die Wirren in Syrien noch in den Palästinakonflikt ein und erklärte auch Deutschland erst in allerletzter Minute den Krieg nur deshalb, um als Gründungsmitglied in die Vereinten Nationen (UNO) aufgenommen zu werden.

Internationalen Verwicklungen ist Ibn Saud stets aus dem Weg gegangen. Den Mittleren Osten verließ er niemals und sein eigenes Land nur selten und ungern. Daß er seinen Nachbarn mißtraute, war kein Geheimnis.

Als über den Ausgang des Zweiten Weltkriegs kein Zweifel mehr bestand, ließ Ibn Saud durchblicken, daß er für die Alliierten mehr Sympathien als für die Achsenmächte hegte, und so wurde

König Mohammed V., Hassan und Generalissimus Franco (1956)

Tag der Thronbesteigung (3. März 1961)

König Hassan II. bei der Ankunft an der Moschee am Tage seiner Thronbesteigung

Abdul Asis Ibn Saud – König von Arabien

Emir Saud, der Sohn und Nachfolger des Königs Ibn Saud von Saudi-Arabien mit dem arabischen Außenminister bei einem Besuch in London (Juni 1935)

Gamal Abdel Nasser

Nasser bei Chruschtschow (Moskau, 1958)

Mit Eisenhower und Macmillan vor der UNO (1960)

er im Frühjahr 1943 zu einer Geheimkonferenz mit Roosevelt und Churchill an den See Karun in der westlichen Wüste Ägyptens eingeladen. Roosevelt schickte ihm einen amerikanischen Zerstörer nach Dschidda, mit dem der König dann durchs Rote Meer in den Suezkanal fuhr. An Bord des Kreuzers „Augusta" – der im Bittersee bei Ismailia ankerte – traf er mit dem Präsidenten der USA zusammen. Ibn Saud sicherte sich bei dieser Begegnung die politische Unabhängigkeit und machte sich gleichzeitig zum Vorkämpfer einer panarabischen Freiheitsbewegung.

Die Erdölfrage ergab, daß Ibn Saud keine Parzelle seines Bodens veräußern, sondern lediglich Konzessionen (mit einer Dauer von insgesamt 60 Jahren) vergeben würde. Nach Ablauf der Verträge, also 2005, würden Bohrtürme, sonstige Installationen und alles Zubehör Eigentum Saudi-Arabiens. Ferner sollte die Prämie des Königs für jedes aus Arabien ausgeführte Faß Erdöl 21 Cents betragen und die Konzession der „Aramco" (einer privaten Gesellschaft) künftig auf ein Gelände von eineinhalb Millionen Quadratkilometer begrenzt sein.

Roosevelt sprach vom Bau einer 1750 Kilometer langen Ölleitung, der „Transarabian Pipeline". Sie sollte das Erdölbecken von al-Hasa mit einem Mittelmeerhafen verbinden (Haifa oder Saida). Ibn Saud war von diesem Projekt sehr angetan.

In bestem Einvernehmen schieden die Staatsmänner voneinander. England war nicht ganz zufrieden, denn jetzt stand endgültig fest, daß sich Arabien auf die amerikanische Seite geschlagen hatte.

Das Erdölparadies

Die Erschließung begann mit der Nutzung von vier riesigen Öllagern gleichzeitig: Eines befand sich auf der Bahrein-Insel, und drei lagen an der Küste, bei Katif, bei Dammam und bei Askaik. Die Bohrzentren waren durch eine vierrohrige Ölleitung von insgesamt 150 Kilometern Länge verbunden. Darüber hinaus gab es eine Unterseeleitung, welche die Bohrstellen an der Küste mit der Insel und dem Hafen Bahrein verband.

Bald wurden riesige Raffinerien aus dem Boden gestampft, in

denen unvorstellbare Mengen Rohöl pro Tag verarbeitet werden konnten. An den Hafendämmen wurden immense Erdölvorräte gelagert, die alle sonstigen Vorräte auf der Erde weit übertrafen.

Das Konsortium der „Aramco" (der Name bedeutet Arabian American Oil Company) wurde 1944 gegründet und bestand damals zu je 30 Prozent aus der Standard Oil of California, der Texaco Inc., der Esso (Standard Oil Company of New Jersey) und zu 10 Prozent aus der Mobil Oil Corp. Die Bohrungen dieser Gesellschaften erbrachten schon bald neun Zehntel des in Saudi-Arabien geförderten Öls. Wegen der erfolgreichen Bohrungen in Küstennähe wurde das Konzessionsgebiet immer mehr verkleinert. Von den neutralen Zonen zwischen Saudi-Arabien und dem Irak einerseits, Kuwait andererseits, ist die westliche noch unbewohnt und bedeutungslos. Die östliche wurde zur Nutzung des Öls zwischen beiden Ländern aufgeteilt, und Saudi-Arabien vergab die Konzessionsrechte im südlichen Teil an die Getty Oil Company. Die japanische „Arabian Oil Company" erhielt von beiden Staaten eine Konzession zur Ausbeutung der untermeerischen Vorräte (Offshore-Vorräte) vor der Küste der Neutralen Zone bis zur Mitte des Persischen Golfes.

Anfang 1951 wurde die Tapline, die Trans-Arabian-Pipeline, in Betrieb genommen. Diese Ölleitung beginnt in Quaisumah im Nordosten Saudi-Arabiens und erreicht in der Nähe der alten biblischen Stadt Sidon südlich von Beirut das Mittelmeer. Das bedeutet für die Tanker, die früher den weiten Weg durch den Persischen Golf, den Indischen Ozean, das Rote Meer und den Suezkanal nehmen mußten, eine Wegverkürzung von mehr als 10000 Kilometern – und eine bedeutende Verbilligung der in die Hunderttausende gehenden Kanalgebühren. Wie gewaltig das Unternehmen war, geht daraus hervor, daß alles, was in Saudi-Arabien für den Bau der Ölleitung benötigt wurde, von den Stahlrohren bis zum letzten Nagel, über Tausende von Kilometern herangeschafft werden mußte. Über 300000 Tonnen Stahlrohre sind von Kalifornien nach Ras el-Mishaab transportiert worden. Außer 2000 Amerikanern arbeiteten 14600 Araber an der Verwirklichung dieses einzigartigen Projekts. Da es in der Wüste nichts gab, weder Lebensmittel noch einen Tropfen Wasser, mußte ein großzügiger Nachschub eingerichtet werden, der mit 80 Kühlwagen, 50 Tankwagen für Wasser und 60 Transportwagen für Ingenieure und Arbeiter durchgeführt wurde. Am 2. Dezember 1950 wurden in Sidon die ersten vier Tanker in weniger als 20 Stunden mit 723 334 Barrels (je Barrel ein Faß mit 159 Litern) aus der Tapline gefüllt. Das waren 115 Millionen Liter an einem Tag! Die Kapazität der Tapline kam damals 65 Tankern gleich. Mit dem, was diese Ölleitung an einem Tag leistete, hätte man 2,8 Millionen Autos mit Brennstoff für den Tagesdurchschnitt versorgen können. Oder man wäre in der Lage gewesen, mit der gleichen Menge 259 000 mittlere Häuser für 24 Stunden zu heizen. Im Herbst 1952 tauchten dann die ersten Vorschläge auf, die Ölleitungen des Orients bis in die Zentren Europas weiterzuführen.[13] Was daraus geworden ist, wissen wir:

Die Ausschüttungen der „Aramco" machten Ibn Saud und sein Land märchenhaft reich. Die ersten Gelder wurden zur Einfuhr von Lebensmitteln und Textilien, zum Ankauf von leichten und schweren Kraftwagen, zur Durchführung von Modernisierungsprojekten (wie Elektrifizierung sowie Anlage von Straßen-, Eisenbahn- und Luftfahrt-Verkehrsnetzen) und zum Bau von Palästen und Gärten verwendet. Auch das Schul- und Erziehungswesen wurde ausgebaut.

Die fruchtbaren Täler und die großen Oasen wurden mit Autostraßen verbunden. Die Strecke von Aden nach Bagdad (etwa 3400 km lang) kann heute problemlos im Auto zurückgelegt werden. Dazu kamen der Bau einer „Transarabischen Bahn" (1100 km vom Persischen Golf zum Roten Meer) und der Hedschasbahn sowie die Errichtung einer großen Luftflotte. Die „Saudi Arabian Airlines" fliegen heute 24 Städte des Landes und 47 Orte in Asien, Afrika und Europa an. Sie stehen im Verkehrsaufkommen mindestens auf gleicher Stufe wie die „Middle East Airlines" des Libanon.

Jedes Land braucht Öl. Der Bedarf steigt von Tag zu Tag, und um so wichtiger und schwieriger wird das Versorgungsproblem der Welt. Das „Schwarze Gold" ist zur Weltmacht geworden. Saudi-Arabien kommt hierbei die größte Bedeutung zu. Welche Verwandlung Arabien erfahren hat, kann man daran ermessen, daß das Jahreseinkommen früher durch Pilgergeld, Warensteuer und Zoll etwa 100 000 Pfund betragen haben mag, während es

1970 bereits mehr als 1,2 Milliarden US-Dollar waren. Der Reichtum, der aus der Wüste kam, hat die Söhne der Wüste wirtschaftlich unabhängig gemacht. Geld spielt für sie keine Rolle mehr, es ist „zur herrlichsten Nebensache der Welt geworden". Sie können sich jeden erdenklichen Luxus leisten, und sie leisten ihn sich auch. Allah hat es offenbar so gewollt.

Ibn Saud selbst war daran interessiert, aus Riad eine moderne Großstadt zu machen. Aus dem finsteren und verfallenen Schloß seiner Kindheit wurde ein prächtiger und geräumiger Palast; in der Hauptstadt wurden Ministerien und Gesandtschaften eingerichtet. Seine eigene Lebensweise änderte der König, der nicht durch seine Geburt, sondern kraft seiner Persönlichkeit „groß" geworden war, freilich nicht: Rauh und asketisch, mochte er keine Betten; er schlief mit Vorliebe auf einfachen Matten oder hielt sich in Zelten auf. Er war genügsam und maßvoll im Essen (sein Speisezettel bestand für gewöhnlich aus Kamelmilch, etwas Fleisch, Reis und Datteln). Als Getränke bevorzugte er Wasser, Kaffee und Tee.

Sein Hobby war die Falkenjagd (die im Orient in den letzten Jahren immer beliebter geworden ist), außerdem interessierte er sich für Poesie und Dichtkunst. Er schätzte kleine Anekdoten und erlesene Verse, und er war ein amüsanter Gesellschafter.

Im Grunde ist er der einfache Imâm, der Wüstenprinz der Wahabiten, zeitlebens geblieben. „Allah ist groß, und er denkt an dich, wie er an die Tausende von Vögeln seines Himmels denkt", sagte Mohammed, der Prophet. „Der Tag ist gekommen, unser Heute und unser Morgen sicherzustellen und für unsere Kinder eine bessere Zukunft als die Gegenwart zu bereiten: in einem neuen Reich!" sagte Mustapha Kemal. Ibn Saud stand zwischen beiden. Er glaubte an Allah und arbeitete für eine bessere Zukunft seines Landes. Er verstand es, Religion und Technik zu vereinigen. Er hatte Erfolg in allem, was er anpackte.

Ibn Saud und die Frauen

Der Koran beschränkt die Polygamie auf vier Frauen und bringt eine Besserstellung dieser bei gleichzeitiger Erschwerung der in heidnischer Zeit ganz formlosen, leicht durchführbaren Scheidung. So unterscheidet sich die mohammedanische Familie ganz wesentlich von einer abendländischen Familie. Folgerichtig muß im Orient der Einfluß der Frau weit geringer eingeschätzt werden als bei uns.

Man sagt, daß der Mohammedaner, der mehrere Frauen hat, in Wirklichkeit gar keine hat. Denn er ist stets nur „Herr", selten Geliebter, nie aber Vertrauter. So führt der Araber in dieser Hinsicht ein einsames Leben. Die Araberin hat unwissend über alles zu sein, was sich außerhalb des Hauses ereignet; sie trägt keine Verantwortung, und sie kann ihrem Mann auch nicht helfen, versteht ihn kaum und weiß auch fast nichts von ihm. Ihr Platz ist der Harem.

Natürlich gibt es Ausnahmen. Es gab viele bedeutende Männer des Islam, deren Frauen einen sehr wesentlichen Einfluß ausgeübt haben. Das fing schon bei Mohammed und seiner Chadidschah, einer reichen Kaufmannswitwe, an; Khurrem (oder Roxelane), die Gemahlin Sulaimans des Prächtigen, war ein weiteres Beispiel. Auch Dschauhara, die Lieblingsfrau Ibn Sauds, gehört in diese Reihe. Mohammed hatte geraten, nur vier Frauen auf einmal zu haben. Aber da die Macht eines Stammes der Wüstenvölker an der Zahl seiner Glieder gemessen wird und die Bedeutung einer Familie von der Zahl der Kinder abhängt, machte es der Prophet dementsprechend einfach, sich scheiden zu lassen. So brauchte ein Moslem lediglich „Utallaq" (das heißt „ich verschmähe dich" oder: „ich verstoße dich") zu sagen, um sich seiner Frau zu entledigen. Sie mußte nur in allen Ehren zu ihrem Vater zurückgeschickt werden (denn der Ruf der Geschiedenen litt nicht darunter, und die Familien blieben weiterhin miteinander befreundet).

Ibn Saud hat in seinem Leben unzählige Male „Ich verschmähe dich" gesagt. Geliebt hat er, obwohl er an die 200 Frauen gehabt haben soll, nur einmal: das Beduinenmädchen Dschauhara. Im allgemeinen heiratete er, um den Zusammenhalt seines Landes zu dokumentieren oder um Männer, die ihm gefährlich werden konnten, an sich zu binden. Das war nicht gerade billig, denn in Arabien muß man die Frauen von den Eltern „kaufen". Zu den königlichen Preisen kamen überdies stattliche Geschenke für die Braut.

Dabei entwickelte er im Lauf der Jahre die Angewohnheit, daß er seine Frauen stets nur eine gewisse Zeit behielt, sich dann aber wieder von ihnen trennte. Hatten sie keine Kinder, so bemühte er sich, einen Mann für sie zu suchen. Hatten sie Kinder, so schenkte er ihnen ein Haus und Sklaven, damit die Kinder standesgemäß erzogen werden konnten. S. J. Philby, einem der besten Kenner Ibn Sauds, hat der König einmal auf die Frage, wie viele Frauen er gehabt und von wie vielen er sich scheiden lassen habe, geantwortet: „Ich habe wohl hundert geheiratet und mich häufig wieder scheiden lassen. Und so Allah will, werde ich noch viele heiraten und mich von vielen scheiden lassen."[14]

Er hielt sich daran, denn er war der Ansicht, das sei das Recht und die Pflicht eines arabischen Großen. So zeugte er in seinem 70jährigen Leben 45 Söhne und wohl mindestens ebensoviele Töchter, die zahlenmäßig nicht genau erfaßbar sind.

Dschauhara, die 1918 früh verstarb, war die „Königin seines Herzens". Sie war schön und gebildet und hatte Verständnis für alle seine Pläne. Möglicherweise war es ihrem Einfluß zu danken, daß aus dem rauhen, oft sogar grausamen Sohn der Wüste ein edler und maßvoller Regent seines Volkes geworden ist. Ihr früher Tod brachte ihn aus dem Gleichgewicht: Wochenlang verließ er seinen Palast nicht mehr, zog sich von Unterhaltungen zurück, schlief nicht und ließ alle ihre Räume unter Verschluß halten. Ihre Kleider und all ihr persönlicher Besitz mußten unberührt aufbewahrt werden; ihre Dienerinnen behielt er.

Ibn Sauds Tod

Ibn Saud war in seinem langen und erfüllten Leben kaum ernstlich krank gewesen. Lediglich in den zwanziger Jahren hatte er sich eine Blutvergiftung und schweres Fieber geholt. Da er sich zunächst von Pfuschern behandeln ließ, verlor er die Sehkraft seines linken Auges; ein Spezialist aus Kairo rettete ihm schließlich das Augenlicht.

Dazu kam, daß er – da er sehr unregelmäßig aß und sich die Schlafenszeiten rücksichtlos beschnitt – an chronischen Verdauungsstörungen zu leiden hatte, die in späteren Jahren immer heftiger an seinem Körper und Nervensystem zehrten. Dennoch war er unverwüstlich.

Die Angina pectoris konnte er nicht besiegen. Er befand sich gerade in seiner Winterresidenz zu Taif, etwa 50 km von Mekka entfernt, als er ernstlich krank wurde. Unter den Ärzten des Königs befand sich auch eine deutsche Ärztin – Lieselotte Rautenbach. Sie berichtet aus dieser Zeit: „Für den König war im Palast ein Vierzellenbad und ein Bad mit Unterwassermassage eingebaut, um die Arthritis zu mildern. Außerdem war für ihn allein eine kleine Privatklinik mit modernem Röntgengerät geschaffen worden ... Trotz aller ärztlichen Fürsorge waren seine Tage gezählt, und er verstarb am 9. November 1953. Schon am Morgen dieses Tages war das ganze Schloß wie ein aufgescheuchter Ameisenhaufen. Die Dienerschaft rannte aufgeregt und kopflos umher. Die Kunde von seinem schlechten Befinden verbreitete sich mit Windeseile, und von überallher kamen die großen amerikanischen Limousinen seiner Verwandten. Um zehn Uhr ein markerschütternder Schrei: Der König ist gestorben. Die Schreie setzten sich durch den ganzen Palast fort. Sie erreichten die vor dem Palast zusammengelaufene Menge.

... Der ersten Erregung folgte eine tiefe Ergriffenheit. Die Menge vor dem Palast wandte sich gen Mekka und betete. Alle Arbeit wurde eingestellt. Im Palast gingen alle noch leiser als bisher. Überall waren Betende anzutreffen ... Der König wurde, wie Om Talal (die Hauptgattin) mir später erzählte, sofort balsamiert, in Laken gehüllt und in seine immer startbereit stehende Königsmaschine geschafft. Die Familie war im Schloß versammelt und betete Koransprüche. Dazu erklang das herzzerreißende Weinen der Klageweiber, die sich gegenseitig zu echten Tränen und tiefer Verzweiflung hinrissen ...

Unterdessen hatten drei Söhne des Königs barfuß und in der schmucklosen Tracht der Beduinen den in Laken gehüllten Toten im Auto zum Flugzeug begleitet und stiegen mit der Maschine auf. Wo sie niedergingen und den König im Wüstensand begruben, weiß niemand. Man kann vermuten, daß es bei Darija geschah, dem Wüstenflecken, der einst Stammeshauptstadt war. Der französische Schriftsteller Benoist-Méchin gibt in seinem sehr lesenswerten Buch ‚Ibn Saud' an, der König sei auf dem Südfriedhof der Stadt neben seiner ersten Frau Dschauhara unter einem unbeschrifteten Stein beigesetzt. Es mag sein, daß dies eine für die Weltpresse erdachte Legende ist."[15]

Am Abend dieses Tages erscholl jedenfalls im Palast wie auf allen Plätzen der frohe Ruf: „Allah sei Dank, der König ist im Himmel."

Der Rundfunk der heiligen Stadt verbreitete die Nachricht sofort, die dann von Radio Damaskus aufgenommen wurde und einige Stunden später über alle Landesstationen der Welt ging.

Ibn Sauds Tod war ein schwerer Schlag für sein Volk, das ihn betroffen aufnahm. Die gesamte Weltpresse ehrte den Verstorbenen, und aus ihren teilnehmenden Worten sprach übereinstimmend Bewunderung und Ehrfurcht vor seiner mächtigen Persönlichkeit.

Die absolute Monarchie war bis zum Tode Ibn Sauds unangetastete Regierungsform geblieben; eine geschriebene Verfassung existierte nicht. Die Gesetze und Lehren des Islam hatten als Grundlage der Staats- und Rechtsordnung gegolten.

Der Nachfolger stand schon bereit: Sohn Ibn Saud Abdul Asis, zeitlebens zwischen Reform und Reaktion, zwischen Anschluß an den Westen und Neutralismus schwankend, übernahm die Regierung.

Der Staatsgründer hatte ihm ein dankbares – und dennoch schweres – Erbe hinterlassen.

Nasser
Der Rebell von Ägypten

Sie mögen mich einen Diktator nennen
oder sie mögen mich nennen,
wie es ihnen beliebt.
Ich kümmere mich nicht darum.
Ich ziehe es vor, meinem Volk gegenüber
ehrlich zu sein,
statt mich hinter der Unehrlichkeit zu verstecken,
die in einigen Teilen der Welt als „Demokratie"
propagiert wird.

Gamal Abdel Nasser

Ägypten vor Nasser

In Ägypten hatte der seit 1917 regierende Sultan Fuad I. (1917–1936) den Königstitel angenommen und am 19. April 1923 eine Verfassung verkündet, durch die Ägypten auch formal zu einem konstitutionellen Königreich geworden war.

Die tatsächliche Macht lag jedoch seit 1882 bei England. Damals war es zur Formierung einer Nationalpatriotischen Partei (sie hieß „Al-Hizb al-Watani") gekommen, der zahlreiche Offiziere, Journalisten und Lehrer angehört hatten. Der neue Khedive (Vizekönig) bildete ein nationalistisches Kabinett mit dem General Mahmud Sami el-Barudi, einem Mitglied der Oberschicht, als Ministerpräsidenten und dem aus kleinbäuerlichen Verhältnissen stammenden populären Oberst Arabi Paschi als Kriegsminister. Gleichzeitig versprach der Khedive durch Dekret vom 7. Februar 1882 die Errichtung einer Deputiertenkammer.

England hatte sich bis zu diesem Ereignis in Ägypten lediglich als eine Art „Finanzaufseher"[1] betätigt. Vor seiner Absetzung 1879 hatte nämlich der vormalige Khedive Ismail Pascha, ein äußerst verschwenderischer Herrscher, die Staatsschulden von drei auf 94 Millionen Pfund hochgetrieben. Dies hatte zum Verkauf der Suezkanal-Aktien geführt, damit die europäischen Gläubiger befriedigt werden konnten. England, Frankreich und einige andere europäische Staaten übernahmen die ägyptischen Finanzen über eine internationale Kontrollkommission.

England sah nun plötzlich die Gefahr eines Verlustes dieser Kontrolle, zudem kam es zu fremdenfeindlichen Umtrieben, und so entschloß es sich zum Eingreifen. Im Juli 1882 beschossen die Engländer Alexandria und landeten bei Ismailia ein Expeditionskorps, das die ägyptischen Streitkräfte unter Arabi Pascha am 13. September bei Tel el-Kebir mühelos schlug. Arabi Pascha wurde zunächst wegen „Aufruhr" zum Tode verurteilt, schließlich aber mit noch anderen Nationalisten nach Ceylon deportiert, von wo er 1901 zurückkehrte.

Man kann die englische Vorherrschaft in drei voneinander abgrenzbare Abschnitte gliedern. Zwischen 1882 und 1914 lag – wie bereits erwähnt – die Macht bei den Engländern, die wichtige Positionen bei Verwaltung und Militär innehatten, obwohl das Land noch immer formal ein Teil des Osmanischen Reiches war (in dieser Zeit gelang es England auch, die Finanzen neu zu ordnen). Der zweite Abschnitt – von 1914 bis 1922 – wurde durch die Auswirkungen des Ersten Weltkrieges bestimmt. Als nämlich die Türkei an der Seite der Mittelmächte in den Krieg eingetreten war, wurde das Land in ein englisches Protektorat umgewandelt (18. Dezember 1914). Das Kriegsrecht wurde verhängt und bis 1922 aufrechterhalten. Nach Beendigung des Krieges hatten sich die „Unabhängigen" zur Volksbewegung des „Wafd" (d. h. „Abordnung") zusammengeschlossen; den Vorsitz hatte Saghlul Pascha (den man später als „Vater der ägyptischen Unabhängigkeit" bezeichnete). Am 28. Februar 1922 mußte England Ägypten schließlich durch seinen Hochkommissar, Feldmarschall Lord Allenby, die Unabhängigkeit zugestehen, wobei es allerdings für sich weiterhin die Verantwortung für die Landesverteidigung sowie den Schutz ausländischer Interessen, der Minderheiten und des Sudan beanspruchte (dritter Abschnitt).

Außenpolitisch sicherte sich Ägypten 1931 die Zollautonomie und damit die Voraussetzung für den Aufbau einer konkurrenzgeschützten Industrie. Innenpolitisch bestanden starke Gegensätze zwischen König, Hof und Großgrundbesitzern einerseits und dem Wafd andererseits.

1936 bestieg der junge König Faruk den Thron, und er begann seine Regierung unter höchst günstigen Voraussetzungen. Denn schon im folgenden Jahr kam es zur Vereinbarung der Beseitigung der letzten „Kapitulationsreste", der gemischten Gerichtshöfe, durch den Vertrag von Montreux. England sollte 12 Jahre

Zeit dafür haben. Gleichzeitig wurde die Anwesenheit englischer Truppen auf die Kanalzone und für die Laufzeit des Vertrages von 20 Jahren beschränkt. Dennoch sollte der König seine Popularität durch Günstlingswirtschaft und Ausschweifungen derart verspielen, daß sich selbst seine letzten Anhänger von ihm abzuwenden begannen.

Der Vertrag von Montreux hatte im Hinblick auf das Sudan-Problem so gut wie nichts geändert, die Belastungen des Verhältnisses zu England waren bestehen geblieben, ja sogar gewachsen. Der Sudan begann auf seine Unabhängigkeit hinzuarbeiten, und die Truppen Englands in der Kanalzone wurden verstärkt.

England, USA, Frankreich und die Türkei machten schließlich den Vorschlag eines gemeinsamen Oberkommandos in Nahost, der jedoch durch das ägyptische Parlament zurückgewiesen wurde. Ministerpräsident Nahas Pascha forderte das Parlament auf, durch eine einseitige Aktion das Kondominium über den Sudan zu lösen und Faruk zum König des Sudan auszurufen.

Am 25. Januar 1952 kam es in der Kanalzone zu Terrorakten und blutigen Auseinandersetzungen zwischen englischen Truppen und ägyptischer Polizei in Ismailia; schwere Ausschreitungen im Ausländerviertel Kairos folgten, bei denen es zahlreiche Tote gab. Die Polizei schritt nicht ein, und Nahas Pascha sah sich hierdurch kompromittiert; er trat zurück. König Faruk gelang es nicht mehr, die Lage unter Kontrolle zu bringen, seine Tage waren gezählt. Ägyptens neuer Mann stand schon bereit.

Die ägyptische Revolution

Seit Jahrzehnten erschüttert die „Arabische Revolution" die arabische Welt, und sie weist unfehlbar auf die Entwicklung eines arabischen Nationalismus hin. Er hat seine Wurzeln im europäischen Kolonialismus; dazu kam die Unterdrückung der arabischen Staaten durch die Machtpolitik des Osmanischen Reiches.

Unter Führung Husseins, des Großscherifen von Mekka und „Nachkommen des Propheten" kam es in den Jahren des Ersten Weltkriegs zum „Arabischen Aufstand", der in einem Briefwechsel vereinbart wurde, den man heute als „Hussein-MacMahon-

Korrespondenz" kennt. England erkannte – stellvertretend für die Alliierten – Hussein als Führer seines Volkes an und unterstützte seine Interessen, allerdings anders, als es sich die Araber vorgestellt hatten.

Das beweisen die sogenannte „Balfour-Erklärung" und das „Sykes-Picot-Abkommen". Beide Dokumente führten nämlich zur Aufteilung von Arabisch-Asien in englische und französische Mandate und zur Schaffung Palästinas als neue Heimat der Juden.

Sykes und Picot hatten im Februar 1916 vereinbart, daß die Existenz eines arabischen Staates oder eine Konföderation arabischer Staaten zwar anerkannt werde, gleichzeitig aber in englische und französische Einflußsphären aufgeteilt werden müsse. Beiden Mächten wurde das Recht zuerkannt, jeweils in gewissen Teilen dieses Gebietes auch eine direkte Verwaltung nach eigenem Ermessen einzurichten.

Die Balfour-Erklärung stammt vom 2. November 1917. Der damalige Außenminister Lord Balfour legte darin die englische Haltung zum Zionismus[2] fest und stellte klar, daß England „die Errichtung einer nationalen Heimstätte für das jüdische Volk in Palästina" mit Wohlwollen betrachte und nach besten Kräften dazu beitragen werde, die Erreichung dieses Zieles zu erleichtern, unter der Voraussetzung, „daß nichts getan werden soll, was die zivilen und religiösen Rechte bestehender nichtjüdischer Gemeinschaften in Palästina oder die Rechte und den politischen Status der Juden in anderen Ländern präjudizieren würde".

Die folgenden Ereignisse führten zu einer tiefen Verbitterung der arabischen Staaten: Hussein mußte ins Exil gehen; König Feisal von Syrien wurde von den Franzosen vertrieben und im Irak war die Lage ähnlich – bis ein Aufstand England zum Nachgeben zwang und Feisal dort der erste König wurde. Die Geschichte Transjordaniens bzw. Jordaniens wird im 5. Kapitel dargestellt.

Versuche, die verlorengegangene arabische Einheit wiederherzustellen, scheiterten: Es kam weder ein Groß-Syrien (Syrien, Libanon, Jordanien und Palästina) zustande, wie es König Abdullah von Jordanien vorgeschlagen hatte; die Vereinigung des „Fruchtbaren Halbmonds" (Irak, Syrien, Libanon, Jordanien, Palästina und Kuwait) oder die „Arabische Union" von Irak und Jordanien hatten keinen Bestand.

Die „Arabische Liga“ wurde am 22. März 1945 gegründet; Mitglieder waren Ägypten, Syrien, Transjordanien, der Libanon, der Irak und Saudi-Arabien. Später traten auch der Jemen (1945), Libyen (1953), der Sudan (1956) und Tunesien (1958) bei. Eine Schwächung erfolgte durch die Kämpfe um den Bagdad-Pakt (vgl. 5. Kapitel); dennoch behauptete sich die Liga und schob sich nach der Nahostkrise des Jahres 1958 wieder mehr in den Vordergrund. Aber auch sie enttäuschte.

Die Bewegung der Arabischen Revolution strebte also vor allem nach uneingeschränkter Unabhängigkeit der arabischen Länder (verbunden damit ist die Verdrängung aller fremden Einflüsse), nach gesamtarabischer Einheit (die arabisch-sprechende Bevölkerung vom Atlantik bis zum Persischen Golf umfaßt etwa 75 Millionen Menschen) sowie nach inneren Staats- und Gesellschaftsreformen.

In Ägypten hatten Faruks Minister zwar bei der Gründung der Arabischen Liga eine bedeutende Rolle gespielt und ihr Land als „Führer der arabischen Welt“ etabliert, doch schienen sich weder der König noch seine Regierung über die im Lande stationierten englischen Truppen aufzuregen – und das Jahre nach Kriegsende. Als es dann gar noch zum Palästina-Krieg kam, wobei Radio Kairo unablässig aus Niederlagen Siege machte, wurde das ganze Ausmaß der Korruption und Unfähigkeit der maßgeblichen Kreise offenbar.

In der Nacht vom 22. zum 23. Juli 1952 ergriff eine Gruppe jüngerer Stabsoffiziere in einem unblutigen Staatsstreich zunächst in Kairo, bald darauf im gesamten Land die Macht. Die Rebellen, die sich „Freie Offiziere“ nannten (Nasser und Sadat hatten die Gruppe 1938 gegründet), besetzten das Armeehauptquartier sowie die Rundfunkstation und zwangen König Faruk zum Abdanken. „Indem wir die Armee übernahmen“, sagte Nasser, „entwanden wir dem König den Stock, mit dem er das Volk einschüchterte.“[3]

Da einer der „Freien Offiziere“ das Schweigen gebrochen und seinen Bruder eingeweiht hatte (der in der Luftwaffe diente), waren die Leute des Königs gewarnt worden – weshalb der Putsch früher als vorgesehen durchgeführt werden mußte. Der populäre General Naguib (Nagib) wurde dabei dem Volk als „Führer der

Revolution" präsentiert, aber im Hintergrund stand Nasser, der die Fäden gesponnen hatte. Faruk – der letzte Nachkomme Mohammed Alis auf dem ägyptischen Thron – mußte am Abend des 26. Juli 1952 an Bord der königlichen Yacht Alexandrien das Land der Pharaonen für immer verlassen.

Die Armee hielt sich scheinbar etwa sechs Wochen lang im Hintergrund, dann wurde eine Regierung unter Naguib gebildet, der Ministerpräsident wurde und das Oberkommando haben sollte.

In seiner „Philosophie der Revolution" sagte Nasser: „Wir haben den früheren König aus dem Weg geräumt, ohne lange zu fragen, weil er ein Hindernis für den Weg unserer Karawane war. Wir machten unsere Pläne, die Engländer aus Ägypten auszutreiben, weil ihre Gegenwart hier uns und unseren Fortschritt behindert und manche unter uns vom rechten Weg abbringt. Das sind Schritte, die getan werden mußten, um vergangenes Unrecht wiedergutzumachen und alten Schutt wegzuräumen. Wir sind darangegangen, und wir tragen die Verantwortung für alles."[4]

Nach seiner Ansicht muß übrigens jedes Volk zwei Revolutionen mitmachen: einmal die politische Revolution, „durch die es das Recht auf Selbstregierung einem Tyrannen oder einer fremden Armee entwindet, die seinen Boden gegen seinen Willen besetzt hält" und zum anderen eine soziale Revolution, „die die Gesellschaftsklassen gegeneinanderstellt und die sich stabilisiert, wenn Gerechtigkeit für alle Bürger errungen ist."[5]

Die „Freien Offiziere" hatten in der Tat einen Triumph errungen, der zu einer radikalen Umgestaltung der inneren Verhältnisse Ägyptens führen sollte. Das Land befand sich im Chaos: Krankheit, Elend, Mißwirtschaft, Korruption und Politterror hatten sich breitgemacht. Nasser baute auf drei Kraftquellen: Einmal sah er sein Land in der Gemeinschaft benachbarter Völker, „die geistig und materiell in einer Weise miteinander verbunden sind wie kaum eine andere"; dann vertraute er auf die strategische Bedeutung der geographischen Lage Ägyptens, und zum dritten erhoffte er sich materielle Rückendeckung durch seine Nachbarn, die über Erdöl verfügten.

„Schrankenloser Egoismus beherrschte die Stunde", schrieb Nasser. „Das Wort ‚Ich' lag auf jeder Zunge. Oft traf ich Persönlichkeiten verschiedener Tendenzen, die in der Presse als ‚große Männer' angepriesen wurden und bei denen ich die Lösung eines schwierigen Problems suchte. Von keinem von ihnen bekam ich etwas anderes zu hören als dieses ewige ‚Ich'. Bei jedem war es dasselbe: Er und er allein war imstande, die Probleme der Wirtschaft zu verstehen; die anderen wußten davon nicht mehr als Krabbelkinder. Dasselbe im politischen Bereich: Er und er allein war der erfahrene Staatsmann; alle übrigen lernten noch das A und das B und waren noch nicht einmal bis zum C vorgedrungen. Wenn ich von solchen Gesprächen zurückkam, pflegte ich bekümmert zu meinen Kameraden zu gehen und bitter auszurufen: ‚Es hat alles keinen Sinn! Wenn ich diesen Kerl über die Probleme des Fischfangs auf der Höhe von Hawai ausfragen würde, dann hätte er auch nur dieselbe Antwort: Ich ...!'"[6]

Die politischen Säuberungen dauerten immerhin noch bis zum Juni 1953. In dieser Zeit waren die alten Parteien beseitigt und unbequeme Politiker inhaftiert worden. Am 18. Juni 1953 wurde die Monarchie offiziell abgeschafft und General Naguib als Staatsoberhaupt zum „Chef der Revolution" erhoben; er sollte die Souveränitätsakte in enger Zusammenarbeit mit dem Führungsrat der Revolution leiten.

Ägypten wurde als Republik ausgerufen; Nasser war als Stellvertreter Naguibs und Innenminister nominiert worden.

Nassers Machtergreifung

Das neue Regime fühlte sich nun stark genug, die Verhandlungen mit England neu aufzunehmen und verzichtete zunächst auf den Sudan, der seine Unabhängigkeit erhielt (1956).

Da England jedoch noch immer nicht die Besetzung der Kanalzone beenden wollte, verstärkte Ägypten seine Terrorangriffe. Die Fronten schienen indes einzufrieren, als sich der zu erwartende Machtkampf zwischen Naguib und Nasser dem Höhepunkt näherte.

Naguib hatte niemals zum inneren Kreis der „Freien Offiziere" gehört, und es war offensichtlich, daß er früher oder später zur parlamentarischen Regierungsweise zurückkehren wollte (so setzte er sich beispielsweise energisch für freie Wahlen ein). Da gab Nasser seine vorgegebene Zurückhaltung auf und übernahm kurzerhand die Führung der Regierung; Naguib sollte das Amt des Ministerpräsidenten erhalten.

Nasser verkündete nun, daß die Revolution zu Ende sei und die Armee in die Kasernen zurückkehren werde; auch Wahlen stellte er in Aussicht. Das hieß natürlich, daß alles beim alten bleiben würde: Der Wafd und die korrupten Politiker würden wieder die Regierungsgeschäfte übernehmen, und Naguib wäre der Schuldige an diesen Vorfällen gewesen.

In den darauffolgenden unruhigen Wochen verurteilte der Revolutionsrat Naguib – einen umgänglichen und friedliebenden Mann – als Handlanger gewissenloser Politiker, und die Gewerkschaften riefen zu Streik und Boykott der Wahlen auf.

Ein kurzer Zusammenstoß zwischen Naguibs und Nassers Anhängern klärte die Lage: Naguib gab nach und fand sich mit dem bedeutungslosen Amt des Staatsoberhauptes ab. Er wurde im Abdin-Palast konfiniert, und Nasser konnte als Ministerpräsident und neuer De-facto-Herrscher die Stellung behaupten. Er sagte die Wahlen ab und errichtete sogleich ein totalitäres Regime mit einem Einparteiensystem.

Es wurde eine Art von Sozialismus eingeführt, wobei öffentlichem Eigentum und der Verstaatlichung von Produktionsmitteln größte Bedeutung zukam – um mehr soziale Gerechtigkeit zu erreichen. Denn in dieser Hinsicht war es im Lande der Fellachen katastrophal bestellt.

Da schon im September 1954 in Kairo ein Abkommen über den Rückzug der englischen Truppen unterzeichnet worden war (die Hälfte der Stützpunkte sollte von Ägypten übernommen, die übrigen von zivilen englischen Firmen verwaltet werden), setzte Nasser nun Naguib vollends ab und vereinte die Ämter des Präsidenten und Regierungschefs in seinen Händen. Nachdem auch noch ein Attentat der „Moslemischen Bruderschaft" auf ihn fehlgeschlagen war, ließ er sie auflösen und die Verantwortlichen hinrichten bzw. zu lebenslangem Kerker verurteilen. Damit hatte er den letzten Widerstand besiegt, denn die Bewegung hatte den Revolutionsrat streng verurteilt, weil er England gestattet hatte, eine

Reihe von Stützpunkten – wenn auch unter ziviler Verwaltung – neu zu behalten.

Am 23. Juni 1956 wurde Nasser endgültig zum Staatspräsidenten gewählt, die Macht lag nun bei ihm. Die Ära Nasser konnte beginnen.

Wer war dieser Mann? Er stammte aus einer bürgerlichen Familie: Der Vater war Postbeamter. Die Ausbildung erhielt er in Kairo und Alexandria, woher auch seine Mutter stammte. Schon früh schloß er sich der Jungen Ägyptischen Partei an; dann wollte er in den Polizeidienst eintreten. Er wurde seiner Herkunft wegen abgewiesen, was seinen Haß gegen das „Establishment" begründete.

Der junge Gamal studierte etwa sechs Monate lang Jura, gab diese Karriere jedoch wieder auf, als er feststellen mußte, daß er zu diesem Zweck zu Hause hätte wohnen müssen (denn er verstand sich nicht mit seinem Vater, der nach dem frühen Tod der Mutter eine andere Frau geheiratet hatte), und trat in die Militärakademie ein.

Mohammed Heikal, der frühere Chefredakteur der Kairoer Zeitung „Al-Ahram" und spätere Informationsminister, beschreibt Nasser als sparsam, einfach und maßvoll. Er soll sich für historische Lektüre begeistert haben, vor allem interessierten ihn die Einigung Deutschlands und die Französische Revolution.

Der neue Staatspräsident betrieb zunächst eine Landreform. Es war dies ein alter, in das Jahr 1919 zurückreichender Plan. Demnach wurde das englische und französische Privateigentum beschlagnahmt, dann wurden die ausländischen Banken nationalisiert (1960 übrigens auch die ägyptischen Banken), und schließlich der größte Teil von Handel und Industrie in öffentliches Eigentum überführt.

Natürlich konnten diese Maßnahmen nur kontinuierlich durchgeführt werden, denn ein regulärer Wirtschaftsplan war nicht vorhanden. Später wurden mehrere Fünf-Jahres-Pläne ausgearbeitet. Umfassende Industrialisierungsprojekte sollten dazu beitragen, daß die Macht der besitzenden Klassen gebrochen werden konnte, um die öffentliche Meinung hinter sich zu bringen.

Den Schlüsselpunkt all dieser Anstrengungen bildete das Projekt des (1971 eingeweihten) Assuan-Staudammes. Ägypten hatte sich zunächst mit der Bitte um finanzielle Unterstützung an den

Westen gewandt, doch als Dulles Nasser 1956 eine abschlägige Antwort zukommen ließ, sprang die Sowjetunion bereitwillig in die Bresche.

Sie stellte Nasser etwa 350 Millionen Dollar zur Verfügung und leitete das gigantische Unternehmen unter Einsatz von annähernd 6500 Technikern und Facharbeitern (die militärische Ausrüstung Ägyptens durch den Ostblock hatte bereits 1955 begonnen, und so ist es wohl zu erklären, daß ein Jahr danach bereits 35 Prozent des ägyptischen Außenhandels mit den kommunistischen Ländern abgewickelt wurden).

Nasser nahm die Weigerung des Westens übrigens nicht ohne weiteres hin. „Ich agiere nicht, ich reagiere!" war sein Wahlspruch, und so verstaatlichte er kurzentschlossen den Suezkanal. Das brachte ihm eine gewaltige Prestige-Steigerung unter seinen arabischen Nachbarn, die seinem Führungsanspruch zunächst mißtrauisch und ablehnend gegenübergestanden hatten.

Auch die Bandung-Konferenz (18.–24. April 1955), bei der sich alle afrikanischen und asiatischen Staaten (mit Ausnahme der Südafrikanischen Union und Israels) zur „Front der farbigen Völker" gegen den Kolonialismus manifestiert hatten, und ein Militärpakt zwischen Syrien, Ägypten und Saudi-Arabien (der gegen den Bagdad-Pakt gerichtet war) erhöhten sein Ansehen.

Der Suezkonflikt (29. Oktober–6. November 1956) kam ihm gelegen. Er war zwischen Israel, den eingreifenden Mächten England und Frankreich einerseits und Ägypten (das von der UNO, der Sowjetunion und den USA diplomatisch unterstützt wurde) andererseits, heraufbeschworen worden.

Ägypten wurde zwar militärisch geschlagen, doch Nasser wurde dadurch zum Idol, zum „Rais" der arabischen Völker. Da er durch Wirtschaftshilfe und Waffenlieferungen von der Sowjetunion abhängig geworden war, hielt er an der Anlehnung an den Sowjetblock auch weiterhin fest – was die Westmächte zutiefst beunruhigen mußte.

Nassers Bild war damals in allen arabischen Kaffeehäusern und Basaren zu sehen; er war der Mann der Stunde. Seiner Popularität vertrauend, ging er auf den Vorschlag des syrischen Präsidenten Kuwatly (Quwwatli) ein und unterzeichnete mit ihm einen Vertrag, der Ägypten und Syrien zur Vereinigten Arabischen Republik (VAR) verband (1. Februar 1958). Nachdem im März des gleichen Jahres auch das Emirat Jemen beitrat, kam es zur Bildung der „Vereinigten Arabischen Staaten".

Nassers Stellung als Präsident der VAR innerhalb der arabischen Welt schien fester denn je, als es im Nahen Osten unvermutet heftig zu gären begann. Im Juli 1958 war im Libanon ein Bürgerkrieg ausgebrochen, in dessen Verlauf sich Nassers Anhänger und die Regierung Chamoun bekämpften. Eine aus dem Konflikt hervorgegangene – neutrale – Regierung zeigte sich Nasser gegenüber sehr zurückhaltend.

In Jordanien kam es zu Unruhen, die von panarabischen Nationalisten ausgingen. König Hussein hatte dort den Sturz General Glubbs hervorgerufen (vgl. 5. Kapitel), worauf sich England entschlossen hatte, die laufenden Subsidien an das Land einzustellen. Ägypten und Saudi-Arabien erklärten sich bereit, hier einzuspringen und für den nötigen Ausgleich zu sorgen.

Dafür war Jordanien damit einverstanden, seine Truppen einem gemeinsamen ägyptisch-syrischen Oberkommando zu unterstellen und den Beistandspakt mit England offiziell zu kündigen. Als dann der amerikanische Präsident Eisenhower seine berühmte Doktrin formulierte, wonach den Nationen des Mittleren Ostens Hilfe gegen mögliche kommunistische Angriffe garantiert wurde, ließ Nasser die übrigen arabischen Staaten wissen, daß er von ihnen eine ablehnende Haltung erwarte – um sich mit ihm zu solidarisieren.

Im fünften Kapitel wird dargestellt, daß es Hussein damals gelang, ein Komplott aufzudecken, für das er Nasser verantwortlich machte – was zum Bruch Ägyptens mit Jordanien führte. Hussein mußte nämlich die Hilfe des Westens in Anspruch nehmen, um seinen Thron zu retten.

Da Nasser ein progressives, revolutionäres Element verkörperte, wurde er dennoch weiterhin unterstützt, besonders von syrischer Seite. Dort versuchte man nach ägyptischem Muster alle politischen Parteien aufzulösen und eine Koordination der Wirtschaftspolitik beider Länder herbeizuführen, was zu erbittertem Widerstand der regierenden Baath-Partei führte. Auch das syrische Wirtschaftsleben erfuhr ernstliche Störungen. Das Experiment der panarabischen Fusion scheiterte schließlich am 28. September 1961 – wegen eines syrischen Militärputsches.

Der Juli des Jahres 1958 brachte den Sturz der irakischen Monarchie und das Ende der Haschemiten-Regierung mit Ministerpräsident Nuri Said. König Feisal, Nuri Said und rund 200 ihrer Anhänger verloren bei dem blutigen Putsch ihr Leben. Man vermutete zunächst, daß mit Kassem und Arif zwei nasserfreundliche Männer an die Macht gekommen wären, doch schließlich stellte sich heraus, daß Kassem (Qasim) alle panarabischen Elemente zu unterdrücken versuchte und eine sowjet- und kommunistenfreundliche Politik verfolgte. Er hielt sich indessen nicht lange: Bei einem Staatsstreich der Baath-Partei kam Kassem im Februar 1963 ums Leben.

Nachdem Syrien aus der VAR ausgetreten war, zog sich Nasser vorübergehend aus der panarabischen Politik zurück und widmete sich insbesondere innenpolitischen Problemen. Die Distanzierung begründete er damit, „daß er sich von den reaktionären Elementen (mit denen er praktisch alle arabischen Führer meinte) zurückziehe", um sich auf die vielfältigen Probleme Ägyptens zu konzentrieren.

Seine „Isolation" dauerte nicht lange: Bereits 1962 sah er sich gezwungen, die Führer des republikanisch gewordenen Jemen durch Entsendung eines bis auf 40 000 Mann anwachsenden Truppenkorps zu stützen – und damit die wirtschaftliche Weiterentwicklung Ägyptens erneut zu beeinträchtigen. Im Jemen hatte ein Putsch der Militärs den Imâm vertrieben und das Lager in Anhänger des Imâm und solche der Republik gespalten. Die langwierige und kostspielige Kampagne im Jemen verschlang beträchtliche ägyptische Hilfsmittel und kostete Geld, das knapp war. Sie brachte für Ägypten letzten Endes eine beachtliche Einbuße an Glaubwürdigkeit und Integrität mit sich, abgesehen von den vielen Toten, die zu beklagen waren.

Als die Amerikaner die Republik Jemen anerkannten, stießen sie Saudi-Arabien und Jordanien vor den Kopf; England wollte von einer Anerkennung nichts wissen, da es der Ansicht war, der Jemen habe seine Lebensfähigkeit noch nicht bewiesen.

Kennedy, der damals eine eigene Arbeitsgruppe hatte bilden lassen, führte mit Nasser einen mehr als ein Jahr andauernden Briefwechsel. Darin drängte er Nasser, seine Truppen aus dem Jemen zurückzurufen. Nasser lehnte mit der Begründung ab, daß die Saudis ihre Unterstützung für die Anhänger des Imâms (Royalisten) nicht einstellten.

Mohammed Heikal hat in seinem ausgezeichneten „Kairo Dossier" einen Brief Kennedys an Nasser veröffentlicht, in dem dieser auf den ägyptischen Argwohn der amerikanischen Jemenpolitik einging und den Vorwurf, die USA verfolgten eine doppelzüngige Politik, zurückwies: „Wahrscheinlich ernster zu nehmen ist die möglicherweise in der VAR herrschende Überzeugung, daß wir doch imstande sein sollten, Saudi-Arabien zum Disengagement im Jemen zu zwingen. Lassen Sie mich Ihnen noch einmal versichern, daß wir Feisal in seinem eigenen Interesse dazu gedrängt haben. Aber Sie sind sich doch darüber im klaren, daß es nicht die Art der USA ist, auf einen befreundeten arabischen Führer Druck auszuüben. Feisal würde darauf auch nicht reagieren. Im Augenblick betrachtet er seine Jemenpolitik als für die Aufrechterhaltung der Integrität Saudi-Arabiens notwendig. Ich fürchte, daß die Worte und Taten der VAR und der Republik Jemen dazu beigetragen haben, diese Überzeugung in ihm zu festigen. Tatsächlich wurden wir jedesmal, wenn wir glaubten, Fortschritte in Richtung Disengagement gemacht zu haben, durch Aktionen wie die Bombardierung von Najran zurückgeworfen . . .

In ähnlicher Weise entspringt das Zögern Großbritanniens, die Republik Jemen anzuerkennen, deutlich der Sorge um Aden. Wiederholte Drohungen Präsident Sallals trugen dazu bei, diese Befürchtungen zu verstärken . . . Eine Anerkennung durch Großbritannien erschiene mir äußerst wünschenswert, aber ich bin nicht in der Lage, angesichts unkluger Äußerungen aus Sanaa auf die britische Anerkennung zu drängen . . .

Ich hoffe, daß dieser Brief dazu beiträgt, die Atmosphäre zwischen uns zu klären. Viele Menschen in Ihrem und in meinem

Land zweifeln daran, daß gute Beziehungen zwischen uns wirklich möglich sind. Ich glaube, daß diese Menschen unrecht haben, aber es ist an uns, ihnen das zu beweisen." [7]

Nasser wiederholte in seiner Antwort den ägyptischen Standpunkt und fügte hinzu, er sei von Kennedys Aufrichtigkeit überzeugt – in Wirklichkeit blieb er mißtrauisch. Der 22. November 1963 – der Tag, an dem Präsident Kennedy ermordet wurde – beendete diese Phase der amerikanisch-ägyptischen Nahostpolitik auf deprimierende Weise. Die Beziehungen der beiden Länder blieben auch unter Johnson belastet. Das Kongo-Problem, der Konflikt um den Jemen und Weizengeschäfte vergifteten die Atmosphäre.

Dann kam es zu dem unglückseligen Sechstagekrieg von 1967, der militärischen Auseinandersetzung mit Israel.

Der Sechstagekrieg mit Israel

Am 13. Januar 1964 hatte in Kairo eine panarabische Gipfelkonferenz stattgefunden (vgl. hierzu das fünfte Kapitel), bei der vor allem über gemeinsame Maßnahmen gegenüber israelischen Plänen, dem Jordan Wasser zu entnehmen, verhandelt wurde. Obwohl daran elf Regierungschefs und zwei Stellvertreter teilgenommen hatten, war die innere Zerrissenheit der arabischen Länder auf eine deprimierende Weise offenbar geworden. Daran änderte auch der Beschluß über die organisatorische Zusammenfassung palästinensischer Widerstandsbewegungen nichts.

Man hat den im wesentlichen gemäßigten Ton auf dieser sowie auf einer weiteren – im September 1964 in Alexandria abgehaltenen – Konferenz vor allem auf den Einfluß Nassers zurückgeführt. Dazu kam der Abschluß eines Hilfsabkommens mit den USA im November 1966 (durch das die VAR immerhin 55 Millionen Dollar erhalten sollte), der vermuten ließ, daß Nasser kein Interesse daran gehabt haben dürfte, die Spannungen zu verschärfen.

Als es zu einem Luftzwischenfall zwischen Syrien und Israel kam, bei dem Syrien mindestens sechs Flugzeuge verlor, und Nasser nicht mit Waffengewalt eingriff – obwohl seit 1966 ein neues

Verteidigungsbündnis bestand –, kam es zu einem Umschwung der öffentlichen Meinung, und heftige Kritik wurde laut.

Nasser, der diese Kritik seiner arabischen Nachbarn nicht vertrug, entschloß sich nun doch zum Handeln und verlangte plötzlich im Mai 1967 den Abzug des Beobachtungskorps der UNO. U Thant, der damalige Generalsekretär, stimmte zwei Tage später zu, es abzuziehen.

„Logik, Weisheit und Nationalgefühl machen es für Ägypten zur zwingenden Pflicht, die Meerenge von Tiran zu schließen", erklärte der Rundfunksender Kairo. Daraufhin kündigte Israel an, daß es dies als eine Kriegshandlung betrachten würde.

Etwa um die gleiche Zeit kam es zu einem schweren Bruch mit den USA, denn Nasser fühlte sich von Johnson hintergangen. Er war der Ansicht, daß Amerika – während es ihm Botschaften zukommen ließ und für den Frieden im Mittleren Osten warb – Vorkehrungen für eine Beteiligung an der israelischen Aggression getroffen hatte. Nasser beschuldigte Johnson des geheimen Einverständnisses mit Israel, brach kurzentschlossen die diplomatischen Beziehungen zu den USA ab und befahl allen Amerikanern, Ägypten zu verlassen. Einige andere arabische Staaten folgten seinem Beispiel; und Johnson, der bereits über die Beschuldigungen verärgert war, mußte das demütigende Schauspiel erleben, wie 24 000 amerikanische Männer, Frauen und Kinder aus dem Nahen Osten hinausgeworfen wurden. [8]

Nasser ließ einen Teil seiner Truppen an der Grenze zu Israel aufmarschieren, besetzte den Stützpunkt Sharm el Sheikh am Gold von Aqaba (Akaba) und verhängte schließlich über den israelischen Hafen Eilat die Blockade. Das bedeutete den Krieg.

Der israelische Gegenschlag unter Dayan, dem damaligen Verteidigungsminister, bekannt geworden unter dem Namen „Sechstagekrieg" (5. bis 10. Juni 1967), kam postwendend. Bereits am 8. Juni waren die ägyptischen Streitkräfte zerschlagen, die israelische Offensive kam erst am Suezkanal zum Stehen.

Die militärische Niederlage ging Nasser so nahe, daß er seinen Rücktritt anbot, der jedoch vom Volk abgelehnt wurde. Man lastete Feldmarschall Amer sowie 50 hohen Offizieren die Schuld an der Niederlage an. Amer wählte am 14. September 1967 den Freitod.

Unmittelbare Folge der Niederlage gegen Israel war die Liquidierung der Jemen-Expedition. Sie wurde durch eine Verständigung zwischen der VAR und Saudi-Arabien auf der Konferenz von Khartum (29. August bis 1. September 1967) ermöglicht. Noch schwerer wog die verstärkte Abhängigkeit von der Sowjetunion, die durch schnelle und beachtliche Waffenlieferungen die ägyptische Armee wieder kampfkräftig machte. Hand in Hand damit ging die Entsendung von zahlreichen Beratern für eine politische Kontrolle.

Die VAR erholte sich erstaunlich schnell von den wirtschaftlichen und militärischen Schäden des Sechstagekrieges. Nasser schien jedoch von der Sinnlosigkeit weiterer militärischer Auseinandersetzungen mit Israel überzeugt zu sein. Als die Amerikaner daher mit dem „Rogers-Plan" herausrückten, der eine Anerkennung Israels nach Rückgabe der besetzten Gebiete vorsah, stimmte er unerwartet zu.

Durch Studentenunruhen gewarnt, gelang es Nasser – der am 19. Juni 1967 die Ministerpräsidentschaft persönlich übernommen hatte –, durch Kabinettsumbildung (März 1968) mögliche Widersacher aus dem Kreis der „Freien Offiziere" auszuschalten und die Arabische Sozialistische Union durch seinen Vertrauensmann Mahmud Fausi fest in den Griff zu bekommen.

Am 27. September 1970 arrangierte er – im Interesse der gemeinsamen arabischen Sache – ein Abkommen zwischen dem Führer der Widerstandsorganisation Al-Fatah, Arafat, und König Hussein von Jordanien, wobei es ihm gelang, den unerfreulichen Bruderkrieg zwischen den Guerillas und der Armee des Königs in Jordanien zu beenden. Das war sein letzter großer Erfolg.

„Der Löwe ist tot!"

Der außerordentliche, ständige physische und psychische Druck war nicht ohne Folgen geblieben. Nasser, der unangenehmen Auseinandersetzungen müde, war seit langem ein kranker Mann und hatte schon seit 1958 Diabetes. Als Folge war es zu einer äußerst schmerzhaften Arteriosklerose in den Beinen gekommen. Die Ärzte verlangten von ihm, das Rauchen aufzugeben, doch er konnte selbst dadurch keine große Besserung erzielen.

In der Sowjetunion unterzog er sich einer hydrotherapeutischen Behandlung, die sein Befinden für kurze Zeit besserte. Da er sich jedoch nicht schonte, erlitt er am 11. September 1969 eine erste Herzattacke, die verheimlicht wurde. Man ließ verlautbaren, Nasser sei an einer schweren Grippe erkrankt und müsse etwa sechs Wochen dem Amt fernbleiben.

Dr. Schasow, der sowjetische Gesundheitsminister und Herzspezialist, wurde mit seinem Expertenteam nach Kairo geholt, um zu helfen. Er warnte vor allen körperlichen und emotionellen Anstrengungen und teilte Nasser mit, daß er mindestens fünf Jahre lang keine hydrotherapeutische Behandlung mehr vertragen würde.

Die Konferenz vom September 1970 machte das Maß voll. Nasser war am Ende und fühlte das.

Am frühen Nachmittag des 28. September 1970 erlitt er einen zweiten Herzanfall. Die Spezialisten taten ihr Bestes. Gegen fünf Uhr wurde sein Puls regelmäßiger, sein Herzschlag normalisierte sich nahezu. Er begann mit den Ärzten zu sprechen. Dr. Fayez erklärte ihm, er müsse lange Zeit ausspannen, aber Nasser wandte ein, er müsse vorher unbedingt noch einmal an die Front fahren, um „seine Jungen" zu sehen, bevor er auf Urlaub gehe.

Als er ermüdet die Augen schloß, sank sein Arm kraftlos herab. Dr. El-Sawi rief seine Kollegen, und gemeinsam begannen sie fieberhaft mit Wiederbelebungsversuchen – die ergebnislos verliefen. [9]

Die Nachricht von Nassers Tod erschütterte Familie und Umgebung des Präsidenten gleichermaßen, die Welt nahm das Ereignis betroffen zur Kenntnis. Nachdem der damalige Vizepräsident und spätere Staatspräsident Anwar el-Sadat die Bevölkerung durch den Rundfunk unterrichtet hatte, setzte eine „Völkerwanderung der Trauer" nach Kairo ein. [10]

„Der Löwe ist tot!" sollen die Leute in Kairo gerufen haben, und dieser Ruf verbreitete sich schließlich im ganzen Land. Die Trauer war grenzenlos. Wildfremde Menschen beweinten gemeinsam Nassers Tod und sangen das noch am gleichen Tag komponierte

Trauerlied, dessen Refrain lautete: „Lebwohl, Gamal. Geliebt von Millionen, lebwohl."

Anläßlich des feierlichen Staatsbegräbnisses standen fünf Armeedivisionen bereit, um die trauernden Massen in Zaum zu halten. Dennoch raste die Menge: Drei Flaggen wurden vom blumengeschmückten Sarg gerissen, der auf einem mit grüner Seide bespannten Podest ruhte. Am Bahnhofsplatz mußte der Sarg auf einen Panzerwagen verladen werden, damit er der Gefahr der Zertrümmerung entging.

Die sterbliche Hülle wurde zu Nassers Lieblingsmoschee transportiert, wo sie in einem mit Koraninschriften verzierten Marmorgrab bestattet wurde.

Der Rebell von Ägypten hatte die Szenerie verlassen, seine Leistungen lebten weiter. Es ist nicht zu leugnen, daß es ihm gelang, Ägypten in die übrige arabische Welt zu integrieren und den Kurs zu bestimmen, der seine Landsleute in eine neue – bessere – Zeit führen sollte. Die Verwirklichung seines großen Zieles, die arabische Einheit, blieb ihm versagt; das Bedürfnis nach ihr weckte er ganz allgemein.

Nasser hat die arabische Welt verändert. Nachdem er seinen anfangs umstrittenen Führungsanspruch behauptet hatte, avancierte er zweifellos zu einem der angesehensten Repräsentanten der Dritten Welt. Das bewiesen die zahlreichen Besuche ausländischer Staatsmänner sowie die internationalen Konferenzen. Die USA und die Sowjetunion (wie auch einige weitere westlich orientierte Staaten) leisteten in wenigen Jahren umgerechnet mindestens 12 Milliarden DM an Entwicklungskrediten. Dabei sind technische Hilfe, Nahrungsmittellieferungen und andere Geschenke nicht mitgerechnet. Sie ermöglichten ihm kühne Großprojekte, wie den Bau des Assuandammes oder die Elektrifizierung des Landes. Ägypten erwarb Stabilität.

Dazu kam, daß es seinem Einfluß zu danken war, daß England und Frankreich endgültig auf ihre Interessensphären im Nahen Osten verzichten mußten; das Feudalsystem wurde abgelöst. Die Schaffung einer „repressiven Basis" des Regimes zur Sicherung seiner Macht; eine – bisweilen aggressive – Außenpolitik, welche die Unabhängigkeit sichern und die für den wirtschaftlichen Aufbau notwendigen Mittel ins Land holen sollte; eine anfänglich liberale Wirtschaftspolitik, die dann zur Wirtschaftskonzentration unter staatlicher Kontrolle führte und die Etablierung einer neuen Ideologie waren die Ziele, denen er seine Arbeit unterordnete.

Kemal Atatürk
Der Vater der Türken

Einleitung

Am Morgen des 10. November 1938, nur wenige Tage nach der Fünfzehnjahrfeier der Türkischen Republik, vollendete sich das verhältnismäßig kurze, aber ereignisreiche Leben ihres Schöpfers Kemâl Atatürk, des „Vaters der Türken".

Als kurz nach dem Ersten Weltkrieg das Osmanische Reich zusammengebrochen war und ausländische Mächte die Beute unter sich zu verteilen gedachten, hatte Atatürk, der sich damals noch Mustafa Kemal nannte, die Führung ergriffen, um sein Volk zu retten.

Im Kampf gegen eine mächtige Front fremder Mächte von außen, im nervenaufreibenden Spiel gegen das überlebte Sultanssystem und viele verständnislose, innenpolitische Gegner riß er das von Kriegen erschütterte Volk zu echten Heldentaten empor und befreite in mehr als vierjährigem Ringen den Boden Anatoliens endgültig von der Fremdherrschaft.

Diese militärische Leistung des Befreiungskrieges führte dazu, daß man dem „Gasi", dem stets Siegreichen, schon zu Lebzeiten eine Art Denkmal setzte: Er war zu einer der bedeutendsten Gestalten der Geschichte geworden. Der Mann mit dem schmalen, hageren Gesicht und den grauen, durchdringenden Augen wurde rasch zur Legende. In vielen zeitgenössischen Berichten und Biographien wurde Atatürk als „Geist auf dem Pferderücken", „zweiter Dschingis-Khan" oder „Grauer Wolf" bezeichnet und für eine Art Mythos gehalten.

In der Tat sieht das türkische Volk in ihm seinen „Erwecker" und das „Symbol seiner Wiedergeburt". In türkischen Enzyklopädien preist man ihn noch heute als den „Helden seines Befreiungskampfes" und den „unvergleichlichen Führer zum Aufstieg".

Atatürk war Soldat, Staatsmann und Patriot in einer Person, Vorbild in jeder Beziehung. Er hat eine Lücke hinterlassen, die kaum zu schließen sein wird. Prophetisch muten seine Worte an, die er am Ende seiner sechsstündigen Rede am 20. Oktober 1927 speziell an die türkische Jugend gerichtet hatte: „Deine erste Pflicht ist, die nationale Unabhängigkeit, die türkische Republik, immerdar zu wahren und zu verteidigen. Das ist die einzige Basis deiner Existenz und deiner Zukunft. Diese Basis enthält deinen kostbarsten Schatz. Auch in Zukunft wird es im Lande selbst wie im Ausland Mißgunst geben, die dir diesen Schatz entreißen will! Wenn du eines Tages dazu gedrängt bist, die Unabhängigkeit und die Republik verteidigen zu müssen, dann wirst du – um deine Pflicht zu erfüllen – von den Möglichkeiten und Bedingungen der Lage absehen müssen, in der du dich befinden könntest."

Seine innenpolitischen Leistungen standen den militärischen nicht nach: Schnell hatte er erkannt, daß die Grundlagen des alten osmanischen Staates morsch geworden waren. Unerbittlich machte er Schluß mit jahrhundertelang überlieferten Traditionen und begann, seinem Volk ein neues Lebensgefühl zu vermitteln. So wurden Kalifat, Fes und Schleier abgeschafft – Reformen, die ungeheuerlich waren, wenn man bedenkt, daß damit die gesamte religiöse Weltanschauung des türkischen Volkes zum Einsturz gebracht wurde.

Atatürk wurde gewissermaßen zum „ersten Lehrer seines Volkes", denn er zog damals von Ort zu Ort, unablässig um den kulturellen Aufstieg seiner Bauern und Handwerker bemüht und den Aufbau einer gesunden Nationalwirtschaft anregend. Er setzte sich rastlos für den jungen Nationalstaat ein und kämpfte für den Erhalt dieser neuen staatlichen Gemeinschaft.

Sein Tod war ein schwerer Schlag für die moderne Türkei. Sie hatte ihm zuletzt Empfindungen entgegengebracht, die man mit Worten kaum mehr beschreiben kann. Gewiß verdankte Atatürk seine Erfolge vor allem einem äußerst nüchtern abwägenden Realismus, verbunden mit großer Entschlußfreudigkeit sowie geschickt taktierender Poliktik. Die Kraft dazu dürfte ihm sein Glaube an die Tugenden und Fähigkeiten seines Volkes gegeben haben, zu dem er stets ein wirklich „väterliches" Verhältnis hatte.

Die Türkei hätte es heute nötiger denn je, sein politisches Vermächtnis in Ehren zu halten.

„Fürchte dich nicht!
Im Morgenlicht weht rot die Fahne.
Sie geht nicht nieder,
Bevor das letzte Herdfeuer
Der Heimat erlischt.
Ihr Stern ist der Stern meines Volkes,
Der glänzen wird wie der Halbmond,
Den das Morgenrot flimmernd grüßt.
Heilig sei von nun an alles Blut,
Das vergossen wird.
Nie sollst du und mein Stamm untergehen!
Freiheit das Gelöbnis meiner
Freien Fahne!
Unabhängigkeit das Recht meines Volkes!"

(TÜRKISCHE NATIONALHYMNE)

Jugend in Saloniki

Um das Jahr 1880 kriselte es wieder einmal im Vorderen Orient. Das Osmanische Reich, jahrhundertelang die politische Szenerie auf dem europäischen Festlande entscheidend mitbestimmend, drohte zusammenzubrechen. Rumelien [1] strebte seine endgültige Loslösung an, die Christen haßten die Mohammedaner, Griechen und Serben empörten sich gegen die Türken.

Die zahlreichen Völkerschaften, bis dahin unter der Botmäßigkeit der Türken stehend, waren bemüht, sich mit einem Mal auf Brauchtum, Sprache und nationale Eigenständigkeit zu besinnen und Unabhängigkeit um jeden Preis zu erlangen.

Dabei konnte eine Aufteilung der Gebiete vor allem für Griechenland und Serbien von Bedeutung werden. Die untereinander rivalisierenden Großmächte Österreich–Ungarn und Rußland waren auf Expansion bedacht. Sie liebäugelten damit, die „orientalische Frage" so zu entscheiden, daß der eigene Einfluß auf die aufrührerischen Provinzen von größter Bedeutung würde. Dazu mußte nur eine günstige Gelegenheit abgewartet werden. Die „orientalische Frage" bestand übrigens darin, ob die Türkei als solche weiterbestehen oder aufgelöst werden solle; letzteres war ein Ziel, das vornehmlich Rußland anstrebte. Großbritannien setzte sich dafür ein, das Gleichgewicht unter den europäischen

Großmächten zu wahren und die Verbindungswege zu seinen umfangreichen Besitzungen im Fernen Osten nicht zu gefährden.

Im ehemals so mächtigen Osmanischen Reich hatte der Verfall schon früher begonnen: Schuld daran waren zweifellos Sultane wie Selim II., Murad III., Mustafa I. und Ibrahim [2], die totaler politischer Unfähigkeit, dekadenten Charakters und maßloser Verschwendungssucht wegen nicht imstande waren, das Erbe der Väter zu erhalten.

Zweifellos war die Türkei auf dem Höhepunkt ihrer Ohnmacht angelangt. Wenn der Orient früher dem Okzident entscheidende Impulse vermittelt und ihn mit seiner jahrtausendealten Kultur bekanntgemacht hatte, so war es nun genau umgekehrt: der Westen hatte sich vom Osten endgültig gelöst; ja, er war dabei, ihn sich untertan zu machen.

Das war die Situation, als im Jahre 1881 Mustafa Kemal in der makedonischen Hafenstadt Saloniki geboren wurde. Seine Eltern hießen Ali Risa und Subeide [3]. Beide gehörten dem Mittelstand an, waren Türken und Anhänger des Islam, das heißt, Mohammedaner. Mustafa hatte blondes Haar und blaue Augen wie seine Mutter, die großen Einfluß auf seine Entwicklung nehmen sollte.

Subeide war eine einfache, ungebildete Frau, die jedoch einen überaus starken Willen besaß. Dies glich den offenkundigen Mangel aus, kaum lesen und schreiben zu können.

Ali Risa, der Vater, war etwa zwanzig Jahre älter als seine Frau. Wohl weil er der Sohn eines Schullehrers war, hatte er Gelegenheit, sich einige Bildung anzueignen. Dies verhalf ihm zu einer einfachen Beamtenstelle in einer Behörde.

Als er um die Hand seiner Subeide angehalten hatte, war er übrigens zu arm gewesen, den geforderten Kaufpreis zu bezahlen. Daß er seine Auserwählte schließlich doch heimführen konnte, verdankte er Subeides Bruder, der ihn schätzte und sehr für ihn eintrat.

Das Ehepaar hatte anfangs in einem kleinen Dorf auf dem Olymp, dem heiligen Berg der Griechen, gewohnt, wohin Ali Risa in seiner Eigenschaft als Regierungsbeamter versetzt worden war. Später waren sie nach Saloniki gezogen, wo Ali versuchte, sich als Holzkaufmann selbständig zu machen. Er hatte keine geschickte Hand in seinen Unternehmungen, zudem war er fortwährend den Überfällen griechischer Räuberbanden hilflos ausgesetzt.

Subeide hatte fünf Kinder geboren. Aber nur zwei davon, der Junge Mustafa und das Mädchen Makbule (Mustafa nannte sie später seine „Blume"), waren lebensfähig. Die Mutter war tiefreligiös, streng zu sich selbst und von Ehrfurcht vor der Tradition ihres Glaubens beseelt. Darüber hinaus war sie sehr stolz auf die Tatsache, daß es sowohl in ihrer Familie als auch in der ihres Mannes Hadschis gegeben hatte. Das sind Pilger, die es irgendwann in ihrem Leben geschafft haben, einmal nach Mekka – die Geburtsstadt des Propheten Mohammed und darum heiligste Stadt des Islam – zu kommen.

Gewiß war es Subeides größter Wunsch, daß Mustafa ihrem Beispiel gefolgt wäre und es zum Rang eines Hafis (Koranleser) oder gar eines Hodscha (Koranlehrer) gebracht hätte. Aus diesem Grunde hätte sie es gerne gesehen, daß Mustafa eine jener Rechts- und Religionsschulen besuchte, die man Medresen nennt. Dort werden die Söhne guter Mohammedaner auf der Grundlage des Koran erzogen und ausgebildet. Mustafa hätte bestimmt das Zeug dazu gehabt, doch stand ihm schon früh der Sinn nach anderen Dingen, und es war letztlich seinem Vater Ali Risa zu danken, daß er einen anderen Weg einschlagen sollte.

Ali war ein freigeistiger Mensch und als solcher vor allem der Haltung des Westens gegenüber aufgeschlossen. Er beabsichtigte, Mustafa die Privatschule des Shemsi Effendi in Saloniki besuchen zu lassen. Das war eine Laienschule, die erste dieser Art übrigens, in der nach einem modernen Studienplan gelehrt wurde, der auch kritischeren Ansprüchen gerecht zu werden versprach. Schließlich einigten sich Ali und Subeide darauf, daß der Junge in die Schule des Fatima Mullah Kadin kam, und zwar unter Beachtung des üblichen religiösen Zeremoniells: Man hatte die Tür des kleinen elterlichen Holzhauses mit Grün geschmückt. Der Junge bekam einen goldenen Zweig, trug festliches weißes Gewand und um den Kopf einen golddurchwirkten Turban. Ein Hodscha, gefolgt von seinen Schülern, holte Mustafa zu Hause ab, der nun vor der Tür noch rasch ein Gebet sprechen mußte. Dann wurde der Neuling durch die Stadt bis hin zur in der Nähe der Moschee gelegenen Schule geleitet. Dort führte der Hodscha den Jungen in einen kahlen Raum, schlug den Koran auf und erklärte ihm die Bedeutung des heiligen Buches. Mustafa war aufgenommen.

Auf diese Weise war auch Subeide zufriedengestellt, die letzten Endes wohl gefürchtet haben mußte, vor engeren Bekannten das Ansehen zu verlieren, wenn sie sich so einfach überstimmen ließ.

Wenn nun auch Mustafa an sich nichts Konkretes gegen diese Schule einzuwenden hatte, so muß es frühestens zu diesem Zeitpunkt gewesen sein, als sich in ihm Unwillen gegen die unnachgiebigen und oftmals unverständlichen mohammedanischen Bräuche und Vorschriften geltend machte. So zum Beispiel beim Studium der arabischen Schrift, die in reichlich unbequemer Körperhaltung vermittelt wurde: Die Studenten saßen mit gekreuzten Beinen auf dem Boden und schrieben, Papier und Unterlagen auf den Knien haltend.

Mustafa wußte wohl, daß die Schüler und Studenten fremder – nichtmohammedanischer Länder – auf andere, weitaus angenehmere Weise schrieben. Und sie saßen auch nicht auf dem Fußboden, wenn sie ihre Übungen machten.

Die Anekdote will wissen, daß er eines Tages einfach aufgestanden sein soll – behauptend, daß ihm die Füße eingeschlafen seien. Als ihm der Lehrer befahl, sich wieder zu setzen, gehorchte er nicht.

„Wagst du es wirklich, dich gegen mich aufzulehnen?" fragte der Lehrer erzürnt. „Ich wage gar nichts!" antwortete Mustafa kühn und beeindruckte dadurch seine Mitschüler derart, daß sie es ihm gleichtaten. Sie standen ebenfalls auf und weigerten sich, die traditionelle Position einzunehmen. Der Lehrer sah sich genötigt, klein beizugeben und darüber hinwegzusehen.

Immerhin nahm Vater Ali Risa die aufgetretene Mißstimmung zum Anlaß, den Sohn von der Religionsschule zu nehmen und nun doch in Shemsi Effendis nobler Privatschule anzumelden. Subeide hatte nun nichts mehr dagegen einzuwenden, und Mustafas „moderne" Ausbildung begann. Sie nahm einen sehr zufriedenstellenden Verlauf.

Der Junge war ruhig und besonnen. Für lärmendes und albernes Spielen auf Straßen und Plätzen hatte er nichts übrig, er hielt sich überhaupt fern von den Unternehmungen seiner Altersgenossen. Mustafa war schon damals ein Einzelgänger, stolz und fast etwas hochmütig; zudem stets bereit, auf Sticheleien heftig zu reagieren.

Um diese Zeit mußte Mustafa Saloniki für einige Zeit verlassen. Ali Risa, sein Vater, hatte es mit Salzhandel versucht und in diesem Geschäft den letzten Rest seines – an sich schon bescheidenen – Kapitals verloren. Er hatte sich zwar darum bemüht, seine frühere Arbeitsstelle wieder zu erhalten, doch war er abgewiesen worden.

So resignierte er und ergab sich dem Alkohol. Das mußte er teuer bezahlen. Er wurde tuberkulosekrank und starb nach einem Leiden von etwa drei Jahren. Mutter Subeide, total verarmt, mußte Mustafa von der Schule nehmen und zog mit den beiden Kindern aufs Land. Der Ort lag im Norden von Saloniki und war etwa 35 Kilometer entfernt. Dort betrieb Hussein, der Bruder Subeides, eine kleine Landwirtschaft.

Das Leben auf dem Lande war gesund und bekam auch der Familie gut, das Essen zudem mehr als reichlich. Not litten sie nicht. Mustafa wuchs zu einem kräftigen und athletischen jungen Mann heran, dennoch fühlte er sich auch für die Landarbeit nicht berufen. Die harte und ungewohnte Arbeit paßte ihm nicht.

Sehr gern wollte er lernen, er war wißbegierig. Doch die Möglichkeiten waren minimal, fast null. Zwar erbot sich eine Nachbarsfrau, Mustafa privat zu unterrichten, doch dem Jungen widerstrebte es irgendwie, bei einer Frau in die Schule zu gehen. Er lehnte den gutgemeinten Vorschlag grob ab.

Subeide sah rasch ein, daß es so nicht weitergehen konnte. Mustafa hatte eine Fortsetzung seiner erfolgreich begonnenen Ausbildung nötig, auf dem Lande würden seine Anlagen verkümmern. Sie schickte ihn deshalb erneut nach Saloniki. Mustafa sollte im Hause einer dort lebenden Tante wohnen und eine Bürgerschule besuchen [4]. Wiederum sollte es nur ein kurzes Gastspiel werden. Eines Tages glaubte der Lehrer in Mustafa den Urheber plötzlichen Klassenaufruhrs zu sehen und verprügelte ihn so jämmerlich, daß der Junge schmerzende Beulen davontrug. Mustafa verzieh es ihm nie und erreichte mit Hilfe seiner Großmutter, daß er auch von dieser Schule genommen wurde.

Auf diese seine ersten Jahre war er stolz. Er hatte allerhand gelernt, achtete stets auf saubere Kleidung und war auf Hygiene bedacht. In den traditionellen weiten türkischen Beinkleidern fühlte er sich beengt und unbequem. Er fand, daß diese Kleidung nicht mehr zeitgemäß war, ja, der Vergangenheit angehörte.

Die Uniformen der Soldaten dagegen imponierten ihm: Er schätzte das Gerassel der Säbel und war begeistert von den Federbüschen der Soldaten. Die Truppe verkörperte Macht, Autorität und die Zugehörigkeit zu einem hochwertigen Stand. Und dies alles in einer Stadt, die voll von Ausländern war. Es mußte wirklich lohnend sein, dem Militär anzugehören – dieser Gedanke hatte von Mustafa festen Besitz ergriffen.

Auf der Militärschule

Der Nachbarsjunge Achmed [5] war es, den Mustafa ganz besonders beneidete. Er besuchte die Militärschule und trug stolz seine Uniform. Mustafa bat seine Mutter, die inzwischen ebenfalls nach Saloniki zurückgekehrt war, ihn bei dieser Schule anzumelden, doch sie war dagegen. Wenn ihr Sohn schon nicht im Geist Mohammeds erzogen werden wollte, dann sollte er wenigstens der Geschäftsmann werden, zu dem es ihr Mann Ali Risa zeitlebens nicht gebracht hatte. Denn Subeide unterschied sich in einem Punkt von keiner Mutter der Welt: Sie haßte den Krieg. Überdies war ihr gesagt worden, daß osmanische Soldaten, die in ihrer Militärlaufbahn nicht erfolgreich waren, meist in die entlegensten Provinzen versetzt wurden.

„Wer garantiert mir schon", fragte sie oft bei solchen Diskussionen, „daß ausgerechnet du, mein Sohn Mustafa, etwas erreichen wirst?"

„Ich selbst, Mutter, ich selbst!" antwortete der Junge dann stolz, und aus dem Ton seiner Stimme war zu hören, daß er daran glaubte. Mustafa wollte seinen Willen durchsetzen und das um jeden Preis. So vertraute er sich eines Tages Kadri Bei, dem Vater eben jenes Achmed an. Der war Major beim Heer und schien Verständnis für seine Wünsche (und auch Sympathie für ihn) zu haben.

Mustafa bereitete sich heimlich für die Aufnahme-Prüfung in die Militärschule (eigentlich war es eine Art Vorschule) vor und nahm schließlich daran teil, ohne seiner Mutter etwas davon zu sagen. Da er hart gearbeitet hatte, bestand er das Examen, und Subeide sah sich vor Tatsachen gestellt. Dennoch benötigte Mustafa ihr schriftliches Einverständnis zur endgültigen Aufnahme. Er überlegte hin und her, und schließlich hatte er eine Idee: Er erinnerte seine Mutter daran, daß sein Vater anläßlich seiner Geburt einen Säbel mit nach Hause gebracht und direkt über der Wiege an die Wand gehängt hatte.

Subeide schwankte, und schließlich gab sie sich geschlagen. Im Grunde liebte sie ihren Sohn sehr und konnte ihm auf die Dauer nichts abschlagen. Ihre Zustimmung begründete sie mit einem Traum, in dem ihr geweissagt worden war, daß Mustafa eine brillante militärische Karriere bevorstünde. Glücklich umarmte und küßte Mustafa seine Mutter, und diese gab ihm ihren Segen: So kam er mit zwölf (!) Jahren auf die „Askeri Rüstiye", die Militärschule.

Schon früh hatte er also seine spätere Berufung erkannt, und mit seiner Entscheidung war er in der Tat gut beraten, denn eine militärische Laufbahn versprach zu jener Zeit eine gesicherte Existenz. Die vom Sultan abhängigen Militärakademien bildeten ihre Schüler nicht nur militärisch aus, sondern machten sie auch mit Elementarkenntnissen in Geschichte, Wirtschaft und Philosophie vertraut. Es waren dies Einrichtungen, in denen Angehörige der verschiedensten sozialen Schichten anzutreffen waren und in denen allein Fähigkeiten und echte Bewährung für späteres Vorwärtskommen entscheidend waren. Besonders Begabte hatten zudem die Möglichkeit zu reisen, die Welt kennenzulernen und Sitten und Bräuche der Nachbarvölker zu studieren.

Mustafa versprach schon rasch einer dieser Begabten zu werden. Er lernte leicht und schnell, sein Lieblingsfach war Mathematik. Sie brachte ihm übrigens auch seinen berühmten Beinamen „Kemal" ein. Das war nicht etwa sein Familienname (solche waren zu dieser Zeit in der Türkei noch gar nicht üblich), das Wort bedeutet vielmehr „Der Vollkommene" und war eine Bezeichnung, die ihm seiner ausgezeichneten mathematischen Begabung wegen verliehen worden war.

Recht schnell wurden ihm allerlei Vorrechte an der Schule zugebilligt. So durfte er zum Beispiel in Abwesenheit von Lehrern seinen Mitschülern entsprechende Lektionen erklären. Da er offensichtlich über eine natürliche didaktische Begabung verfügte, bereitete ihm solche Lehrtätigkeit Vergnügen. Natürlich war diese

Bevorzugung Mustafas nicht dazu geeignet, seine Beliebtheit unter den Mitschülern zu fördern. Da er unter ihnen ohnehin nur wenig Freunde hatte, suchte er mehr die Gesellschaft von Studenten fortgeschrittener Klassen. Auch die Lehrer hatten es nicht gerade leicht mit ihm: Er war schwer lenkbar, und man fühlte seine Neigung zur Aufsässigkeit gegen alles Obrigkeitliche.

Auch das Verhältnis zu seiner Mutter hatte sich geändert. Mustafa sah sich zu Hause nur von Frauen umgeben: Frauen, die neugierig waren, Frauen, die alles wissen wollten, was sie seiner Meinung nach überhaupt nicht zu interessieren brauchte, Frauen, die ihm lästig waren. Subeide heiratete während dieser Zeit ein zweites Mal: Ihr neuer Ehemann Ragib war ein wohlhabender Witwer mit vier Kindern, zwei Jungen und zwei Mädchen. Dieses Ereignis war auch nicht geeignet, Mustafas Laune zu bessern. Er war eifersüchtig auf den zweiten Mann im Leben seiner Mutter und fühlte sich erniedrigt, als er einsah, daß es vorwiegend materielle Gründe waren, die diese Wahl bestimmt hatten.

Es mag die spontane Abneigung Mustafas gegenüber seinem Stiefvater gemindert haben, als er feststellte, daß Ragib im Grunde ein guter Mensch war und seine Mutter anständig, ja liebevoll, behandelte. Dennoch weigerte er sich hartnäckig, ihn zur Kenntnis zu nehmen.

Inzwischen war Mustafa 14 Jahre alt geworden. Er wechselte in die offizielle Heeresschule über, und zwar als Stipendiat. Sie befand sich in Monastir [6], einer Kleinstadt in Makedonien.

Der Aufenthalt in Monastir war um diese Zeit nicht ungefährlich. Die türkischen Behörden hatten in dieser Provinz alle Hände voll zu tun, um mit griechischen und serbischen Aufwieglern fertig zu werden, und so hatte Mustafa erstmals Gelegenheit, die innenpolitische Lage sozusagen am Brennpunkt kennenzulernen. Für gewöhnlich waren die Kadetten weltfremde Theoretiker, den Kopf vollgepfropft mit unwichtigen Details der Landesgeschichte. Sie wußten alles über die Eroberung Makedoniens durch die osmanischen Truppen und die verzweifelten Bemühungen der Griechen, Serben und Bulgaren, die von Rumelien aus eine Rückeroberung der verlorenen Gebiete anstrebten. 1897 war es auf Kreta zum Freiheitskampf der Griechen gekommen, die Türken hatten sogleich ihre Truppen in Rumelien verstärkt, und natürlich war auch Monastir von der Mobilmachung betroffen.

Die Bewohner der Stadt liefen auf die Straßen, die Soldaten unter Trommelwirbel und Hörnerklang zu ihren Fahnen. Auch die Studenten blieben nicht untätig: Sie hißten das türkische Banner und zogen damit durch die Stadt.

Mustafa und einer seiner Kameraden wollten noch mehr: Eines Nachts verließen sie heimlich das Schulgebäude, um sich den Truppen anzuschließen. Doch ihr Vorhaben wurde vereitelt: Man erkannte die jungen Männer und schickte sie zurück. Aber die leidenschaftliche Liebe zum Vaterland und den jäh erwachten Nationalstolz in Mustafa konnte die Obrigkeit damit nicht ersticken; er beschloß, sich mit allen Mitteln künftig für das Türkentum einzusetzen.

In Monastir gewann Mustafa auch die Freundschaft eines jungen Dichters. Er hieß Ömer Nadschi (Naci) und versuchte, in ihm Interesse an Literatur und schönen Künsten zu wecken. Doch der Mathematiklehrer Mustafas erfuhr davon und warnte Mustafa vor weiterer Beschäftigung mit Poesie – um nicht dem Soldatenberuf entfremdet zu werden, wie er meinte.

Ein anderer seiner Freunde hieß Fethi, war Makedonier wie er und politisch sehr interessiert. Im Gegensatz zu Mustafa tat er sich besonders auf fremdsprachlichem Gebiet hervor: Er war der Beste im Französisch-Unterricht. Mustafa, nicht gerade brillant auf diesem Gebiet, verdoppelte seine Anstrengungen und versuchte es Fethi gleichzutun. Mit zunehmendem Erfolg studierte er schließlich gemeinsam mit seinem Freund, der es gerne auf sich nahm, Mustafa in die politisch-philosophischen Arbeiten eines Rousseau, Voltaire, Montesquieu, Demoulin und Auguste Domte einzuführen. Fethi wurde zu einem fruchtbaren Diskussionspartner für Mustafa Kemal, und sie wurden nicht müde, die Ideen und Ideologien dieser Staats- und Rechtsdenker auf die Verhältnisse im eigenen Land zu übertragen und so auf mögliche Verwendbarkeit hin zu überprüfen.

Als Mustafa wieder nach Hause kam, war er ein Mann geworden – und das in jeder Beziehung. Er hatte Gefallen an den Vergnügungen gefunden, die Saloniki zu bieten hatte: Kaffeehäuser und Tanzstunden, Kneipen und Lasterhöhlen. Er war ständiger und gern gesehener Gast in den Freudenhäusern der Stadt, und da er blendend aussah, soll es sogar vorgekommen sein, daß ihm das eine oder andere Mädchen seine Gunst umsonst gewährte.

Sein Ehrgeiz, etwas Großes zu werden, war bereits geweckt, und seinen Mitschülern gegenüber ließ er das auch ungeniert durchblicken. Er schien recht zu behalten, denn er bestand sein Abschlußexamen und trat am 13. März 1899 in die Infanterieklasse der Kriegsschule von Istanbul ein. In seinen Lebenserinnerungen sagt er über dieses erste Jahr:

„In der ersten Klasse gab ich mich nur meinen Jugendidealen hin. Ich vernachlässigte meine Aufgaben. Ich habe keine Ahnung, wie das Jahr verging. Erst wenn die Stunden aufhörten, befaßte ich mich mit den Büchern.“ [7]

Als er in die zweite Klasse kam, nahm sein Interesse am Wehrunterricht zu. Das Verbot des Lehrers der höheren Militärschule, Gedichte zu schreiben, vergaß er nicht. Aber seine natürliche Neigung, gut zu sprechen und zu schreiben, hielt an. In den Pausen führte er mit seinen Kameraden ernsthafte Diskussionen.

Um diese Zeit mochte er begonnen haben, sich sehr intensiv mit Politik zu beschäftigen. Denn unter den Schülern hatte es sich herumgesprochen, daß unter Sultan Abdul Hamid II. die Staatsgeschäfte äußerst schlecht geführt wurden.

Mustafas Verbannung

Zwei Jahre lang arbeitete er sehr intensiv, gönnte sich keinerlei Vergnügen und wurde schließlich für die Generalstabsklasse ausgewählt. Dieser Erfolg machte ihn noch stolzer, als er ohnehin war, bedeutete er doch, daß ihm nach Abschluß seiner Studien die Beförderung zum Hauptmann sicher war.

Über diese Zeit schrieb er später:

„Ich arbeitete gut für die üblichen Stunden. Darüber hinaus entwickelten einige Kameraden und ich neue Ideen. Wir entdeckten, daß in der Regierung und der Politik des Landes Mißstände herrschten. Es drängte uns, den Tausenden von Schülern der Militärakademie diese Entdeckung mitzuteilen. Wir gründeten eine handgeschriebene Zeitung in der Schule, die von den Schülern gelesen wurde. Innerhalb der Klasse hatten wir eine Organisation. Ich war im Verwaltungsausschuß. Die Artikel der Zeitung verfaßte meist ich. Zu dieser Zeit war Ismail Pascha Schulinspektor. Dieser entdeckte unser Treiben und ließ es verfolgen. Schuldirektor war ein gewisser Risa (Riza) Pascha. Dieser wurde in Gegenwart des Sultans von Ismail Pascha beschuldigt, daß es in der Schule solche Schüler gäbe, er es aber entweder nicht merke oder es geschehen lasse. Risa Pascha leugnete, um die Klasse zu retten." [8]

Am 11. Januar 1905 ging Mustafa Kemal schließlich mit dem Rang eines Hauptmanns von der Kriegsakademie ab. Er absolvierte die Schule als zwanzigster von 320 Schülern und erhielt mit zwölf Offizieren unter 37 Klassenkameraden den Generalstabsrang. Unter Berücksichtigung der Noten der letzten drei Jahre erhielt er sogar als fünfter sein Diplom.

Er mietete sich in Istanbul ein, um seine Tätigkeit fortzusetzen. Dort versammelten sich von Zeit zu Zeit Gleichgesinnte und erörterten die Probleme des Vaterlandes, was mit einem Mal die Geheimpolizei des Sultans in Erfahrung brachte. Eines Tages wurden die jungen Leute durch Verrat eines Mannes namens Fethi, der als Offizier aus dem Heer ausgestoßen worden war und ihr Vertrauen erworben hatte, gefangengenommen.

Um diese Zeit galt ein Wort nichts in der Türkei – und das war „Watan" (Vatan), das Wort für „Vaterland". Schuld daran war der Sultan, der nationale Ideen, so wie sie aus dem Westen kamen, um nichts auf der Welt ausstehen konnte. Für seinen Staatsverband mit den verschiedensten Völkern waren sie unbrauchbar, und kühl sah er voraus, daß der nationale Geist zum Zerfall des Erbes seiner Väter führen würde. Also verbot er, das Wort „Watan" auch nur auszusprechen, und hielt stur an dem Einigungsgedanken des Islam fest. Reformen ging er ängstlich aus dem Weg.

Den jungen Verschwörern schien also der Tod gewiß zu sein, denn Abdul Hamid II. wurde bereits damals wegen seiner Grausamkeit der „Rote Sultan" genannt. Doch wie sah er aus, der Padischah, der Vertreter Allahs auf Erden! Er war ein alter Mann geworden. Abdul Hamid II. hauste, nach beinahe dreißig Regierungsjahren, einsam und unglücklich in Yildis [9], seinem Palast am Rande von Istanbul. Bei ihm arbeiteten alle wichtigen Beamten und Angehörigen des Hofes mit ihren Familienmitgliedern, von der Außenwelt abgeschnitten; nur ein besonderer Erlaß des Sultans ermöglichte ihnen, die Residenz gelegentlich zu verlassen. Einst war er ein schlanker, hochgewachsener Mann gewesen, jetzt war er vergreist, müde, in sich zusammengesunken. Seine Nase hatte etwas Raubvogelartiges, das Gesicht war hager, der Kopf erschien überlebensgroß, und der dunkelrote, wohl künstlich gefärbte Vollbart machte ihn nicht gerade sympathischer. Tief lagen die Augen in den Höhlen, der unstete Blick hatte etwas Lauerndes, Mißtrauisches an sich. Man hatte den Eindruck, einem Fuchs gegenüberzustehen, wenn man mit ihm zu tun hatte.

Abdul Hamid II. war ein geschickter Diplomat, er verstand es, Gegner an der Nase herumzuführen. Dennoch war seiner Hinhaltetaktik und dem zermürbenden Spiel der Defensive auf die Dauer kein Erfolg bestimmt. Die Türkei verlor Provinz um Provinz, und die europäischen Großmächte drangen unaufhaltsam vor [10].

Man wird dem Sultan bescheinigen müssen, daß er sein Land trotz aller negativen Eigenschaften retten wollte, gleichwohl beschwor er durch sein Verhalten die Gefahren erst recht herauf. Wohl hatte er erkannt, daß nur ein straffes, diktatorisches Regime das Osmanische Reich schützen konnte, aber die Umstände hatten dazu beigetragen, daß er zum gewalttätigen Despoten, zum schrecklichen Tyrannen geworden war. Seine Macht lähmte das Land, denn das System der Zentralisierung ließ weder Individualität noch Spielraum in wichtigen Entscheidungen zu.

Die jungen Verschwörer standen also vor ihm und rechneten mit dem Schlimmsten. Dennoch fanden sie unerwartet Gnade: Abdul Hamid II. entschuldigte ihre revolutionären Ideen keineswegs, doch dachte er wohl, daß ihm ihr Tod nichts nützen würde, und so schickte er die Aufwiegler in die Verbannung – ein großmütiger Entschluß, den er später noch bereuen sollte.

Mustafa Kemal kam nach Syrien, wo er sich in der sengenden Glut der Wüste mit aufständischen Arabern herumschlagen mußte. Dabei muß ihm klargeworden sein, wie leidenschaftlich die Türken im Ausland gehaßt wurden, wie sehr die Araber die

Gründung eines unabhängigen Nationalstaates anstrebten. Was hatte es da für einen Sinn, von einer Verbrüderung aller Mohammedaner im Zeichen des Halbmonds zu träumen? Er kam zu der Einsicht, daß man alle Kraft daransetzen mußte, das Vaterland vor dem drohenden Untergang zu retten.

Die Zeit verging. Mustafa lernte das Handwerk des Krieges, dabei erntete er wenig Ruhm für seinen Einsatz. Was aber wohl wichtig für ihn war: Er gewann immer mehr Einblick in das korrupte und umständliche Beamtentum. Er sah, daß verschwenderisch die Provinzverwalter des Reiches lebten, jedem erdenklichen Luxus frönten und die Regierungsgeschäfte auf ein absolutes, unabänderliches Minimum reduzierten. Er sah, wie Gebäude und Straßen verfielen, er erlebte mit, wie Brücken vor seinen Augen einstürzten, und er erfuhr davon, daß Wälder verschwanden, Häfen versandeten und wertvolles Land verödete. Diese traurigen Zustände vertieften seine Überzeugung, daß der Sultan unwürdig und unfähig war und daß er abgesetzt werden mußte.

Wieder fand er Anhänger. Ob das nun in Beirut, in Damaskus[11] oder in Jaffa bzw. in Jerusalem war, immer schlossen sie sich ihm an. Mustafa Kemal lag daran, möglichst viele kleine Gruppen zu bilden. Er war nicht beliebt, verstand es aber, Leute zu überzeugen, von seiner Sache einzunehmen. Dennoch mußte er rasch einsehen, daß er mit der jeweiligen Bevölkerung kaum rechnen konnte.

Mustafa wußte, daß er wieder nach Saloniki zurückkehren mußte, wenn er sein großes Ziel verwirklichen wollte: eine nationaltürkische Bewegung aufzubauen. Denn dort in Makedonien gab es das Gros seiner politischen Gesinnungsgenossen. Wie aber aus der Verbannung dorthin kommen? An eine reguläre Versetzung war nicht zu denken.

Kemal, der „Vortreffliche", schaffte es trotzdem: Freunde liehen ihm Geld, Vorgesetzte erklärten sich bereit, ihm zu helfen, und so reiste er eines Tages – als europäischer Tourist verkleidet – heimlich über Ägypten und Griechenland nach Saloniki.

Um eben diese Zeit gab es aber noch einen Geheimbund in der Türkei. Das war das „Komitee für Einheit und Fortschritt" (Ittihat ve Terakki). Es hatte zwar Ursprung und Sitz in Paris, war aber dennoch rasch zu einer einflußreichen Stellung gelangt, wohl wegen seiner radikalen Theorien und Tendenzen. Diese Gruppe hörte auf das Kommando eines Achmed Risa Bei (Ahmet Riza), dessen hohe Intelligenz allgemein anerkannt war. Auch dieser Geheimbund brachte Flugblätter und eine eigene Zeitung heraus (sie hieß „Meschweret" [Meşveret], „Nachrichten").

Eine weitere Verschwörergruppe gab es in Berlin. Da ihre Führer jedoch nicht über politische Erfahrung verfügten, fehlte es an einem präzisen Programm. Als Ziel mag ihr wohl die Bildung eines föderativen Bundesstaates vorgeschwebt haben.

Mustafa, der sich in Saloniki im Haus seiner Mutter versteckt hielt (sie hatte sich riesig gefreut, den verloren geglaubten Sohn wiederzusehen), konnte nicht lange bleiben. Spitzel des Sultans hörten von seiner unerlaubten Rückkehr aus der Verbannung und versuchten, ihn erneut verhaften zu lassen. So zog er es vor zu fliehen und setzte sich über die Grenze nach Griechenland ab. Per Schiff kehrte er nach Syrien zurück, wo er erfahren mußte, daß ihn dort gleichfalls ein Haftbefehl erwartete.

Glücklicherweise stand er mit dem entsprechenden Truppenbefehlshaber auf vertrautem Fuß. Dieser schmuggelte ihn aus dem Land und beorderte ihn nach dem im Süden gelegenen Bir-Seba, wo zwischen der Türkei und der ägyptisch-britischen Regierung ein Grenzkonflikt ausgebrochen war. Nach Istanbul aber ließ er melden, daß das Gerücht von einer unerlaubten Entfernung des Hauptmanns Mustafa Kemal falsch sein müsse, denn er befände sich bereits seit mehreren Monaten an der Sinaifront. So wuchs langsam Gras über die Sache, und Mustafa Kemal hatte wieder einmal Glück gehabt.

Als der Konflikt zugunsten der Türkei beendet war, ging Mustafa nach Damaskus zurück, verhielt sich mehr als ein Jahr lang sehr still und konzentrierte sich auf seine Arbeit.

Es gelang ihm, die Regierung und die entsprechenden Überwachungsbeamten zu täuschen. In Yildiz kam man zu der Überzeugung, daß die Verbannung offensichtlich die erhoffte heilsame Wirkung getan und Mustafa sich rehabilitiert habe. Er wurde zum Vizemajor befördert (!) und dann überraschend zum dritten Armeekorps nach Saloniki versetzt.

Eine größere Chance konnte sich nicht mehr bieten, denn gleichzeitig war ihm die Beaufsichtigung der makedonischen Eisenbahnen übertragen worden. Dies machte es ihm leicht, kreuz und quer durch das Land zu reisen, ohne die Spur eines Verdachtes zu erregen. Mustafa konnte nun zwischen der Zentrale des Geheimbundes und den jeweiligen Zweigkomitees ungehindert vermitteln.

Aufstand in Makedonien

Makedonien den Makedoniern! Dieser Ruf war inzwischen immer lauter und immer eindringlicher geworden. Auch dem Sultan waren solche Bestrebungen nicht entgangen, doch mißlangen sämtliche Versuche, etwaige Führer ausfindig und dingfest zu machen. Bestechungsmanöver und Zwang hatten diesmal keinen Erfolg; keiner der Eingeweihten ließ sich zu Verrat überreden.

Im Juli des Jahres 1908 beschloß der Vollzugsausschuß des Komitees eine Erhebung in Makedonien, ohne zuvor die Zentrale in Paris zu informieren. Dies war ein Risiko, denn über den Erfolg des Unternehmens war man sich keineswegs sicher. Denn in den Reihen der Offiziere gab es viele Sultantreue, das wußte man. Die Person des guten Baba Hamid, des Padischah, war ihnen heilig, und es war schon ein großes Wagnis, einen Aufstand zu organisieren.

Dennoch sollte der Aufstand gelingen. Niasi Bei, ein gebürtiger Albaner (er war Major und im Kleinkrieg geschult), entwich eines Tages aus seiner Garnison[12] und rief zum Aufruhr gegen die Regierung auf. Er erhielt rasch ungeheuren Zulauf, sogar die in jenen Gebieten ansässigen Christen erklärten sich zu seinen Anhängern. Ein zweiter Major, Enver Bei, ebenso tüchtig wie mutig, ausgebildet bei der preußischen Garde in Berlin, machte es ihm nach und entfachte einen ähnlichen Aufstand östlich von Monastir. Abdul Hamid II. nahm dieses Ereignis noch immer nicht ernst. Er sagte sich wohl, daß es in Makedonien schon immer gegärt hatte und nun wohl nur eine Handvoll Revolutionäre war, die eine Gelegenheit suchten, mehr Unruhe zu stiften. Ein Bataillon seiner asiatischen Truppen würde genügen, den Aufstand im Keim zu ersticken.

Er ließ Niasi Bei kurzerhand für vogelfrei erklärten und Enver

Bei auffordern, zu ihm nach Istanbul zu kommen, wobei er ihn mit einer Beförderung zu ködern versuchte. Doch Enver reagierte überhaupt nicht, und am 8. Juli wurde gar der Truppenkommandeur von Nord-Makedonien, ein bewährter und dem Sultan treu ergebener General, in Monastir ermordet. Zudem trafen aus dieser Provinz ständig Meldungen ein, die besagten, daß türkische Garnisonen und christliche Insurgenten abgefallen seien und sich den Aufständischen angeschlossen hätten. Schließlich hatte sich das gesamte dritte Armeekorps erhoben und den Ruf „Freiheit, Fortschritt und Gleichheit" angestimmt. Das erste Bataillon anatolischer Soldaten aber war in Saloniki an Land gegangen und hatte sich, anstatt auf die Landsleute zu schießen, den Rebellen angeschlossen.

Die Ereignisse begannen sich zu überstürzen. Am 23. Juli 1908 teilten die Rebellen dem Sultan in einem vom Komitee „Einheit und Fortschritt" in Monastir unterzeichneten Ultimatum mit, daß sowohl das zweite als auch das dritte Armeekorps unverzüglich den Marsch auf die Hauptstadt antreten würde, falls nicht binnen 24 Stunden die Verfassung wiederhergestellt werde. Jetzt sah Abdul Hamid II. ein, daß er die Gefahr unterschätzt hatte.

Er stand vor der Wahl, nachzugeben oder aber einen Bürgerkrieg zu riskieren. Wie sollte er sich entscheiden? Nach langer Pause ließ er daher wieder einmal den Ministerrat zusammentrommeln und beraten. Und Abdul Hamid II. lenkte ein, er sah ein, daß er die Verfassung proklamieren mußte, wenn er den Thron behalten wollte. Diese Irade (Botschaft) stand am Morgen des 24. Juli 1908 in allen Zeitungen zu lesen und führte überall zu einem Freudentaumel. In einer Biographie Abdul Hamids II. heißt es [13]:

„Augenzeugen jenes Tages in Konstantinopel schildern die Szenen, zu denen es auf dem Platz vor der Hagia Sophia und auf der Galata-Brücke kam, als Griechen und Bulgaren, Kurden und Armenier einander brüderlich umarmten und jungtürkische Offiziere Ansprachen an die Menge hielten, erklärten, daß Juden, Christen und Moslems nun nicht mehr getrennt seien, sondern alle gemeinsam zum Ruhme der osmanischen Nation wirken würden. Mitgerissen von der anschwellenden Flut der Begeisterung steckten Softas und Mollahs (Mullahs) sich die weiß-rote Kokarde der Freiheit an. Selbst die Ladenbesitzer verließen ihre Geschäfte, ohne sie zu verriegeln, und schlossen sich der Menge an, die um die Hohe Pforte[14] wogte und Sultan und Verfassung hochleben ließ."

Dennoch war die Stimmung in Istanbul nicht die gleiche wie in Saloniki. In der Hauptstadt feierte man den Sultan, würdigte man seine weise, vernünftige Haltung als Tribut an die Gegebenheiten der Zeit. In Saloniki aber jubelte man den Offizieren des Komitees zu, sie waren die Helden der Revolution, und unter ihnen war es ganz besonders der elegante, fesche Enver Bei, der, von einem Artillerieregiment und einer Militärkapelle eskortiert, durch die Straßen fuhr und seinen Triumph genoß.

Trotzdem hatte Sultan Abdul Hamid II., der alte Fuchs, durch seine Entscheidung den „Jungtürken" (so nannte man die Aufständischen) den Wind aus den Segeln genommen. Die Zeit für seine Absetzung war noch immer nicht gekommen, schließlich war der Ruf „Padischahim tschok yascha" („Lang lebe unser Padischah!") nicht zu überhören. Das türkische Volk sah noch immer nicht, was es mit dem hamidischen System in Wahrheit auf sich hatte, und so mußte sich Enver Bei mit der Erkenntnis zufriedengeben, den Sultan zumindest in die Rolle eines konstitutionellen Monarchen gedrängt zu haben.

Der Gewaltstreich war also gelungen, und noch dazu ohne nennenswertes Blutvergießen. Widerstand hatte sich nicht gezeigt, die Macht des Sultans war gebrochen. Abdul Hamids Palast Yildis schien zu veröden, der Glanz seiner Hofhaltung war verschwunden. Der Sultan repräsentierte nur noch.

Die Leitung des Landes lag also vorläufig in den Händen des jüngtürkischen Komitees. Vor dem Umsturz etwa 300 Anhänger zählend, stieg die Zahl der Mitglieder ständig und erreichte rasch an die 100 000. Auch an Geldern fehlte es nicht: Der Sultan selbst überwies umgerechnet an die 15 Millionen Mark aus seiner Privatschatulle und erklärte sich zum Großmeister des Jungtürkischen Ordens. So war aus dem Bund der Verschwörer eine stattliche, ernst zu nehmende politische Partei geworden.

Mustafa Kemal stand noch immer im Hintergrund. Das Komitee hatte ihn zwar als tüchtigen Mitarbeiter eingeschätzt, andererseits aber als ungemütlichen Menschen registriert, der jeden kritisierte und niemandem gehorchte: ein eingebildeter, stets unzufriedener Einzelgänger, den niemand leiden konnte.

Die Absetzung Sultan Abdul Hamids II.

Achmed Risa Bei, der Mann aus Paris, hatte die Führung der Partei inne; er war zum zukünftigen Kammerpräsidenten ausersehen. Aus dem Ausland waren die Intellektuellen und die Emigranten zurückgekehrt, sie hatten die Staatstheorien des 19. Jahrhunderts eifrig studiert und waren nun bemüht, die rückständige Heimat dem Westen anzugleichen. Ehrliche Begeisterung und der Wille zu Fortschritt und Reform waren zweifellos vorhanden, doch bestand auch hier ein gewaltiger Unterschied zwischen Theorie und Praxis.

Die Türkei hatte eine ganze Menge Probleme vor sich. Österreich–Ungarn erklärte nämlich stillschweigend Bosnien und Herzegowina zu Provinzen seines Reiches. Bulgarien machte sich unabhängig und wurde zum Königreich (Fürst Ferdinand, bisher treuer Vasall des Sultans, wurde König). Griechenland eignete sich nunmehr endgültig Kreta an. Die Türkei, in Umwälzung begriffen, war aus eigener Kraft nicht in der Lage, diese Annexionen abzuwehren. Sie begnügte sich mit passivem Boykott österreichischen Handelns.

Mustafa Kemal geriet immer mehr in Gegensatz zur jungtürkischen Politik. Er sah das Werk gefährdet: Versuche, Einfluß auf den Lauf der Geschehnisse zu nehmen, waren gescheitert. Da er jedoch keine Macht besaß, etwas an der unerfreulichen Situation zu ändern, beschloß er, zunächst für eine Weile das Land zu verlassen. Seine Zeit war noch nicht gekommen.

Er meldete sich für eine Mission nach Tripolis, einer afrikanischen Provinz, an der neuerdings Italien interessiert schien. Sie lag zwischen dem von England verwalteten Ägypten und dem von Frankreich annektierten Tunis. Es schien demnach geboten, für den Erhalt dieses Gebietes Vorsorge zu treffen. Etwaige Reformen des Osmanenreiches sollten auch seinen Bewohnern zugute kommen.

Der Auftrag war nicht ungefährlich, denn die Bevölkerung war den Türken zu keiner Zeit gewogen gewesen. Es war den Menschen dort nie gutgegangen, und es verbitterte sie, zu sehen, wie die Türken ihr Land hatten verkümmern lassen. Ob Mustafa Kemal in Tripolis eine jungtürkische Bewegung gründen konnte oder nicht (dies steht nicht einwandfrei fest), er kehrte jedenfalls schon bald wieder nach Saloniki zurück – wo er erkennen mußte, daß sich die nationalen Spannungen verschärft hatten.

Im Frühjahr 1909 hatten sich nämlich religiöse Fanatiker zu einer Organisation zusammengeschlossen, die den Namen „Mohammedanische Bruderschaft" trug und die Verteidigung der Scheria gegen die Juden und Freimaurer aus Saloniki anstrebte.

Unter Scheria versteht man das kanonische Recht des Islam, kein einheitlich niedergeschriebenes Gesetzbuch, sondern eine lose Sammlung von religiösen und weltlichen Vorschriften, Überlieferungen, Regeln und Koransprüchen. Sie ist aber auch Ausdruck einer ganzen Weltanschauung, Niederschlag einer jahrhundertealten Denk- und Lebensweise – das geistige Rückgrat und somit eine gewisse Gewähr für die irdische und himmlische Ordnung.

Man kann mit der Scheria so ziemlich alles rechtfertigen, denn sie läßt sich vielfach auslegen; bezweifeln oder gar mißachten darf man sie nie. Das hieße „dem Mohammedaner Bindungen zu nehmen, die ihm Leben und Welt verknüpfen"[15].

Dem Komitee „Einheit und Fortschritt" schien diese Entwicklung zu entgehen. Da führende Köpfe offensichtlich nicht daran interessiert waren, selbst Verantwortung für die Regierung zu unternehmen, arbeiteten sie lieber auch weiterhin im geheimen, zwangen jedoch der amtierenden Regierung des öfteren ihren Willen auf.

Die Unruhe wuchs. Ein neues Schlagwort bildete sich: Nieder mit den Jungtürken, es lebe die Scheria! Meuterei unter den Soldaten in den Taksim-Kasernen in Istanbul brach aus, sie waren der Meinung, die Scheria werde nicht mehr respektiert. Die Anhänger des Komitees hielten sich verborgen, der Sultan unternahm nichts. Die Verwirrung wuchs, und so kündigte der arabische General Mahmud Schewket an, Truppen nach Istanbul marschieren zu lassen, „um Ruhe und Ordnung wiederherzustellen". In Wirklichkeit war die Absetzung des Sultans wohl schon fest geplant. Dem General unterstanden auch Enver und Mustafa Kemal.

Abdul Hamid II. wagte nicht, seine Furcht vor den anrückenden Truppen offen zu zeigen. Er gab vor, weiterhin für die Verfassung einzutreten. Doch der Marsch der Truppen, speziell unter Enver Bei, galt Yildis, galt dem Sultan. Die Zeit war reif, doch niemand wagte es, den Padischah zu informieren. Ja, selbst die Yacht, die in den letzten Tagen vor Dolmabachdsche gelegen war, war verschwunden. Wie die gesamte Flotte war auch ihre Besatzung zu den Revolutionären übergegangen.

Natürlich hatten die Aufrührer zuerst dem Scheich ul-Islam[16] eine schicksalsschwere Frage stellen müssen, und die hatte gelautet:

„Wenn ein Imam der Moslems sich öffentliche Gelder aneignet; wenn er, nachdem er ungerechterweise seine Untertanen töten, ins Gefängnis werfen oder in die Verbannung schicken ließ, das Gelöbnis ablegt, sich zu bessern, und dann eidbrüchig wird . . . wenn er unter dem eigenen Volk Bürgerkrieg und Blutvergießen auslöst; wenn bewiesen ist, daß das Land durch seine Entfernung wieder zur Ruhe kommen wird, und wenn diejenigen, die die Macht in Händen halten, der Ansicht sind, daß dieser Imam abdanken oder abgesetzt werden sollte, ist es dann Rechtens, einen dieser beiden Wege zu beschreiten?"[17]

In seinem weiß-goldenen Gewand und dem gelben Turban verkörperte der Scheich ul-Islam die höchste Würde der mohammedanischen Religion, aber er wußte auch, daß er ebenso wie der Sultan, den er absetzen sollte, in der Hand des Komitees war. Und so beantwortete er die Frage mit den Worten: „Ja, es ist Rechtens."

Die Entscheidung war gefallen, und so schickte die Nationalversammlung am Morgen des 27. April des Jahres 1909 eine Abordnung von vier Parlamentariern zum Sultan, um ihm diesen Beschluß zu überbringen. Über diese entscheidenen Minuten schrieb Joan Haslip in ihrer Sultansbiographie [18]:

„Sie fühlten sich eher unbehaglich als siegesgewiß, während sie im Empfangssaal warteten. Dreißig Eunuchen zogen zur Wache auf; ihre angsterfüllten Gesichter waren in den Spiegeln zu sehen, die in allen Ecken des Raums standen, so daß man von jedem beliebigen Platz aus überschauen konnte, wer zur Tür hereinkam oder hinausging. Der Sultan ließ sich nicht blicken, aber seine Gegenwart erfüllte den Raum. Auf dem Tisch stand eine Medizinflasche, hinter dem Ofen standen seine Überschuhe. Es konnte sein, daß er sich hinter dem großen Wandschirm in der Ecke verbarg und sie beobachtete, und diese Vorstellung war nicht eben erquicklich, denn seine Majestät trug bekanntlich stets einen Revolver bei sich und war ein unfehlbarer Schütze. Keiner sprach ein Wort. Nebenan plapperte ein Papagei ohne Unterlaß arabische Worte, eine Kuckucksuhr tickte eintönig, und die Minuten schienen sich zu Stunden zu dehnen.

Dann öffnete sich plötzlich die Tür, und leise, fast unmerklich trat Abdul Hamid ein, begleitet von seinem siebzehnjährigen Sohn Abdur Rahmin. Von den vier Abgeordneten hatte nur einer den Sultan einmal aus der Nähe gesehen. Er war sogar noch kleiner, als sie ihn sich vorgestellt hatten, und der Mantel, der ihm von den Schultern hing, betonte noch seine fast skelettartige Magerkeit. Abdul Hamid wartete, bis die zeremonielle Begrüßung vorüber war, ehe er mit einer überraschend tiefen Stimme die vier Männer fragte: ‚Was wünschen Sie? Was ist geschehen?'"

Der Wortführer, ein General, eröffnete dem Sultan, daß ihn die Nation durch Übereinstimmung mit einem Fetwa[19] des Scheich ul-Islam abgesetzt habe.

„Das ist Kismet", soll der Sultan gesagt haben, ansonsten sich verhältnismäßig rasch in sein Los gefügt haben. Er wurde nach Saloniki verbannt, ausgerechnet in die Stadt, die ihm zum Verderben geworden war. Abdul Hamid II. wurde eine große und luxuriöse Villa zugewiesen, wo er noch neun weitere Jahre lebte – kummervoll die Prüfungen seines Landes mitansehend. Mehmed V., der eigentlich Reschid hieß, wurde neuer Sultan.

Das Ende des Komitees

Drei Männer waren jetzt für das Osmanische Reich verantwortlich: Sie hießen Enver Bei, Talaat und Dschemal (Djemel). Man hätte meinen sollen, daß die Türkei jetzt am Ende ihres langen Weges angekommen war, und dennoch hatte die Revolution noch keine endgültige Besserung gebracht. Mustafa Kemal verachtete in seinem Inneren die neuen Führer der Türkei, nach seiner Meinung waren sie nicht qualifiziert genug zu herrschen.

Er gehörte dem Generalstab an und konnte es sich leisten, in aller Öffentlichkeit seine Meinung zu äußern. Und das tat er – mehr als genug. Er schimpfte über die habgierigen Großmächte, über die vielen ausländischen Diplomaten, die in Istanbul tätig waren, über die miserablen Finanzen und die schlampige Verwaltung, und er kritisierte vor allem das soziale Elend, das in der Türkei herrschte.

Langsam begann man auf ihn aufmerksam zu werden. Daß er tüchtig war, hatte er schon mehrfach bewiesen. Daß er reden konnte, wußte man gleichfalls. Ob er recht hatte? Viele Offiziere in Mustafas Garnison waren unzufrieden, das Militär wartete auf neuerliche Unruhen. Man begann zu Mustafa aufzublicken, sich ihm anzuschließen. Der Zulauf animierte ihn gewaltig, seine Entschlossenheit und Energie hatten sich verstärkt. Er war aktiver denn je und wurde schließlich zu einer respektierten Persönlichkeit.

Auch Mahmud Schewket Pascha, der siegreiche General – jetzt Kriegsminister in Istanbul – erfuhr davon. Er kannte Mustafa genau und wußte, daß Saloniki ein gefährliches Pflaster war. Also gab er ihm kurz entschlossen das Kommando über das 38. Infanterieregiment in Saloniki und hoffte, ihn damit geködert zu haben.

Doch der Kreis der Offiziere, die sich um Mustafa Kemal scharten, wurde immer größer. Die Zusammenkünfte hinter verschlossenen Türen wurden immer häufiger. Und Mustafa hatte eine neue Losung entwickelt; sie hieß: „Die Türkei den Türken!" und wurde rasch ungeheuer populär.

Als die Regierung darauf aufmerksam wurde, forderte insbesondere das „Komitee" seine Bestrafung. Wichtigster Mann war um diese Zeit Talaat Bei, ein sehr selbstbewußter Politiker von wahrhaft riesigem Körperbau[20]. Enver Bei war ein junger Haudegen, dynamisch, diszipliniert und außerordentlich ehrgeizig. Dschemal Bei dagegen, jetzt Militärgouverneur und Marineminister, war eine Spielernatur, trinkfest, ungezügelt, und neigte zur Grausamkeit.

Mahmud Schewket Pascha ließ also Mustafa Kemal zu sich rufen, beschuldigte ihn der Meuterei und mußte schließlich feststellen, daß seine Kenntnisse nicht ausreichten, um ihn einsperren zu können – die Beweise fehlten. So nahm er ihm das Kommando über sein Regiment und steckte ihn ins Kriegsministerium, wo es wieder etwas ruhiger um ihn wurde. Er begann zu trinken, viel und hemmungslos, wie um sich zu betäuben.

Um diese Zeit – im Oktober 1911 – besetzte Italien, ohne vorherige Ankügung, die Stadt Tripolis und einen Teil der Küste. Die bisherige Vorsicht der Türkei war also begründet gewesen. Nun war die Türkei von Nordafrika fast völlig abgeschnitten, nur die lange Landroute über Syrien und Ägypten stand zur Verfügung – denn die Italiener beherrschten das Meer (sie hatten die Dardanellen gesperrt). Die türkische Flotte war nur noch ein Schatten von einst: Sie bestand aus zwei (!) Schlachtschiffen und einigen Kreuzern. Verrostete Kessel, unvollständige Mannschaften, im Schlamm des Goldenen Horns steckende Schiffe – es war ein Bild des Jammers. Wenn es Offiziere gab, die freiwillig an die Front wollten, um die Waffenehre des Vaterlandes zu wahren, mußten sie selbst sehen, wie sie es schafften, dorthin zu kommen. Und solche Leute gab es: Fast jeder junge Offizier wollte mit. Enver war sofort aufgebrochen. Mustafas Freund Fethi, damals Militärattaché in Paris, war nach Tunis gegangen, und auch Mustafa Kemal beschloß, für die Türkei zu kämpfen. Er wählte mit zwei Freunden den Landweg – durch Kleinasien, über Syrien und Palästina südwärts. Sie benutzten die Eisenbahn und legten den übrigen Teil der Strecke zu Pferd oder im Wagen zurück.

In Alexandria angekommen, mußten sie erfahren, daß England Ägypten für neutral erklärt und die Grenze gesperrt hatte. Obwohl er nur sehr wenig Arabisch konnte, ging Mustafa Kemal das Wagnis ein, sich als Araber zu verkleiden, und reiste per Eisenbahn nach Westen. Prompt wurde er an der Grenze kontrolliert. Da er mit seinen blauen Augen und seinem blonden Haar viel eher wie ein Deutscher aussah, keinesfalls aber wie ein Araber, hätte der Grenzer Verdacht schöpfen müssen. Wie durch ein Wunder ließ er ihn jedoch unbehelligt weiterziehen. Zeitgenössische Berichterstatter wollen wissen, daß der Kontrollbeamte Ägypter und damit ein Mohammedaner gewesen war, der die Engländer, Italiener und alle Christen haßte, dessen ganze Sympathie aber den Türken gehörte. Er hatte Mustafa Kemal, dessen Beschreibung ihm vorgelegen haben dürfte, zweifellos erkannt.

Mustafa Kemal reiste zum türkischen Hauptquartier, das in Ain-al-Mansur lag, etwa 20 Kilometer hinter dem Hafen Derna im Landesinneren. Dort empfing man ihn freudestrahlend, denn es fehlten Offiziere, und von ihm wußte man, daß er überdies Land und Leute von früheren Inspektionsreisen her kannte. Man beförderte ihn zum Major und erteilte ihm das Kommando über den Abschnitt von Derna. Hauptquartier Mustafas war Ain-al-Mansur und dort befand sich auch Enver, der den Oberbefehl hatte.

Mustafa und Enver verstanden es, die arabischen Stämme und die wilden Beduinen für ihre Sache zu begeistern. Sie führten einen heldenhaften Kampf gegen die italienische Übermacht. Enver Bei liebte es dabei zu residieren. Er bewohnte ein prächtiges Zelt, veranstaltete pompöse Empfänge, unterhielt sich mit Scheichs und Stammeshäuptlingen und setzte sich für eine reibungslose Lebensmittelversorgung ein. Er sandte optimistische und unwahre Berichte nach Istanbul, um die Regierung zur Fortsetzung dieses sinnlosen Krieges zu bewegen.

Dies dürfte der Grund gewesen sein, daß es erstmals zu ernsthaften Spannungen zwischen den beiden Männern kam. Mustafa Kemal widerstrebte die großspurige Art Envers, es kam immer öfter zu heftigen Szenen, und schließlich mag auch Enver begonnen haben, den lästigen Kritiker und ewigen Mahner zu hassen.

Zu einem offenen Konflikt kam es freilich noch nicht, obwohl Mustafa mit seinen beständigen Warnungen recht behalten sollte. Die Türken und Beduinen hatten auf die Dauer nämlich keine Chance – sie unterlagen auf der ganzen Linie.

Für Mustafa war es klar, daß mit Italien Frieden geschlossen werden mußte – und zwar um jeden Preis. Über Ägypten, Italien, Österreich und Rumänien strebte er erneut der Heimat zu. Unterwegs mußte er von furchtbaren Niederlagen der türkischen Heere lesen; es wurde ihm klar, daß dies der völlige Zusammenbruch war.

Die Offiziere hatten sich wieder einmal zusammengeschlossen, diesmal in einer patriotischen Liga, die sie „Halaskaran" nannten, das heißt „Retter des Vaterlandes". Es ging ihnen darum, die Sieger der Revolution, nämlich das Komitee für „Einheit und Fortschritt" und Mahmud Schewket Pascha, zu stürzen. Während es in Makedonien zu einer öffentlichen Revolte kam, gelang es –

ähnlich wie im Juli 1908 – den Leuten von „Halaskaran", die Macht des Komitees zu brechen; die unionistische Regierung wurde beseitigt, und Mahmud Schewket mußte zurücktreten. Die Kammer wurde aufgelöst; ein „Kabinett der Greise" übernahm das Regime (es handelte sich dabei um ehemalige Großwesire Abdul Hamids).

Zwar hatte die Türkei am 18. Oktober 1912 in Ouchy, einem Vorort von Lausanne, mit Italien Frieden geschlossen – und zwar unter den seit drei Monaten angebotenen Bedingungen ohne jede Einschränkung –, doch nun hatte Montenegro der Türkei den Krieg erklärt. Sämtliche christlichen Balkanstaaten hatten sich zum ersten und einzigen Male in ihrer Geschichte vereinigt (Balkan-Viererbund) und die Türkei angegriffen. Unerwartet schnell stand der Feind vor den Toren Istanbuls.

Die türkischen Armeen, an allen Fronten unterlegen, hatten sich aufgelöst, das Komitee existierte nicht mehr. Serben, Griechen und Bulgaren waren auf dem Vormarsch, in der Hauptstadt war die Cholera ausgebrochen.

Überall Hungernde, Verstümmelte, Verletzte – die Hölle war entfesselt. Rings um Istanbul gab es ein Gewirr von Flüchtlingslagern, die Lebensmittelversorgung war zusammengebrochen, und noch immer stritten sich die Politiker um die Macht.

Unter den vielen Flüchtlingen befanden sich auch Mutter und Schwester Mustafa Kemals, die dieser nach langem Suchen in einem Flüchtlingslager fand und in Istanbul in Sicherheit bringen konnte.

Er ging anschließend nach der Halbinsel Gallipoli (Kallipolis) als Stabschef einer Division, welche die Festungslinie vor Bulair, quer über die schmalste Stelle der Halbinsel, zu verteidigen hatte. Die angreifenden Bulgaren konnten abgewehrt werden.

Dennoch hatten die Türken Glück: Rußland und England besannen sich plötzlich, man lenkte ein, und schließlich gaben auch Serben und Griechen nach. Waffenruhe wurde vermittelt, und weitere Verhandlungen sollten den Frieden wiederherstellen. Die Türkei mußte dafür fast den gesamten Balkanbesitz abtreten.

Wieder kam es zu einem Staatsstreich: Der neue Kriegsminister Nasim Pascha wurde während eines fingierten Tumultes, als Enver Bei mit etwa 200 Anhängern den Vorsaal der Hohen Pforte besetzt hatte, erschossen und Mahmud Schewket Pascha zurückgeholt. Freilich war Enver jetzt der große Mann: Er zog die Fäden, denn er hatte die Leitung des Kriegsministeriums übernommen.

Auf dem Abstellgleis in Sofia

Es dauerte nicht lange, da wurde Mahmud Schewket Pascha ermordet, die Attentäter sprachen von Vergeltung für den Tod Nasim Paschas. Verantwortlich für den Anschlag waren liberale Oppositionsanhänger, dennoch ergab sich im politischen Kurs keine Änderung.

Dschemal, der Militärgouverneur, machte im Auftrag von Enver und Talaat kurzen Prozeß. Die lästigen Widersacher der Unionisten wurden verhaftet. Nur Damad Ferid Pascha und den Prinzen Sebaheddin, einen ewig vom Mißgeschick Verfolgten, ließ man offensichtlich mit Absicht entwischen.

Alle anderen, die nicht so gefährlich waren, wurden in die Verbannung geschickt; 13 Ausgewählte jedoch traf die Verurteilung zum Tod. Die ausgefertigten Urteile wurden dem Sultan zur Unterschrift vorgelegt, der bei zwölfen nicht zögerte, beim dreizehnten aber erblaßte – denn es handelte sich um Damad Salih Pascha, seinen Schwiegersohn. Sein Flehen um Gnade für den Mann seiner Tochter nutzte nichts. Die Unionisten hatten beschlossen, an seinem Beispiel deutlich zu machen, daß selbst Verwandtschaft mit dem Haus des Sultans nicht vor Rache schützen konnte. Talaat war es, der Mehmed V., dem vorletzten Sultan aus der Dynastie der Osmanen, die Unterschrift abtrotzte. Am nächsten Morgen zeigte der am Galgen hängende Schwiegersohn mit grauenhafter Eindringlichkeit, daß der Sultan zum lächerlichen Popanz geworden war.

Das brutale Vorgehen hatte aber auch eine positive Folge: Bürgerkrieg und Parteikämpfe hörten auf. Endlich herrschte Ruhe im Land, denn die Opposition hatte klein beigegeben.

Inzwischen wollten sich die Balkanländer, eben noch einig, mit der Gebietsverteilung – die durch die Großmächte beschlossen worden war – nicht zufriedengeben. Serbien sah sich um seine Hoffnung, den Zugang zum Meer zu erhalten, betrogen; denn nach den Vorstellungen der „Großen“ sollte Albanien selbständig werden. Griechenland, neben Rußland und Bulgarien an Istanbul interessiert, glaubte sich zugunsten Bulgariens benachteiligt. Und so kam es bereits wenige Monate nach dem Londoner Friedensschluß erneut zu einer Krise. Serbien und Griechenland fielen gemeinsam über Bulgarien her. Auch Rumänien ließ seine Truppen gegen Sofia vorrücken, da es an der südlichen Dobrudscha zwischen Donau und Schwarzem Meer interessiert war.

Auch die Türkei machte sich diesen Streit der Christen zunutze. Sie ließ – ohne Kriegserklärung – alle Truppen vormarschieren, in Richtung Adrianopel. Die wenigen bulgarischen Soldaten wurden mit Leichtigkeit vertrieben.

Und wieder, wie schon mehrfach zuvor, rückten Mustafa Kemal und Enver, dieser als Oberstleutnant, jener als Major, gemeinsam ins Feld. Wenige Tagesmärsche vor Adrianopel bat Enver das Oberkommando, sich der vorausrückenden Kavalleriebrigade anschließen zu dürfen. Diese ritt in Eilmärschen weiter, überrannte den bulgarischen Widerstand und eroberte die Stadt. So hatte die Türkei wieder in Europa Fuß gefaßt.

Anstelle von Bulgarien erhielt Griechenland den Hauptanteil von Makedonien und damit auch Saloniki, die Heimatstadt Mustafa Kemals. Serbien aber blieb erneut ohne Zugang zum Meer.

Kurze Zeit darauf weilte Mustafa Kemal wieder in Istanbul, wo er diesmal mit Mutter und Schwester zusammenwohnte. Subeide war beinahe völlig erblindet. Doch ihr Stolz auf den tüchtigen Sohn, der nach der Einnahme von Adrianopel zum Oberstleutnant befördert wurde, war grenzenlos.

Mustafa Kemal, der sich auch weiterhin bei Enver und dessen Mitarbeitern unbeliebt machte, wurde wieder einmal „abgeschoben“. Man schickte ihn nach Sofia – als Militärattaché. Auslösendes Ereignis war seine heftige Kritik an der Gegenwart deutscher Truppen in der Türkei.

Natürlich war Mustafa Kemal klar, daß man ihn aufs Abstellgleis befördert hatte. Er war verletzt und zutiefst enttäuscht, denn wieder einmal war er vom Leben in der Hauptstadt völlig isoliert.

Der Posten füllte ihn zudem nicht richtig aus. Mustafa Kemal freundete sich mit dem Kommandanten des bulgarischen Generalstabs an, er hieß Kitscheff, nahm an Festlichkeiten und Manövern teil und berichtete seinem Freund Fethi – der gleichfalls als Gesandter in Sofia lebte – von seinen Eindrücken.

Mustafa Kemal war kein Mensch für das „dolce far niente". Andererseits bot ihm die neue Stellung Vorteile, die einer früheren Neigung entgegenkamen: dem Amüsement mit dem „schwachen" Geschlecht.

Er nahm Tanzunterricht und verschaffte sich Zutritt zur High-Society von Sofia. Er verkehrte in den Salons und versuchte ein Gesellschaftslöwe zu werden. Doch die Damen von Sofia fanden ihn linkisch und ungehobelt. Türken waren in Sofia unbeliebt, und bei Mustafa Kemal kam dazu, daß er weder hübsch noch anziehend war. Auch seine Manieren waren nicht die feinsten. Er war kein Plauderer, kein Charmeur und schon gar kein Galan. Bald begann sich die Damenwelt mit ihm zu langweilen, sich über ihn lustig zu machen, ihn zu vergessen. Überdies kam ihm zu Ohren, daß der Vater eines Mädchens, das er gelegentlich begleitete, geäußert hatte, er würde lieber jeden Türken töten, als ihm seine Tochter zur Frau zu geben.

Das verdroß und verletzte ihn. Ohnehin ein Einzelgänger, begann er jetzt mit einem Mal die Frauen der Gesellschaft zu hassen, diese feinen Damen mit den höflichen Manieren und ihrem leeren Geplapper, die zu einer großen Liebe nicht fähig waren und doch seine Leidenschaft anstachelten, die ihn verhöhnten, statt ihn zu bewundern. Er begann, sich mit den gefälligeren Damen zu beschäftigen. Für solche Mädchen hatte er zeitlebens eine Schwäche. Wie es schien, konnte er sich nur in ihrer Gesellschaft seinen Stimmungen hingeben oder über all seine Enttäuschungen grübeln, die sich jahrelang in ihm aufgestaut und ihn verbittert hatten.

Als er schließlich auch noch schwer erkrankte, wohl vor allem aufgrund seines liederlichen Lebenswandels, sehnte er sich danach, zum aktiven Dienst zurückkehren zu dürfen.

Der Retter der Dardanellen

Entschlossen, auch ohne Weisung aus Sofia abzureisen und nach Istanbul zurückzukehren, erhielt Mustafa Kemal überraschend seine Abberufung und Ernennung zum Kommandeur der 19. türkischen Division auf Gallipoli, wo General Liman von Sanders, ein Deutscher, den Oberbefehl führte.

Die langgezogene schmale Halbinsel zur Seite der Dardanellen war zum Brennpunkt kriegerischer Ereignisse geworden. Nachdem die Alliierten vergeblich und unter schweren Verlusten versucht hatten, die Durchfahrt durch die Dardanellen mit ihren Kriegsschiffen zu erzwingen, trafen sie umfassende Vorbereitungen, um sich auf dem Landweg die Meerengen zu öffnen und nach Istanbul vorzudringen. Gelang nämlich die Einnahme von Istanbul, so wären mit einem Mal drei große Ziele verwirklicht worden: gewaltsamer Friede mit der Türkei, direkte Verbindung mit Rußland und Umfassung Mitteleuropas auch im Südosten.

Sanders merkte sehr schnell, daß Mustafa Kemal ganz außergewöhnliche Eigenschaften und Fähigkeiten besaß. Daß er schwer zu behandeln war, brüsk seine Meinung äußerte und auf niemanden Rücksicht nahm, störte ihn nicht sonderlich. Für ihn zählte die Erkenntnis, daß der Türke sein Handwerk verstand.

Sanders bewunderte den klaren Verstand und die Sicherheit in den Entschlüssen Mustafa Kemals. Er merkte, daß er seine Ansichten stets nur auf festbegründete Tatsachen stützte. Trotzdem kam es verhältnismäßig oft zu Auseinandersetzungen zwischen den beiden Männern, obwohl Sanders sich bemühte, Verständnis für Mustafa Kemal aufzubringen. Fest steht aber auch, daß der Türke Respekt vor Sanders hatte, daß er den Deutschen als mutigen und tüchtigen Militaristen einstufte.

Sanders' Problem war schwierig: Die Engländer standen im Begriff, anzugreifen. Etwa 80 000 Mann standen in Ägypten, und eine große Flotte wartete auf den Einsatz. Die Küstenlinie der Halbinsel Gallipoli ist etwa 80 Kilometer lang, das Gelände bergig, und einzelne Bergkuppen beherrschen gar die ganze Stellung. Die Engländer konnten mit ihrer Flotte ihre 80 000 Mann an jeder beliebigen Stelle der langen Küste landen, eine der Bergkuppen stürmen, den Gegner verjagen und den Weg nach Istanbul öffnen.

Sanders standen 60000 Mann zur Verfügung, die er in drei Gruppen zu je 20000 über die gesamte Halbinsel verteilte. Nun blieb ihm nichts übrig, als abzuwarten, wann und wo die Engländer erscheinen würden.

Die angegriffene Gruppe würde sich dann ein paar Tage lang gegen die Übermacht halten müssen, bis Verstärkung ankam.

Um diese Zeit hatte sich Enver Bei in den Kaukasus begeben, um eine Armee gegen die Russen zu führen – die von dort her in die Türkei einfallen wollten. Nach errungenem Sieg wollte er über Afghanistan nach Indien vorrücken, um den Feind in Front und Rücken zugleich zu fassen. Aber aus den kühnen Plänen sollte nichts werden. Die Kolonnen blieben im unwegsamen, tiefverschneiten Gebirge stecken, und der russische Feldzug Envers endete – ähnlich wie der Napoleons von 1812 – mit einer totalen Niederlage. Er kostete die Türkei eine ganze Armee: von 90000 Mann kamen nicht einmal 12000 zurück; alle anderen waren gefallen, gefangen, verhungert oder erfroren. Unter dem kümmerlichen Rest brach Flecktyphus aus, und so wurde auch von ihnen noch der größte Teil dahingerafft.

Dennoch verstand Enver es, sich ins rechte Licht zu setzen. Zurückgekehrt und von Sanders informiert, wie es um Gallipoli stand, erteilte er unverzüglich Befehl, Mustafa Kemal – den alten Rivalen – sofort abzusetzen. Sanders bedauerte diese Entscheidung offen und gab Mustafa Kemal ein Reservekommando. Zugleich befahl er ihm, mit dem Einsatz seiner Truppen vorsichtig zu sein, bis sich klar herausgestellt hatte, in welche Richtung der englische Angriff gerichtet war. Mustafa Kemal hat es sicher mit Freude registriert, daß Sanders ihn schätzte, daß er ihm vertraute. Das änderte sein Verhalten von Grund auf: Fortan hörte er auf zu murren, entfaltete noch mehr Arbeitseifer und Energie und drillte die ihm unterstehende Division zu einer erstklassigen Truppe. Überdies erkundete und studierte er das Gelände und bereitete sich auf den Ernstfall vor.

Am 18. März 1915 verpflichteten sich Großbritannien und Frankreich in geheimem Notenwechsel, Rußland – falls es über die Türkei siegte – Istanbul und die Meerengen zu überlassen. Dafür erkannte die russische Regierung die „besonderen" Rechte Großbritanniens und Frankreichs auf den asiatischen Teil der Türkei an. Die alliierte Flotte fuhr am 18. März 1915 mit 16 Großkampfschiffen in die Dardanellen ein, um den Durchbruch zu erzwingen. Der Angriff konnte jedoch abgeschlagen werden: Die britisch-französische Flotte verlor durch die Küstenbatterien, U-Boot-Torpedos und Minen vier Schlachtschiffe, mehrere andere wurden schwer beschädigt. Nun schien es, als ob die Alliierten den Weg nach dem Bosporus durch eine Landung auf der Halbinsel Gallipoli freimachen wollten. Der deutsche General Liman von Sanders ging daran, sich intensiv auf die Abwehr vorzubereiten, und auch Mustafa Kemal, dessen 19. Division als Reserve bei Maydos stand, hielt seine Regimeter durch ständige Märsche und Übungen in Bewegung.

Am 25. April 1915, an einem Sonntag, griffen die Engländer an, und zwar von drei Seiten: im Norden, in der Mitte und im Süden. Dieser Angriff sollte das Leben Mustafa Kemals entscheidend verändern, denn er wurde durch seinen Mut und durch sein glänzendes militärisches Geschick zum Helden des größten türkischen Sieges in diesem Krieg. Er verhinderte den englischen Plan, die Herrschaft über die Einfahrt in den Bosporus zu erlangen. Und obwohl dieser Sieg zeitweise unmittelbar in Reichweite der alliierten Truppen lag, die inzwischen an den Küsten der Halbinsel gelandet waren, so schlugen sämtliche Angriffe fehl. Mustafa Kemal, zäh wie kein anderer, verstand es, seinen Truppen das letzte abzuverlangen. Widerstandskraft zu wecken und Panik zu vermeiden.

Besonders zwei Siege waren es, die die Engländer schließlich dazu bringen sollten, die Halbinsel zu verlassen – und das, obwohl die türkischen Verluste noch weit schwerer waren: die von Ariburnu und Anafarta. Aber er hatte sein Bestes gegeben. Seine Operationspläne gingen stets auf, das Glück war auf seiner Seite.

Einen der entscheidenen Augenblicke schildert Mustafa Kemal selbst so: „Ich rief ihnen (meinen Leuten) entgegen: ‚Warum flieht ihr?' Sie antworteten mir: ‚Der Feind!' – ‚Wo?' – ‚Dort', und sie zeigten auf die Höhe 261. Tatsächlich! Die Engländer näherten sich in Schützenlinien der Höhe 261. Sie gingen völlig ungehindert vor. Man stelle sich die Situation vor! . . . Der Feind war mir schon näher als ich meinen Truppen. Wenn er weiter vordrang, mußten meine Truppen in eine kritische Situation geraten. Ich weiß nicht mehr, war es das Ergebnis einer logischen Überlegung oder ein natürlicher Impuls: Ich schrie die Flüchtenden an: ,Man flieht nicht vor dem Feind!' – ,Wir haben keine Munition mehr!' – ,Wenn ihr keine Munition habt, so habt ihr doch eure Bajonette!' Ich befahl ihnen, die Bajonette aufzupflanzen. Dann rief ich den Soldaten zu: ,Hinlegen!' und schickte den Ordonnanzoffizier nach hinten, um das nachfolgende Infanterieregiment und die Batterie Gebirgsartillerie auf dem schnellsten Weg nach Conkbayiri zu dirigieren. Als meine Soldaten sich hinwarfen, legten sich auch die feindlichen Truppen hin. Das war der Augenblick, der uns das Gefecht gewinnen ließ ... der Feind zögerte eine Weile. Währenddessen erreichte das 57. Regiment Conkbayiri."[21]

Unter dem von ihm eingeleiteten Gegenangriff konnte der Feind zurückgedrängt werden. Ständig neu landende britische Truppen ließen die Front schließlich im Grabenkrieg erstarren. Als die türkischen Truppen nach erneuten heftigen Angriffen im August 1915 schließlich zu wanken begannen, riß Mustafa Kemal die Leitung aller Operationen an sich und wurde mit Einverständnis Liman von Sanders' in der Nacht vom 8. zum 9. August 1915 zum Befehlshaber der „Gruppe Anafarta" ernannt. Sie bestand aus rund drei Divisionen. Den ersten Gegenangriff leitete er mit folgenden Worten ein: „Soldaten! Ich werde vorangehen, und wenn ich meine Reitpeitsche hochhebe und das Zeichen gebe, wollen wir uns alle zusammen auf den Feind werfen![22] Tatsächlich ging er etwa 15 Schritte auf die feindlichen Stellungen zu, gab das Zeichen und riß mit seinem Beispiel die Truppen mit. Sie stürmten die Gräben und drängten den Feind auf seine Ausgangsstellung zurück. Obwohl Kemal dabei an der rechten Brustseite getroffen wurde (seine Uhr hielt den Schrapnellsplitter ab), setzte er sich mit bewunderswertem Einsatz an die Spitze und bewährte sich als hervorragender Heerführer.

Ende August gaben die Engländer alle weiteren Angriffe auf, und im Dezember räumten sie bei Nacht und Nebel ihre Brückenköpfe auf der Halbinsel Gallipoli. Das „Unternehmen Dardanellen" der Entente war gescheitert, freilich hatte die türkische Armee etwa 250000 Mann Tote und Verwundete zu beklagen.

Die Armeen wurden auf die erforderliche Minimalstärke reduziert, Mustafa Kemal wurde in Istanbul als „Retter der Dardanellen“ gefeiert. Doch wieder einmal erntete er bei Enver, der sich inzwischen – mit Hilfe der Deutschen – zum Diktator gemacht hatte, keinen Dank. Im Gegenteil, er fiel ihm wieder einmal auf die Nerven, und so ließ Enver Mustafa Kemal zum zweiten Armeekorps versetzen, deren Hauptquartier in Diarbekir im Kaukasus lag.

Eine Reise mit dem Sultan

Mustafa Kemal traf die türkischen Truppen in völlig aufgelöstem Zustand an. Sie verfügten über nur wenig Munition, keine Gewehre, keine Geschütze. Sie gingen in Lumpen. Nachschub und Sanitätsdienst waren zusammengebrochen, die vernachlässigten Leute starben an Ruhr, Typhus und Hunger.

Mustafas Haß gegen Enver steigerte sich ins Grenzenlose. Für ihn war einzig dessen Unfähigkeit und persönliche Eitelkeit schuld. Man geht wohl nicht fehl in der Annahme, daß er Enver zum Teufel wünschte, weil er ihm diese undankbare Aufgabe übertragen hatte, doch wieder setzte er sich mit allen Kräften ein.

Er schuf Ordnung, und dies, obwohl er auf sich allein angewiesen war: In Istanbul ignorierte man sämtliche Bitten, Ersuchen und Telegramme Mustafa Kemals. Er ging gegen Lieferanten und diebische Offiziere rücksichtslos vor; skrupellose Geschäftemacher, die versuchen wollten, ihn zu bestechen, ließ er aufhängen. Jeder, der beim Stehlen ertappt wurde, bekam die Bastonade. Faule und unfähige Leute jagte er davon, formierte das Regiment neu, reorganisierte das Sanitätswesen und den Nachschub und bemühte sich unablässig, die Truppe für die gemeinsame Sache zu begeistern.

Wieder hatte er Glück, großes Glück sogar. Im Ernstfall hätte er wohl keine Chance gehabt, die Russen auf einem Vormarsch aufzuhalten. Nun aber wendete sich das Blatt, denn in Rußland nahte die Revolution heran. Ihr heimliches Wirken zersetzte bereits die russischen Armeen, und so ließ die Disziplin der Truppen nach. Im Frühling und Sommer des Jahres 1917 lösten sich die russischen Heere nach und nach auf. Mustafa Kemal rückte sofort nach, wenn er auch nur langsam vorankam.

Schließlich war die Gefahr beseitigt. Da bereiteten die Engländer von Syrien her eine neuerliche Offensive vor, und Mustafa Kemal wurde erneut versetzt, diesmal nach Syrien. Zwischenzeitlich war er – wohl zum Trost – zum Generalmajor befördert worden und hatte den Titel „Pascha" erhalten (1916). Er wurde Kommandant der 7. Armee. Das deutsche Oberkommando hatte jedoch auf Envers dringende Bitten hin General von Falkenhayn geschickt, der eine neue Truppe schaffen sollte, die man später Yildirim, das heißt „Blitz" oder „Wetterstrahl", nannte. Sie sollte ihr Hauptquartier in Aleppo haben und durch eine große Anzahl deutscher Offiziere und Mannschaften verstärkt werden. Mit Falkenhayn verstand sich Mustafa Kemal überhaupt nicht.

Da es auch wieder zu Auseinandersetzungen mit Enver kam, legte er sein Kommando nieder und wurde schließlich auf „Krankenurlaub" geschickt.

Aus finanzieller Not beschloß er, wieder nach Istanbul zu gehen. Dort wohnte er zunächst bei Mutter und Schwester in Beschiktasch (Beşiktaş), einem hügeligen Vorort hinter der Stadt, fand aber das Familienleben rasch unerträglich und mietete sich im Pera-Palace-Hotel ein. Hier hatte er Aussicht auf Stambul und das Goldene Horn, hauste allein, mürrisch und unzufrieden. Da er fortfuhr, Enver Bei und die deutsche Vormundschaft zu kritisieren, begannen sich erneut zahlreiche Gesinnungsgenossen um ihn zu scharen, und Enver beschloß, ihn wieder einmal mit List aus der Hauptstadt zu entfernen.

Für das Frühjahr 1918 war ein Staatsbesuch des türkischen Kronprinzen Wahid al-Din (auch: Wahid ed-Din), des späteren Mehmed VI., vorgesehen – in Deutschland. Und Enver teilte Mustafa Kemal dem Gefolge des Kronprinzen zu, der schließlich diese Ernennung akzeptierte, weil er nicht länger im Abseits stehen wollte.

Zwei Tage vor der Abreise wurde er dem Kronprinzen im Palast vorgestellt. Wartend saß er in einem mit orientalischen Wandteppichen geschmückten Raum auf einem unbequemen geradlehnigen Stuhl, während die befrackten Palastbeamten flüsternd umherstanden.

Wahid al-Din kam herein: eine klapprige, schmächtige Gestalt mit langem Hals und schlaffen Zügen, in einem schlecht sitzenden Straßenanzug. Er setzte sich auf ein Brokatsofa, machte einige geistlose Bemerkungen, schloß die Augen und schien einzuschlafen. Mustafa Kemal kam – wie er in seinen Erinnerungen berichtete – zu der Überzeugung, der Mann sei nicht ganz bei Verstand.

Auf dem Bahnhof erschien der Prinz in Zivilkleidung und schlurfte an der Ehrenwache vorbei, nach orientalischer Sitte beide Hände zum Gruß an die Stirn drückend. Mustafa Kemal, in seinen militärischen Anschauungen tief verletzt, beschwerte sich bei dem Zeremonienmeister und erhielt zur Antwort, die Sache gehe ihn gar nichts an.

Während er den Prinzen beobachtete, der mit leerer Miene und stupidem Blick am Fenster des abfahrenden Zuges stand und in müder Haltung die Hochrufe der Menge entgegennahm, bereute er, so dumm gewesen zu sein, sich an dieser Reise zu beteiligen. Verletzt in seinem Nationalstolz, schämte er sich schließlich, die Türkei in Europa durch einen derartigen Schwachkopf repräsentiert zu sehen.

Der Zug hatte jedoch kaum die türkische Grenze überschritten, da schickte der Kronprinz nach ihm, um ihn zu sprechen. Als er Wahid al-Din gegenüberstand, erkannte er ihn nicht wieder: Anstelle eines zittrigen alten Tölpels sah er einen lebhaften Mann, der ihn mit schlauen Blicken musterte. Mustafa Kemal merkte rasch, daß der Prinz eine Maske trug – mit der festen Absicht, seine Umgebung zu täuschen, um Sultan zu werden. Und dies wurde er am sichersten dann, wenn er als unfähig galt.

Wahid begrüßte Mustafa herzlich, entschuldigte sich gar für sein Benehmen in Istanbul, gratulierte ihm zu seinen militärischen Erfolgen und überschüttete ihn mit Schmeicheleien und Freundlichkeiten. Sie stimmten in ihrem Haß gegen Enver und Talaat überein und hatten gemeinsame Interessen. So saßen sie fortan ständig in vertrautem Gespräch beisammen.

Jetzt sah Mustafa Kemal eine günstige Gelegenheit gekommen. Der derzeitige Sultan, Mehmed V., war krank und würde nicht mehr lange leben. Wahid al-Din schien ein weicher Charakter zu sein; binnen kurzer Zeit würde er den Thron der Osmanen besteigen. Mustafa Kemal mußte sich seinen Einfluß auf den Prinzen sichern. Und zu diesem Zweck galt es zunächst, Wahid al-Din zu beweisen, daß Deutschland den Weltkrieg nicht gewinnen könne, daß das Bündnis mit Deutschland eine Dummheit sei, daß man Enver und seine deutschen Helfershelfer verjagen müsse.

Während der Reise kehrte Mustafa Kemal mit voller Absicht seine Einwände hervor. Bei jeder Gelegenheit veranlaßte er den Prinzen, unbequeme Fragen zu stellen, sogar dem deutschen Kaiser selbst. Sein Ziel war immer das gleiche: die Selbstsicherheit Wahid al-Dins zu stärken, ihm zu beweisen, daß die Deutschen letzten Endes verlieren würden, daß er Enver samt seinen deutschen Helfershelfern verjagen und selbst die Zügel ergreifen müsse. Seine rechte Hand würde er, Mustafa Kemal, sein.

Schließlich schlug er ihm vor, ein Armeekommando zu verlangen und ihn dann zum Stabschef zu machen. Dabei dachte er an die 5. Armee, die Istanbul und das umliegende Gebiet beherrschte und in politischen Krisen eine ausschlaggebende Bedeutung haben würde.

Doch Wahid al-Din war vorsichtig. Er fürchtete sich ein wenig vor Mustafa Kemal, vor dessen ungestümem, vorwärtsdrängendem Willen. Zwar hoffte er, ihn gegen Enver ausspielen zu können, andererseits aber dachte er wohl nicht im Traum daran, sich einem so stürmischen Menschen unterzuordnen.

Als sie wieder nach Istanbul gekommen waren, erkrankte Mustafa Kemal schwer und lag mehr als vier Wochen im Bett. Dann wurde er von den Ärzten nach Wien und schließlich zur Kur nach Karlsbad geschickt. Gleichzeitig befiel ihn tiefe Depression, er begann zu grübeln und zu zweifeln. Da erfuhr er im Juli 1918, daß Mehmed V. gestorben war und Wahid al-Din als neuer Sultan den Thron der Osmanen bestiegen habe. Er nannte sich Mehmed VI.

Wieder gesund und nach Istanbul zurückgekehrt, suchte Mustafa Kemal den neuen Sultan alsbald auf und versuchte ihn an seine Vorschläge und Anregungen während der gemeinsamen Reise nach Deutschland zu erinnern. Da mußte er eine große Enttäuschung erfahren: Mehmed VI. ging in keiner Weise darauf ein, berief sich auf Empfehlungen seiner engsten Ratgeber und übertrug ihm – wie zum Hohn – ein Kommando in Syrien. Daß ihn die Angst vor Enver zu dieser Entscheidung veranlaßt hatte, verschwieg er.

Mustafa Kemal am Ziel

Als Mustafa Kemal in Syrien ankam, war es Ende August. Er meldete sich beim Oberbefehlshaber und sah sich wieder einmal Liman von Sanders gegenüber (Falkenhayn war nach Deutschland zurückversetzt worden). Sanders schien sich über das Wiedersehen zu freuen, und Mustafa Kemal machte sich alsbald daran, die Front zu inspizieren.

Sanders' Hauptquartier befand sich in Nazareth, die Linie der türkischen Gräben verlief quer durch Palästina, von einem Punkt an der Küste 16 Kilometer nördlich von Jaffa durch die Niederungen über die Hügel Judäas und über den Jordan hin zur Hedschas-Bahn und der Wüste. Diese Stellung beherrschte alle wichtigen Anmarschlinien.

Mustafa Kemal übernahm das Kommando über die 7. Armee, die das Zentrum der türkischen Linien bildete. Die Aufgabe war nicht beneidenswert: Viele Regimente erreichten kaum noch zehn Prozent ihrer Effektivstärke; die Soldaten waren unzureichend versorgt und völlig am Ende. Dazu kamen die sengende Glut der Wüste und das Elend der Ruhr.

Genau gegenüber hielten die Engländer die Stellung. Sie waren in der Übermacht, dazu kam, daß die Truppen frisch, kräftig und voller Begeisterung waren. Organisation, Nachschub und Sanitätswesen klappten – im Gegensatz zu den Türken – vorzüglich. Auch verfügten sie über reichliche Vorräte, einen Autopark und zahllose Flugzeuge. Die Türken besaßen insgesamt (!) acht Flugzeuge und zwei Flugzeugabwehrkanonen. Die Araber hatten sich unter Emir Feisal, dem Sohn König Husseins von Mekka, den Engländern angeschlossen – die von dem berühmten Obersten T. E. Lawrence angeführt wurden.

Mustafa Kemal erkrankte in dieser Zeit ein zweites Mal an einem Nierenleiden. Seine Willenskraft siegte: Unter großen Schmerzen und vom Fieber geschüttelt, verließ er sein Lager und traf wichtige Vorkehrungen, um einen Angriff der Engländer abzuwehren, aber sie waren auf der ganzen Linie erfolgreich, Mustafa Kemals Leute waren ausgelaugt und mit ihrer Kraft am Ende.

Da es keinen Sinn hatte, eine Stellung zu halten, die längst verloren war, beschloß er den Rückmarsch längs der Bahn nach Damaskus – sah aber rasch ein, daß eine Reorganisation vorerst nicht möglich war, denn die Demoralisation hatte ihren Tiefstand erreicht. Vor weiteren im Grunde sinnlosen Manövern rettete ihn die Regierung, die unverhofft in Mudros einen Waffenstillstand mit den Engländern unterzeichnet hatte.

Die Türkei war wieder einmal besiegt, und Mustafa Kemal kehrte in die Hauptstadt zurück.

Als er in Istanbul ankam, war der Waffenstillstand bereits vier Wochen alt, und der Feind hatte sich überall festgesetzt. Im Bosporus lagen englische Kriegsschiffe, englische Truppen hielten die Hauptstadt, die Befestigungen an den Dardanellen und alle anderen wichtigen Stützpunkte im Land. In Stambul standen französische Truppen, Neger und Senegalesen in Galata. In Pera und an den Eisenbahnen lagerten Italiener. Alliierte Offiziere überwachten die Gendarmerie, den Hafen und die Demobilisierung der Armee. Das Osmanische Reich stand vor der Auflösung: Ägypten, Syrien, Palästina und Arabien waren verloren, die Türkei selbst war ohnmächtig.

Auch der Regierungsapparat war zusammengebrochen. Das Komitee „Einheit und Fortschritt" war ohnehin schon seit längerer Zeit bedeutungslos geworden, aber auch Männer wie Enver, Talaat und Dschemal hatten ihre Rolle ausgespielt. Nach vier Kriegsjahren, in denen allein die Türkei 427 000 Gefallene hatte, wurden die Meinungsverschiedenheiten unter den sogenannten „Jungtürken" immer schärfer. Enver wurde schließlich öffentlich angeprangert, weil er wirtschaftliche Konzessionen an Deutschland verkauft hatte, und außerdem klagte man ihn an, er habe ein Vermögen durch Schiebungen mit Nahrungsmitteln erworben – und das ausgerechnet zu der Zeit, als in der Türkei Krankheit und Hunger herrschten.

Das einst so mächtige Dreigestirn mußte aus Istanbul flüchten, es wurde heimlich auf einem deutschen U-Boot fortgeschafft. Talaat wurde später in Berlin, Dschemal in Tiflis ermordet. Enver Bei fiel 1922 in Rußland an der Spitze einer Kavallerieabteilung während eines Angriffs. Das war das Ende der „Jungtürken".

Mustafa Kemal, inzwischen General, war selbstverständlich nicht einverstanden mit der Lage. Leidenschaftlich versuchte er, Widerstand gegen Besetzung und Aufteilung der Türkei zu organisieren, hatte jedoch anfangs keinen großen Erfolg mit seinen Bemühungen.

Sultan Mehmed VI. schien auch nach Envers Fortgang keine Lust zu verspüren, auf die Vorschläge zurückzukommen, die ihm Mustafa Kemal während der gemeinsamen Reise nach Deutschland unterbreitet hatte. Er schätzte den Offizier als ehrgeizig, leidenschaftlich und gefährlich ein. Um eventuellen Aktivitäten zuvorzukommen, löste er das Parlament auf, ernannte seinen Schwager und Berater Damad Ferid zum Großwesir und nahm damit selbst die Zügel in die Hand – was allgemein einen Sturm der Entrüstung auslöste.

Mustafa Kemal erhielt natürlich keinen Platz in dem neuen Kabinett. Mehmed VI. hatte die Vorstellung, daß Thron und Türkei eins sein müßten. Und um seiner Sicherheit und der seines Thrones willen wollte er sich vor allem mit den Engländern gutstellen. Daß dies nur möglich war, wenn er ihnen ein willenloses Werkzeug abgab, konnte und wollte er nicht einsehen. Damad Ferid, sein Schwager, war genau der richtige Mann für ihn – denn er war mit dieser Politik völlig einverstanden.

Tatsächlich änderte sich die politische Lage. Die Armeen der Alliierten wurden demobilisiert und nach Hause geschickt. In Italien, Frankreich und England gab es innere Probleme. Die Folgen des Ersten Weltkrieges machten sich bemerkbar. Die Alliierten waren in erster Linie mit dem großen Verlierer Deutschland beschäftigt, die Türkei konnte warten.

Mustafa Kemal sah rasch ein, daß er in der Hauptstadt selbst wenig erreichen konnte. Aber im Landesinneren, in den unzugänglichen Bergen, dort konnte er vielleicht beginnen. Er entwarf einen Plan und ging daran, ihn minuziös zu verwirklichen.

So regte er zunächst in der Hauptstadt die Bildung eines Dutzends geheimer Organisationen an. Sie hatten die Aufgabe, dem Feind Waffen und Munition zu stehlen, ins Innere zu transportieren und Sammelplätze anzulegen sowie gezielte Aktionspläne zu entwerfen. Über das ganze Land verstreute Komitees sollten Widerstand vorbereiten. Doch es lief noch immer nicht so, wie es sich Mustafa Kemal vorgestellt hatte.

Allah schien allerdings im „Buch des Lebens" verzeichnet zu haben, daß Mustafa Kemal dazu ausersehen war, seine Nation zu retten. Obwohl er zunächst auf der schwarzen Liste der Engländer stand, die ihn für einen gefährlichen Staatsfeind hielten, erreichte er es, ähnlich wie schon zu Zeiten des guten alten Baba Hamid[23], als harmlos angesehen zu werden. Man strich ihn von der Liste und machte ihn schließlich sogar zum Generalinspekteur des Nordgebietes und zum Generalgouverneur der Ostbezirke.

Die Wiedereinsetzung in Amt und Würden kam selbst für Mustafa Kemal überraschend (er verdankte sie Damad Ferid, der sich sehr wohlwollend für ihn eingesetzt hatte). Er beschloß, die günstige Gelegenheit zu nutzen. Denn eines stand für ihn fest: Als Vertreter des Sultans würde er bei den Türken in Anatolien eine ganz unangreifbare Stellung erlangen. Er konnte behaupten, man habe ihn geschickt, um die Türken vor den Engländern zu retten und den Widerstand zu organisieren.

Mit Freunden im Ministerium organisierte er einen Kurierdienst und vereinbarte einen Geheimcode, dann verabschiedete er sich von Mutter und Schwester, um seine Aufgabe zu vollenden, wie er sagte. Mustafa Kemal war bereits unterwegs, als es sich der ränkevolle Sultan wieder anders überlegte und seine Order zurücknahm. Es erging sogar Befehl, Mustafa Kemal abzufangen und zurückzuschicken, doch zu spät: Der ewige Rebell war knapp entkommen.

Im Untergrund setzte er sich mit den noch verbliebenen Truppen in Verbindung, veranstaltete geheime Zusammenkünfte und verstand es schließlich, alle Heerführer auf seine Seite zu bringen. Um das Land aufzuputschen, bereiste er die Dörfer, hielt Ansprachen an Beamte und Offiziere und predigte leidenschaftlich den Widerstand gegen die Engländer. Er machte den Leuten weis, daß ihn der Sultan geschickt habe, um sie – die Türken – zu befreien. Dies aber müßten sie wiederum aus eigener Kraft schaffen. Die Rettung würde nicht von außen kommen, nein, sie alle müßten sich bewaffnen und in ein Volksheer eintreten.

Aber als man Mustafa Kemal reden hörte, erwachten die Einwohner aus ihrer Lethargie. Der Nationalstolz lebte auf, und der Haß auf die Ausländer erfüllte die Leute mit neuer Energie. Mustafa Kemal verstand es, ihre Begeisterung zu wecken. Nun hielt er sich ostwärts, nach Erzurum (auch: Erzerum, Erzorum) und erließ von dort aus im Namen des Sultans einen Befehl an das Militär, die Übergabe der Waffen an die Engländer hinauszuzögern und die Mannschaften wieder einzuberufen. Den Zivilbehörden gab er die Instruktion, in den Städten und Dörfern lokale Komitees für die Anwerbung von Freiwilligen zu bilden, Protestversammlungen gegen die Besetzung von Smyrna (Izmir) zu veranstalten, die Steuern einzubehalten und bei den wohlhabenden Kaufleuten Zwangsgelder einzutreiben.[24]

Als der Sultan von seinem Treiben Kenntnis erhielt, enthob er ihn seines Amtes und gab Befehl, seinen Anordnungen ab sofort nicht mehr Folge zu leisten.

Seine Anhänger waren über die Befehle des Sultans empört und faßten den Beschluß, „den Widerstand gegen Besetzung und Einmischung des Auslandes zu organisieren, eine provisorische Regierung zur Führung der Staatsgeschäfte zu bilden, falls die Zentralregierung dazu nicht fähig oder nicht gewillt sei"[25].

In der Nacht vom 21. zum 22. Juni 1919 entwarf Mustafa Kemal in Amasya ein Rundschreiben, das zur Entsendung von Delegierten für einen gesamtnationalen Kongreß in Siwas (Sivas) und für einen Kongreß der Ostprovinzen in Erzurum aufrief. Er stellte sich so hinter die „Gesellschaft zur Verteidigung der Rechte Ostanatoliens", die bereits am 30. Mai 1919 den Beschluß zur Einberufung eines Kongresses faßte. Das Programm, das Mustafa Kemal in seinem Rundschreiben zusammenfaßte, bestand aus folgenden vier Punkten:

1. Die Integrität des Landes, die Unabhängigkeit der Nation ist in Gefahr.
2. Die Zentralregierung ist der Aufgabe, für die sie die Verantwortung übernommen hat, nicht gewachsen, was zur Folge hat, daß man mit unserer Nation nicht rechnet.
3. Nur die Energie und der Wille der Nation werden ihre Unabhängigkeit retten.
4. Unbedingt nötig ist die Schaffung einer Nationalversammlung, die gegen jede Beeinflussung geschützt und von jeder Kontrolle frei ist, um die Lage der Nation zu prüfen und vor der Welt die Geltendmachung ihrer Rechte zu Gehör zu bringen.[26]

Die Vertreter des Militärs waren im wesentlichen damit einverstanden und unterschrieben, lediglich Refet Pascha (Bele), der Kommandeur des Dritten Armeekorps, vermutete hinter diesen

Sätzen mehr als einen Aufruf zur nationalen Verteidigung – nämlich zur Bildung einer neuen Regierung. Doch er konnte wenigstens dazu gebracht werden, seine Paraphe unter das Dokument zu setzen. So bestieg Mustafa Kemal am Morgen des 26. Juni 1919 in Amasya ein Auto, um sich mit seinem Stab zur Konferenz nach Erzurum zu begeben – natürlich streng geheim. Die Kolonne wurde von einer berittenen Abteilung geschützt, dennoch hatte Mustafa Kemal Mühe, in Siwas einem Anschlag zu entgehen. Der Wali von Elâzig, der sich zufällig dort befand, Ali Galib, wollte ihn verhaften, konnte jedoch daran gehindert werden. Beim Passieren Erzincans am 2. Juli reichte man ihm ein Telegramm des Sultans in den Wagen, worin er nochmals wegen der alliierten Demarche beschworen wurde, sofort sein Amt niederzulegen und nach Istanbul zurückzukehren. Beim Eintreffen in Erzurum erwartete ihn ein Telegramm des Kriegsministers, der ihn zurückrief. Doch er kümmerte sich nicht darum. Seine stereotype Antwort war: „Ich kann nicht kommen. Ich werde solange in Anatolien bleiben, bis die Nation ihre Unabhängigkeit errungen hat."

In der Nacht vom 8. zum 9. Juli 1919 telegrafierte Mustafa Kemal dem Kriegsminister und dem Sultan, daß er von seiner Funktion zurücktrete und gleichzeitig aus der Armee ausscheide – zur selben Zeit erhielt er eine Botschaft, sein Auftrag sei offiziell beendet. Also zog er die Uniform aus, wohl wissend, daß die Truppen und Heerführer dennoch zu ihm hielten.

Am 23. Juli 1919 versammelten sich die Delegierten der Ostprovinzen zu ihrem Kongreß in Erzurum. Die 35 Teilnehmer tagten im Klassenraum einer Schule und wählten Mustafa Kemal zum Vorsitzenden, worauf er sofort das Wort zur Eröffnungsrede ergriff. So konnte bis zum 7. August 1919 schließlich ein Reglement ausgearbeitet werden, das alle patriotischen Organisationen der Osttürkei in der „Gesellschaft zur Verteidigung der Rechte Ostanatoliens" zusammenfaßte. Die Leitung des neugewählten „Repräsentativkomitees" (Heyeti Temsiliye) übernahm Mustafa Kemal.

Überdies kam ihm ein ungeschickter Schachzug des Sultans zu Hilfe. Er gab nämlich Befehl, kurdische Stämme aufzuwiegeln, um Siwas zu überfallen und die Kongreßdelegierten zu verhaften.

Auf den religiösen Fanatismus und die unbedingte Treue der Kurden glaubte Mehmed VI. zählen zu können. Doch der Bote der Zentralregierung wurde abgefangen.

Der Sultan hatte nicht bedacht, daß er die Delegierten damit tödlich beleidigt hatte. Die Kurden waren im Osmanischen Reich ohnehin sehr unbeliebt. Mustafa Kemal wurde beauftragt, den Kurden zuvorzukommen und den Angriff abzuwehren. Ein Infanterieregiment genügte, um ihnen eine tüchtige Schlappe beizubringen; nun sah Mustafa Kemal endgültig seine Stunde gekommen.

Die Abgeordneten auf seiner Seite, verstand er es dank seiner ausgezeichneten rhetorischen Fähigkeiten, zum Sprecher des Volkes proklamiert zu werden. Alles stimmte einmütig für den Widerstand gegen die unerwünschten Ausländer. Friedensbedingungen wurden entworfen, man legte sie dem später berühmt gewordenen „Nationalpakt" zugrunde. Alle Teilnehmer schworen einen feierlichen Eid, diesen Nationalpakt dem Feind aufzuzwingen. Ein Exekutivkomitee wurde als provisorische – und von der Hauptstadt unabhängige – Regierung gewählt, den Vorsitz erhielt Mustafa Kemal. Er stellte dem Sultan sogleich ein Ultimatum: Es müßten unverzüglich Parlamentswahlen stattfinden, da der Großwesir für das schändliche Spiel mit den Kurden verantwortlich gemacht werde und daher zu entlassen sei. Als keine Antwort erfolgte, übernahm Mustafa Kemal die Macht. Er befahl den Militärbehörden, die Telegraphenämter zu besetzen, um so Istanbul vom Land abzuschneiden, sämtliche Gelder, die einliefen sowie jegliche Korrespondenz an ihn weiterzuleiten. Im Notfall sollten die Zivilbeamten durch Vertrauenspersonen ersetzt werden.

Dem Sultan blieb nichts anderes übrig, als nachzugeben. Er entließ Damad Ferid und ersetzte ihn durch Ali Risa, einen bedeutungslosen alten Mann, und ordnete Wahlen an. Sie verschafften dem Kongreß in dem neuen Parlament eine erstaunliche Mehrheit.

Das Exekutivkomitee des Kongresses übersiedelte in das von Mustafa Kemal vorgeschlagene, zentraler gelegene Ankara (27. Dezember 1919). Mustafa Kemal war inzwischen zum Abgeordenten von Erzurum gewählt worden.

Nun erschienen die meisten der neugewählten Parlamentsdeputierten in Ankara, um sich zu einer Vorbesprechung zusammenzufinden. Gleich in der ersten Sitzung wurde der Antrag gestellt, das Parlament in Istanbul tagen zu lassen und den Kongreß aufzulösen. Natürlich war Mustafa Kemal gegen diese Vorschläge, denn nach seiner Meinung mußte sich erst eindeutig klären, was mit dem Parlament geschehen würde; außerdem hielt er einen Sitz in Istanbul für viel zu gefährlich.

Doch er unterlag. Die Abgeordneten, froh darüber, daß sie ihre Mandate in gesetzmäßigen Wahlen erhalten hatten und deshalb nicht mehr als Rebellen angesehen werden konnten, waren entschlossen, in der Hauptstadt – im richtigen Parlamentsgebäude – unter dem „Segen" des Sultans zu tagen. Mustafa Kemal gelang es nicht, sich durchzusetzen – die Abgeordneten schienen sein beständiges Machtstreben und seine anmaßenden Einmischungen zu verurteilen. Da beschloß er, sein Mandat nicht auszuüben und blieb – fast allein – in Ankara zurück. Mustafa Kemal schien wieder einmal den kürzeren gezogen zu haben.

Die Abgeordneten hatten indessen, genau wie Mustafa Kemal geahnt hatte, in Istanbul nicht sehr viel Erfolg mit ihrer Arbeit. Der „Nationalpakt" stellte in den Augen der Siegermächte eine echte Herausforderung dar, die sie – und die Besatzungsarmee schon gar nicht – gewillt waren, widerspruchslos hinzunehmen. Allen voran die Engländer, ging man daran, die Abgeordneten von Istanbul – sie hatten sich unter dem Namen „Felâhi vatan" (Heil des Vaterlands) zusammengeschlossen – zu verhaften, in Konzentrationslager zu deportieren und vor allem das Parlamentsgebäude zu schließen. Also mußten sich die Anhänger des „Nationalpakts" verstecken oder fliehen.

Die Flucht war übrigens auch vor dem Sultan angebracht. Er hatte eine irreguläre Truppe zusammenstellen lassen, die sich zunächst „Kuvai inzibatiye" (d. h. Ordnungstruppen), dann aber „Armee des Kalifen" nannte. Er ließ die Geistlichkeit aufrütteln und schickte Agenten selbst in die entlegensten Dörfer, um die Untertanen zur Unterstützung des Padischah zu mobilisieren. Sein Aufruf fand ein Echo; es brach eine Art Bürgerkrieg aus.

Mehmed VI. hatte Damad Ferid zurückberufen, jeden, der mit

den Nationalisten sympathisierte, aus dem Dienst entfernt, neue Proklamationen erlassen, in denen er seine Getreuen aufforderte, ihn gegen die Verräter in Ankara zu unterstützen, und schließlich durch ein feierliches Dekret Mustafa Kemal und dessen Gesinnungsgenossen in Acht und Bann getan, ja, zum Tod verurteilt, mit dem Zusatz: „Wer einen der Geächteten zur Strecke bringt, erfüllt damit eine heilige Pflicht und wird in dieser und in der anderen Welt belohnt werden."

Mustafa Kemal, der sich in der landwirtschaftlichen Schule von Ankara, einem schäbigen steinernen Gebäude vor der Stadt verbarg, mußte zähneknirschend immer neue schlechte Nachrichten hinnehmen: Die Griechen rückten von Smyrna her ins Land, brannten alles nieder, mordeten und nisteten sich ein. Die Franzosen erzielten Erfolge im Süden, die Agenten des Sultans hatten im Osten die Kurden aufgewiegelt. Der Bürgerkrieg tobte, Truppen der Nationalisten wurden aufgerieben. Bewundernswert die außergewöhnliche Energie, die übermenschliche Kraft des Rebellen Mustafa Kemal, den man in diesen Tagen bisweilen auch den „Grauen Wolf" nannte. Er kämpfte einen verzweifelten Kampf; zudem war er des öfteren krank, sein altes Nierenleiden verursachte ihm heftige Schmerzen. Unter ständigem Druck arbeitete er oft nächtelang beim Schein einer Petroleumlampe. Mustafas Getreue sorgten für seine Sicherheit.

„Siegen oder untergehen" war seine Devise, und sie fand ein mutiges Echo. Der griechische Vormarsch konnte schließlich gestoppt, die Anhänger des Sultans konnten besiegt werden. Von den Franzosen angeworbene Armenier und aufgewiegelte Kurden, italienische Abteilungen bei Konya und englische Garnisonen – sie alle konnten überwunden und zerrieben werden. Die Nachricht von der Besetzung Istanbuls und der Schließung des Parlaments schien den Nationalstolz angestachelt zu haben, in der öffentlichen Meinung hatte ein deutlicher Umschwung eingesetzt. Auf einen Sultan, der die Engländer als Herren im Land anerkannte, konnte man sich nicht weiter verlassen. Man mußte sich in der Tat selber retten und durch bewaffneten Widerstand die Türkei befreien. Mustafa Kemal, der „Graue Wolf", hatte wirklich recht gehabt.

Türken aller Schichten und Klassen schlossen sich der nationalen Bewegung an, alle wollten sie helfen, wollten sie retten, soweit noch etwas zu retten war. Es war wie ein Rausch: Mustafa Kemal, der „Graue Wolf", der „Retter der Dardanellen", der „Sieger von Ariburnu und Anafarta" war zum Idol geworden. Em-u-es-te-a-ef-a, Mustafa . . . Sein Name war in aller Munde. Er allein konnte die Türkei retten, er allein war offensichtlich dazu auserwählt. Hätte er sonst alle Schwierigkeiten, alle Einsätze, alle Kämpfe unbeschadet überstanden? Allah mußte ihn ausersehen haben.

Mustafa Kemal war am Ziel. Er, der früher kaum Freunde gehabt hatte, der von allen ignoriert, unterschätzt und über die Schulter angesehen worden war, war am Ende seines – trotz allem steil nach oben führenden – Weges angelangt. Neuwahlen für ein Parlament waren ausgeschrieben worden, das diesmal endgültig in Ankara tagen sollte. Die Abgeordneten nannten sich „Die Große Nationalversammlung", deklarierten sich als die rechtmäßig konstituierte Regierung der Türkei und wählten einstimmig Mustafa Kemal zum Präsidenten.

Die Sultansregierung, inzwischen völlig ohnmächtig, mußte zur gleichen Zeit den Vertrag von Sèvres unterzeichnen, den Wilson, Lloyd George und Clemenceau, ausgeheckt hatten. Durch ihn sollten große Teile des übriggebliebenen Osmanischen Reiches einschließlich Istanbul und Smyrna unter die Kontrolle einer oder mehrerer fremder Mächte kommen.

Eine Ratifikation war jedoch infolge der Ohnmacht der Regierung nicht mehr möglich. Mustafa Kemals Anhänger, die sich inzwischen ganz offiziell „Kemalisten" nannten, konnten einen neuerlichen Erfolg gegen die Griechen verbuchen, durch den es zum Waffenstillstand von Mudanya kam (11. 10. 1922). Bei seinem Abschluß wurde die Sultansregierung bereits nicht mehr gebraucht. Zwar erfolgte noch eine Einladung an sie, um die Türkei in Lausanne zusammen mit der künftigen neuen Regierung unter Mustafa Kemal zu vertreten, doch war die „Große Nationalversammlung" dagegen.

Am 1. November 1922 erklärte sie nämlich das osmanische Sultanat rückwirkend seit dem 16. März 1920 für abgesetzt. Das war ein Paukenschlag! Das letzte Kabinett des Sultans unter Tewfik (Taufik) Pascha trat zurück. Mehmed VI., der am 10. November zu einem letzten Selamik (Freitagsgebet) erschien, wurde nun von der Nationalversammlung unter Anklage des Hochverrats gestellt. Daraufhin verließ der letzte osmanische Sultan Istanbul als Flüchtling auf einem britischen Schiff. Er reiste über Malta nach Mekka, wo er als Gast des Königs Hussein eine Proklamation an die islamische Welt erließ, in welcher er behauptete, daß die Trennung von Kalifat und Sultanat nicht rechtmäßig sei. Sie fand jedoch kaum Widerhall. So gab auch er endgültig auf. Er verließ Mekka und ging nach San Remo, wo er sich in einem versteckten Landhaus niederließ und am 16. Mai 1926 starb.

Die Türkei unterzeichnete am 24. Juli 1923 den Friedensvertrag in Lausanne. Er gab ihr Ostthrakien mit Adrianopel, Karagatsch, die Inseln Ibros und Tenedos, Smyrna und Westarmenien zurück. Die Meerengen, nun entmilitarisiert, wurden für Kriegsschiffe gesperrt und der von Griechenland und der Türkei am 30. Januar 1923 vereinbarte Bevölkerungsaustausch bestätigt.

Die „Große Nationalversammlung" proklamierte am 29. Oktober 1923 die Republik. Mustafa Kemal wurde zum Staatspräsidenten (er ersah Ankara zur neuen Hauptstadt aus) und sein fähigster General Ismet Inönü zum Regierungschef gewählt. Die Geburtsstunde der modernen Türkei war gekommen. Mustafa Kemal, der ewige Rebell, war am Ziel.

Latife

Mustafa Kemal hatte in dieser schweren – für ihn so bedeutsamen – Zeit noch eine weitere Eroberung gemacht; sie war jedoch von anderer Natur.

Bei der Friedenskonferenz im Februar 1919 hatte der Premierminister Venizelos formell den Antrag gestellt, daß die Stadt Smyrna an der Ägäis zu Griechenland gehören müsse. Mit diesem Preis hatten sich England und Frankreich spontan einverstanden erklärt. Drei Monate später, am 15. Mai, wurden 20 000 griechische Soldaten in Smyrna gelandet – von englischen, französischen und amerikanischen Kriegsschiffen gedeckt. Natürlich waren die dort lebenden Griechen begeistert, wer wollte es ihnen verdenken?

Die Türken fielen aus allen Wolken, wollten es einfach nicht glauben. Wenn man schon Istanbul unter fremder Besatzung wußte, nun auch noch eine der größten Städte Anatoliens? Erregte Menschenmengen protestierten im ganzen Lande gegen diese Ungeheuerlichkeit, und auch Mustafa Kemal war von dem Wunsch beseelt, sich nach Anatolien durchzuschlagen und dort sofortigen Widerstand gegen die Griechen zu organisieren.

Er schaffte es, zum Generalgouverneur der Ostprovinzen ernannt zu werden, faßte den Plan, an Bord eines Trampdampfers die Küste entlangzufahren und konnte so unerkannt in Samsun, an der Küste des Schwarzen Meeres, an Land gehen. Er machte sich daran, eine Widerstandsbewegung ins Leben zu rufen und ein Heer aufzustellen. In geheimen Zusammenkünften mit Führern der Armee und in Reisen durch das Landesinnere rief er zum Widerstand gegen die Besatzungstruppen der Alliierten und gegen die derzeitige türkische Regierung auf.

Daß er Erfolg damit hatte, wurde bereits dargestellt. Nach schweren Kämpfen war es schließlich gelungen, Smyrna von den verhaßten Griechen zu befreien. Für die Türken bedeutete dies mehr als einen militärischen Erfolg: Die Einnahme der Stadt hatte einen hohen symbolischen Wert.

Mustafa Kemal feierte seinen Triumph durch einen glanzvollen Einzug. Die letzten wenigen Kilometer fuhr er an der Spitze eines Geleitzuges von Autos, die mit Lorbeerzweigen geschmückt waren, durch große Scharen von jubelnden, weinenden, betenden und begeisterten Türken.

Unglücklicherweise kam es bald darauf zu einem schrecklichen Brand, der den größten Teil der Stadt – seltsamerweise aber nicht die etwas höhrer gelegenen türkischen Wohnviertel – verwüstete. Es wurde nie restlos geklärt, wer die Schuld daran trug, wenngleich die Umstände gegen die Türken sprachen.

Nach Ansicht des amerikanischen Konsuls George Horton sollen in diesen fürchterlichen Tagen etwa 100000 Menschen ums Leben gekommen sein.

Die Befreier, unter ihnen Mustafa Kemal, hatten in Smyrnas Zentrum ein Quartier aufgemacht, in dem sie hart und rund um die Uhr arbeiteten.

Eines Tages erschien ein junge Dame in Mustafa Kemals Büro und verlangte ihn zu sprechen. Den Zweck ihres Besuches wollte sie um keinen Preis angeben. Sie bestand darauf, ihn persönlich zu sehen. Bei der Anmeldung hatte sie angegeben, Latife Hanum zu heißen.

Als die Ordonnanz noch unschlüssig war, ob man das Mädchen vorlassen konnte oder nicht, betrat Latife kurzerhand das Arbeitszimmer Mustafa Kemals, für den dies etwas völlig Ungewohntes war. Er musterte das Mädchen ärgerlich, stellte jedoch rasch fest, daß er es mit keinem der gewöhnlich bei ihm vorsprechenden Bauernweiber aus Anatolien zu tun hatte.

Nein, diese junge Frau sah gut aus, sehr gut sogar. Sie war unverschleiert, hatte schwarze Augen und trug europäische Kleidung, allerdings auch die traditionelle türkische Kopfbedeckung. Sie gefiel ihm auf Anhieb. Was sie wollte? Sie erzählte kurz, daß sie erst vor ein paar Tagen aus Biarritz nach Smyrna gekommen war, die Eltern waren in Frankreich geblieben. Ihr Vater war ein bekannter Schiffsreeder in Smyrna, und so konnten sie es sich leisten, ein großes Haus mit viel Dienerschaft in den Hügeln von Burnabad hinter Smyrna zu bewohnen.

Sie äußerte, daß er, Mustafa Kemal, der Befreier der Stadt, ganz sicher dankbar wäre, wenn er sein lautes und unbequemes Quartier mitten in der Stadt mit einem ruhigen Landhaus vertauschen könnte. Und so wollte sie ihm vorschlagen, ihn und seinen Stab bei ihr unterzubringen.

Mustafa Kemal überlegte nicht lange, sagte zu und übersiedelte in ihr Haus. Es gefiel ihm, denn es lag abseits vom Gestank, Getöse und Lärm der Stadt, hoch oben auf den Hügeln, umgeben von Wein- und Obstgärten. Außerdem hatte man einen herrlichen Blick auf Smyrna, den Hafen und das Meer.

Aber auch er selbst hatte es gut getroffen. Das junge Mädchen, tüchtig und gescheit, verstand zu kommandieren und den großen Haushalt gut zu leiten. Er wurde mit allen Mitteln verwöhnt und das trug dazu bei, daß er sich schnell bis über beide Ohren in sie verliebte.

Latife schien ebenfalls viel für ihn übrig zu haben, an ihrem Hals trug sie ein Medaillon, in dem sich sein Bild befand. Einmal hatte sie es ihm gezeigt und kokett gefragt: „Sie haben doch nichts dagegen?" Mustafa Kemal mußte lachen, er hatte nichts dagegen, selbstverständlich nicht.

Dazu kam, daß Latife mehrere Sprachen, darunter Englisch und Französisch, vorzüglich beherrschte. Diese Eigenschaften waren ihm sehr dienlich, denn um diese Zeit gab es zahlreiche Auseinandersetzungen mit England. So wurde Latife die Sekretärin Mustafa Kemals, eine vortreffliche Übersetzerin der diplomatischen Korrespondenz.

Die gemeinsame Arbeit war es denn auch, die sie beide zusammenbrachte. Mustafa Kemal ließ deutlich durchblicken, daß er Latife gerne geheiratet hätte. Latife schien das nicht ungern zu hören. Dennoch sollten noch ein paar Wochen verstreichen, bis es soweit war. Mustafa Kemal hatte sich nämlich geschworen, nicht eher zu heiraten, bis sein Werk durch den Frieden zum Abschluß gekommen war.

Als es soweit war, Latife hatte schon daran gedacht, ihre Studien in Paris wiederaufzunehmen, suchte Mustafa Kemal seine Auserwählte auf und ließ ungestüm und kurz entschlossen Vorkehrungen zur Trauung treffen. Am 29. Januar 1923 heriateten sie. „Und zwar gleich, ohne jeden Klimbin!", wie es Mustafa Kemal gewollt hatte.

Ihre Hochzeitsreise führte durch die zerstörten Gebiete. Sie hielten in den Dörfern an. Mustafa Kemal sprach mit den Bauern, hörte ihre Klagen und sagte ihnen, was er an Unterstützung erwartete. Latife wich nicht von seiner Seite. Unermüdlich arbeitete sie mit ihm, ja begleitete ihn sogar zu Truppenparaden.

Um dieselbe Zeit schieden zwei andere Personen aus Mustafa Kemals Leben: Fikrije Hanum, seine langjährige Haushälterin (sie hatte ein Lungenleiden), und Subeide, seine Mutter.

Der Islam, diese Theologie eines unmoralischen Arabers, ist ein totes Ding. Vielleicht mag er für die Nomadenstämme der Wüste taugen, für einen modernen, fortschrittlichen Staat ist er jedenfalls ungeeignet.

MUSTAFA KEMAL

Was das Kalifat anbetrifft, so konnte es in den Augen der wirklich zivilisierten und kultivierten Welt nur ein Gegenstand des Gelächters sein.

MUSTAFA KEMAL

Die Abschaffung des Kalifats

Die Umgestaltung des Staates zur Republik mit einem Präsidenten an der Spitze hatte notwendigerweise noch eine weitere Konsequenz: die der Abschaffung des Kalifats.

Die vom Westen übernommene Bezeichnung des „Kalifen" als geistlichen Oberhaupts wurde von der islamischen Welt nicht verstanden. Der Türke sah nämlich im Kalifen sein wirkliches Staatsoberhaupt, seinen weltlichen Herrscher, um so mehr als der legale Thronerbe dieses Amt innehatte.

Es war klar, daß ein Mitglied des Hauses Osman, der ehemaligen Sultansdynastie, für den jungen demokratischen Staat eine beständige Gefahr bedeutete. Denn der Kalif blieb die einzige Hoffnung jener Leute, die mit der Machtergreifung Mustafa Kemals nicht einverstanden waren.

Istanbul, das ohnehin mit Ankara rivalisierte, begann bereits zum Sammelpunkt einer Art monarchischer Opposition zu werden. Und auch die Presse der ehemaligen Hauptstadt begann gegen die Republik zu hetzen. Eines dieser Blätter veröffentlichte überdies einen offenen Brief Aga Khans, eines der geistlichen Häupter der mohammedanischen Inder, an Ismet Pascha, der nach der Verfassungsänderung Regierungschef (Ministerpräsident) geworden war. Darin forderte man die Erhaltung des Kalifats.

Mustafa Kemal nahm diese Gelegenheit wahr, das Volk bezüglich dieses Aga Khan ausführlicher zu informieren. Der Khan war in Indien sehr angesehen, lebte in England, hielt sich englische

Rennpferde, trug englische Kleider und verkehrte mit englischen Politikern und Gesandten. Die Engländer hatten während des Weltkrieges geschickt an seinem Prestige gearbeitet und ihn als eine Art Gegengewicht gegen den Sultan und die türkische Propaganda im Osten benutzt.

Mustafa Kemal nahm dies zum Anlaß, ihn als „Agenten der Engländer" zu bezeichnen. Es fiel ihm leicht, die Erregung zu schüren. Die Redner verwünschten die Hodschas, die Priester, das Kalifat und den Kalifen und nahmen ein Gesetz an, das jede Opposition gegen die Republik, jede Sympathie mit dem vertriebenen Sultan als Hochverrat kennzeichnete und mit dem Tode bestrafte.

Zwar gab es einige Abgeordnete, die von dem diplomatischen Wert des Kalifats für die Türkei überzeugt waren, doch sie hatten keine Chance gegen das Parlament – sie wurden niedergeschrien. Mustafa Kemal, der sich gleichfalls an sie wandte, meinte: „Der türkische Bauer hat jahrhundertelang für Kalifat und Islam gekämpft und geblutet, jetzt ist es an der Zeit, daß sich die Türkei auf sich selbst besinnt, indem sie Inder und Araber ignoriert und sich das Amt eines Führers des Islams vom Halse schafft. Übrigens haben wir genug mit uns selbst zu tun."

Dem war nichts entgegenzuhalten.

Seine Propaganda erfaßte das ganze Land. Die Zeitungsherausgeber in Istanbul, die den Brief veröffentlicht hatten, wurden vor Gericht gestellt. Sie wurden als Verräter an der türkischen Sache hingestellt und gleichfalls als Agenten des Erzfeindes England.

Dafür, das Mustafa Kemal an keinen Gott glaubte, gibt es einige Beweise. So sagte er beispielsweise: „Religion ist eine schwere Decke, die das türkische Volk weiter im Schlaf hält und die es daran hindert, aufzuwachen und weiter vorwärtszugehen."[27] Oder: „Die Anhänger der Religion wollen immer gern sagen, daß die Mühlen Gottes langsam mahlen. Aber alles, was ich dazu sagen kann, ist, daß Gott eigentlich lange genug gelebt hat, um auch von elektrischen Kaffeemühlen gehört zu haben."[28]

Dem Kalifen billigte er weder Vollmachten noch irgendeinen Rang zu, er sah in ihm „nur ein Aushängeschild"[29].

Dabei war Abdul Medschid, der Kalif, gewiß kein Intrigant, sondern ein einfacher, ehrlicher, netter, ruhiger Herr von etwa 50

Jahren. Er hatte Malerei studiert, liebte seine Bücher und seinen Garten und lebte bescheiden in seinem Palast am Bosporus. Niemals gab es Anlaß zu Klagen über ihn, niemals verhalf er bösen Zungen zu Klatsch.

Als er nach Wahid al-Dins Flucht von der Versammlung zum Kalifen, zum Papst der Gläubigen des Islam, zum Schatten Gottes auf Erden gewählt worden war, hatte er versichert, sein hohes Amt als ernste Pflicht aufzufassen. Er erneuerte die Tradition der großen Sultan-Kalifen. Obwohl er nicht ehrgeizig war und nicht nach politischer Macht strebte, zog er dennoch wie ein Magnet alle unzufriedenen Elemente in der Türkei an – genauso wie es Mustafa Kemal befürchtet und vorhergesehen hatte. Dazu kamen natürlich auch Leute wie Rauf, Adnan, Refet und Kiasim Kara Bekir, politische Gegner. Sie planten wohl, Abdul Medschid zum konstitutionellen Herrscher der Türkei zu machen, um selbst seine Minister zu werden.

Den äußeren Anstoß zur Abschaffung gab eine leidige Geldangelegenheit. Abdul Medschid hatte durch ein Schreiben seines ersten Sekretärs an das Ministerium um Bewilligung größerer Mittel gebeten, da ihm die zur Verfügung stehenden Gelder zur Erfüllung seiner amtlichen Verpflichtungen nicht genügten. Auch hatte er darin bedauert, daß ihn die Regierung offenbar völlig ignorierte.

Mustafa Kemal reagierte hart, ja aggressiv. „Das Verlangen des Kalifen", schrieb er, „daß Regierung und offizielle Körperschaften in Verbindung mit ihm treten, bildet eine flagrante Verletzung der Unabhängigkeit der Republik. Das Amt des Kalifen hat zudem weder materiell noch politisch Sinn oder Daseinsberechtigung. Seine Würde kann nur noch den Wert einer geschichtlichen Erinnerung haben. Verpflichtungen, die sein Amt ihm auferlegt, gibt es nicht. Für die Sicherung des Lebensunterhalts des Kalifen müssen auf jeden Fall Bezüge genügen, die unter denen des Präsidenten der Republik liegen. Gepränge und Pomp sind nicht am Platze. Der Verwaltungsapparat ist einer ernsthaften Prüfung zu unterziehen. Daß es ‚erste Kammerherren' und ‚erste Sekretäre' gibt, unterhält bei dem Kalifen dauernd die Illusion von Macht."[30]

Dieses Schreiben erging im Januar 1924. Am 1. März trat die Nationalversammlung, die sich nach Erklärung der Republik einige Monate vertagt hatte, wieder zusammen. Die Eröffnungsrede Mustafa Kemals wurde zu einer Kampfansage gegen die Kirche. Er ging weit über die bloße Kalifatsfrage hinaus. Er benutzte den Anlaß zu einer durchgreifenden Verweltlichung des Staats und dessen völliger Trennung von der Kirche. So führte er in wenigen Tagen etwas durch, wozu es in Europa oft hundertjähriger Kämpfe bedurft hatte.

Die nötigen Gesetze, von Mustafa Kemal vorbereitet, wurden am 2. März in der Parteisitzung beraten, kamen schon am 3. März vor die Nationalversammlung und wurden in einer einzigen Sitzung nach den üblichen Debatten, die die ganze Nacht durch währten, um sechs Uhr dreißig morgens angenommen:

„Das Kalifat wird abgeschafft. Allen männlichen und weiblichen Mitgliedern des Herrscherhauses (den Kalifen eingeschlossen) ist der Aufenthalt in der Türkei für immer untersagt. Sie haben innerhalb zehn Tagen das Gebiet der Republik zu verlassen. Alle geistlichen Staatsämter werden aufgehoben, das Vermögen der Kirche verfällt dem Staat. Sämtliche Schulen, bisher von Geistlichen geleitet, kommen unter Verwaltung des Unterrichtsministeriums."

Abdul Medschid, dem unglücklichen Kalifen, blieb keine andere Wahl, er mußte sein Amt aufgeben. Am 4. März des Jahres 1924 verließ er Istanbul. Wenige Tage danach folgten ihm an die dreißig Prinzen und Prinzessinnen des Hauses Osman mit dem Orientexpreß nach Europa, um sich dortigen im Exil lebenden Herrschern anzuschließen.

Einen Monat später wurden die religiösen Gerichtshöfe abgeschafft. Bald wurde Türkisch zur offiziellen Landessprache, und nun erfolgte auch die offizielle Bestätigung der Ernennung Ankaras zur neuen Landeshauptstadt. Nirgendwo in der Türkei gab es Demonstrationen, Proteste oder Widerstand.

Die Beseitigung des Kalifats erregte in Europa fast mehr Aufsehen als innerhalb des Islam selbst. Wohl protestierten die indischen Moslems, die die Türken in ihrem Befreiungskampf unterstützt und ihre Sache in England geschickt und nachhaltig vertreten hatten. Versuche, das Kalifat im Hedschas oder in Ägypten neu zu begründen, scheiterten, denn die Einheit des Islam war längst dahin.

Man hatte der Türkei prophezeit, daß die Abschaffung des Kalifats und die Loslösung vom Islam Selbstmord bedeute, doch dies sollte sich als unrichtig herausstellen.

Übrigens gab es auch eine Bewegung, die Mustafa Kemal selbst zur Übernahme des Kalifats veranlassen wollte. Und dies geschah nicht allein aus der Nationalversammlung heraus, sondern auch aus anderen islamischen Ländern kamen Boten und überbrachten ihm den Wunsch der mohammedanischen Völker, ihn als neuen Kalifen zu sehen.

Doch Mustafa Kemal war konsequent. Er lehnte ab mit den Worten: „Sie wissen, daß Kalif Staatsoberhaupt bedeutet. Wie kann ich die Wünsche und Vorschläge der Völker annehmen, über welche Könige und Kaiser regieren. Man muß die Befehle des Kalifen ausführen und sich seinen Verboten unterwerfen. Sind jene, die mich zum Kalifen machen wollen, in der Lage, meine Befehle auszuführen? Würde es daher nicht lächerlich sein, sich mit einer illusorischen Rolle auszustaffieren, die weder Sinn noch Daseinsberechtigung hat?"[31]

Das Ende einer Ehe

Man muß annehmen, daß der außergewöhnliche Arbeitseifer Mustafa Kemals seinen Grund in einem weitgehend unglücklichen, unausgefüllten Privatleben hatte. Denn trotz aller Erfolge in politischer Hinsicht blieb er privat ein einsamer Mensch.

Nach den eben geschilderten Ereignissen war er 43 Jahre alt, kränklich (sein Nierenleiden plagte ihn unaufhörlich) und reizbar geworden. Wohl um seine Schmerzen zu betäuben, trank er unmäßig und kehrte zu seiner alten Gewohnheit zurück, mit leichten Mädchen zu verkehren. Es gab niemanden, der ihm inneren Halt geben konnte. Seine Mutter Subeide war am 14. Januar 1923 gestorben, das rauhe Klima von Ankara war ihr offensichtlich nicht bekommen. Auch eine Luftveränderung hatte ihr nicht helfen können, die letzte Zeit ihres Lebens hatte sie in Smyrna verbracht.

Und Latife, Mustafa Kemals „große Liebe"? In den ersten Monaten nach der Hochzeit hatte er geglaubt, im siebten Himmel zu sein. Es machte ihm wirklich Freude, sie als Partnerin an seiner

Seite zu haben. Er war glücklich, denn sie sorgte für ein geordnetes häusliches Leben, das er so lange entbehrt hatte.

Doch dann brach seine alte Natur wieder durch. Es schien, als ob ihn die ständige Nähe seiner Frau irritierte. „Seit jeher", soll er einmal gesagt haben, „wollte ich allein sein, frei sein, mein eigenes Leben leben."

In dieser Hinsicht machte es ihm Latife nicht leicht. Sie war eine moderne, emanzipierte Theoretikerin, eine Frau mit fortschrittlichen Ideen, die eine eigene politische Linie verfolgte und gewichtige Ambitionen hatte. Sie kritisierte ihn ungeniert sowohl öffentlich wie privat. Sie mischte sich in seine Arbeit und seine Pflichten als Staatsmann ein. Und sie war eifersüchtig.

Nicht zuletzt diese Eifersucht war mit ein Grund, daß es zum Bruch kam. Denn schon etwa einen Monat nach der Hochzeit fand sie heraus, daß er sie betrogen hatte. Sie bemerkte rasch, daß Mustafa Kemal mit seiner Eheschließung eigentlich nur den Wunsch verbunden hatte, sie als Frau zu besitzen. Als er dies erreicht hatte, verlor er offensichtlich jedes Interesse an ihr.

Beide waren sie eigenwillig, hart und unnachgiebig. Sie konnte – genau wie er – keine Kritik vertragen, und auch ein Kind fehlte, das vielleicht eine Wende zum Guten hätte herbeiführen können. Also mußte Latife gehen, und zwar so schnell wie möglich.

Mustafa Kemal verfaßte und unterzeichnete eine Scheidungsurkunde, teilte der Versammlung, den Zeitungen und den Gesandtschaften mit kurzen Worten seine Scheidung mit und befahl Latife, sein Haus zu verlassen. Der Schlußstrich war gezogen, die kurze Ehe hatte vom 29. Januar 1923 bis zum 5. August 1925 – also nur knapp zwei Jahre – gedauert.

Natürlich prägte dieses persönliche Scheitern seinen Charakter. Er zog sich zurück, plauderte nicht mehr mit jedem, der ihm entgegenkam, wurde verschlossen, zurückhaltend und unzugänglich.

Mustafa Kemals Programm der Reformen

Der Übergang vom monarchischen Feudalstaat zur parlamentarischen Demokratie hatte sich, wenn auch etwas gewaltsam, vollzogen. Da mußte man Rückschläge mit einkalkulieren.

Einige gesellschaftliche Bereiche bereiteten Mustafa Kemal größtes Kopfzerbrechen, so die Landwirtschaft. Sie mußte Grundlage des neuen Staates sein. Um sie zu fördern, beseitigte er den „Zehnten", eine Abgabe aus der Feudalzeit, die willkürlich und ungerecht war und überdies jegliche Produktion lähmte. Der „Zehnt" bedeutete, daß von jeder Ernte, die der Bauer einbrachte, zehn Prozent in die Staatskasse flossen, gleichgültig, wie hoch der Ertrag und wieviel Aufwand dem Bauern entstanden war. Der osmanische Staat hatte diese Steuern gegen ausgemachte Summen von Steuerpächtern eintreiben lassen, welche die Bauern mit vielen Schikanen auszuplündern suchten.

Mustafa Kemal verstand es ausgezeichnet, mit diesen Armen zu reden, mit den Dorfbewohnern, den Handwerkern, den Bauern. Er konnte sich gut in ihre Lage versetzen, er kannte ihre Eigenarten.

Die Aufhebung des Zehnten war der Beginn der großen Umwälzung auf volkswirtschaftlichem und finanziellem Gebiet. Die türkische Landwirtschaft erlebte nämlich bald ein Aufblühen, das den Verzicht des Staates durch Hebung des allgemeinen Wohlstandes um ein Vielfaches belohnte.

Im Osmanischen Reich waren die Türken entweder Landbesitzer oder Beamte gewesen. Handel und Wirtschaft lagen hauptsächlich in der Hand von „Ungläubigen" oder Ausländern. Nun änderte sich das: Alle wirtschaftlichen Unternehmen, alle Banken, alle Industrie- und Handelsbetriebe wurden mit türkischem Kapital und fast ausschließlich türkischer Belegschaft weitergeführt. Der Plan wurde verwirklicht, die landwirtschaftlichen Erzeugnisse zu verwerten und all diejenigen Waren herzustellen, für die in der Türkei ein Markt vorhanden war. Die Zuckerindustrie wurde beispielsweise so aufgebaut, daß die türkische Zuckererzeugung für den türkischen Markt ausreichte. Auch die Textilindustrie ist ausgebaut worden. In Anatolien und in Istanbul sind nacheinander Papier-, Kohlen-, Glas- und Holzindustrien geschaffen worden. Die Grundlagen für die Eisen- und Stahlindustrie sind später gelegt worden (mit der Elektrifizierung der Türkei wurde allerdings erst im Jahre 1937 begonnen).

Mustafa Kemals zweite Sorge war die Entpolitisierung der Armee, da er selbst ja nur zu gut ihre Gefährlichkeit kannte. Helfer und Mitarbeiter der Revolution waren ja fast durchweg Militärs. Da sie außer ihrem Abgeordnetenmandat meist auch Kommandostellen innehatten, beseitigte er zunächst durch Gesetz diese Doppelstellungen und hielt so die Armee wieder fester in der Hand (politische Gegner sahen sich hierdurch genötigt, Kommandostellen niederzulegen, um nicht ihre Mandate einzubüßen).

Mustafa Kemal hat übrigens selbst seinen militärischen Rang und damit den Paschatitel abgelegt – um mit gutem Beispiel voranzugehen, wie er sagte (1927).

Natürlich war seine Stellung als „Präsident der türkischen Republik" in der nunmehr endgültig ausgestalteten Verfassung sicher verankert, seine Machtvollkommenheit war enorm. Wenn notwendig, konnte er auch den Vorsitz im Ministerrat und in der Kammer führen. Allerdings wurden ihm in seinem Vetorecht starke Beschränkungen auferlegt und auch das geforderte Recht der Parlamentsauflösung und Bestimmung von Neuwahlen wurde ihm verweigert.

Er beschloß, sich daher im Parlament eine dauernde und zuverlässige Mehrheit zu verschaffen, um seine Reformen durchzuführen.

Eine davon war die Einführung von Hüten – der traditionelle Fes (Fez) mußte verschwinden. Obwohl er wußte, daß er auf heftige Opposition stoßen würde, erließ er ein Gesetz, das den Fes für illegal erklärte. Zwei Tage später stellte sich die Polizei in jeder Stadt an den Hauptverkehrspunkten auf und konfiszierte alle Fese.

Mit dieser Maßnahme stieß Mustafa Kemal auf keine Gegenliebe. Sie erschien den gläubigen Moslems als Angriff auf die heilige Religion (im Grunde sollte sie dies auch sein); der Koran und der Prophet hätten den mit einem Rand versehenen Hut verboten!

Schließlich war der Fes verschwunden, da kündigte Mustafa Kemal, der sich nunmehr gerne Gasi (Ghazi), das heißt „Sieger", nannte, bereits den nächsten Schritt an: die Aufhebung der religiösen Orden sowie die Schließung der Klöster und Grabkapellen.

„Die türkische Republik", sagte er, „darf nicht länger ein Land der Scheiche, Derwische und Ordensjünger sein! Der wahre Orden ist der Orden der Kultur! Um Mensch zu sein, genügt es zu tun, was die Kultur befiehlt und fordert. Die Häupter der religiösen Orden und Bruderschaften werden die Wahrheit, die ich eben ausgesprochen habe, ganz erkennen. Sie werden ihre Klöster von selber schließen und eingestehen, daß ihre Jünger jetzt mündig geworden sind.

Die in den Köpfen noch vorhandenen abergläubischen Vorstellungen werden vollständig ausgerottet werden. Erst dann kann das Licht der Wahrheit in die Gemüter Eingang finden. Ich dulde es nicht, daß angesichts des strahlenden Lichtes der heutigen Wissenschaft, Technik und Kultur primitive Menschen in der Türkei ihr geistiges oder materielles Glück unter der Führung dieses oder jenes Scheichs suchen. Die türkische Republik ist imstande, auf jedem Gebiet die Führung zu übernehmen. Niemand braucht mehr die geistliche Führung durch die Klöster."[32]

Durch einen in einer Nachtsitzung verabschiedeten Gesetzentwurf schloß der „Gasi" die Klöster und löste die Orden auf, setzte die Derwische auf die Straße, damit sie gewöhnliche Bürger würden, die arbeiten mußten, und konfiszierte ihre Reichtümer zugunsten des Staates.

Was er getan hatte, war ungeheuerlich. Er hatte die gesamte religiöse Grundlage und Weltanschauung des türkischen Staates und Volkes, die alten Rechtsnormen und das auf dem Islam und den Geboten der heiligen Scheria-Gesetze beruhende soziale Leben zerstört.

Jetzt berief er europäische Fachleute nach Ankara und übernahm fast zur Gänze das deutsche Handelsrecht, das italienische Strafrecht und das schweizerische Zivilrecht. Damit änderte sich die gesamte Struktur der Legislative. Das schweizerische Zivilrecht änderte die Familienordnung und das Eigentumsrecht, untersagte die Polygamie und den Harem und regelte von Grund auf die Stellung der Frau, die nun nicht mehr Eigentum des Mannes war, sondern ein Einzelmensch, ein freier Bürger – der Eigentum besitzen, Verträge abschließen und Prozesse führen durfte.

Sein nächstes Ziel war eine grundlegende Refom der türkischen Schrift (es kam allerdings erst im Jahre 1928 dazu). Es galt dabei, das schwierige arabische Alphabet aufzugeben und ein neues türkisches an seine Stelle zu setzen. Der Wirkungskreis der allgemeinen Bildung mußte auf das ganze Volk ausgedehnt werden, um türkischer Sprache und türkischem Denken die Ursprünglichkeit zurückzugeben. Seit tausend Jahren schrieb man Türksich mit arabischen Buchstaben. Da das arabische Alphabet über nur wenige Vokalzeichen verfügt, das Türkische jedoch sehr vokalreich ist, war es nie so recht gelungen, die arabischen Buchstaben dem türkischen Sprachcharakter anzupassen.

Und dabei wimmelte die Sprache von arabischen und persischen Fremdwörtern! Sie mußten verschwinden – Grundlage des Türkischen war das Tatarische. In alten Büchern, Dokumenten und Liedern mußten tatarische Worte und Wendungen aufgestöbert, erneuert und als Ersatz für die Fremdwörter verwendet werden.

Die Schriftkommission war schließlich zu dem Schluß gekommen, daß dieses neue türkische Alphabet auf lateinischen Buchstaben beruhen mußte, um die Analphabeten-Quote drastisch zu senken (das Erlernen des arabischen Alphabets ist weitaus schwieriger).

Mustafa Kemal leitete persönlich alle Arbeiten. Er wohnte im Dolma-Bachdsche-Palast in Istanbul, und so wurden diese Räume zu einer „Akademie der Wissenschaften"[33], in der Tag und Nacht fieberhaft gearbeitet wurde. In ihm versammelten sich täglich die führenden Sprachwissenschaftler, Historiker, Dichter, Schriftsteller, Abgeordneten und Minister zu endlosen Diskussionen. In den großen Sälen des Palastes waren schwarze Schulwandtafeln aufgestellt und bei gelegentlichen Zusammenkünften wurden ernsthafte Prüfungen in dem neuen türkischen Alphabet abgehalten.

Am 9. August 1928 eröffnete Mustafa Kemal dem Volk: „Unsere schöne harmonische Sprache wird in den neuen türkischen Buchstaben ihr eigenstes Wesen zeigen. Lernt rasch die neuen türkischen Buchstaben! Lehrt sie dem ganzen Volke, den Bauern, den Hirten, den Lastträgern und Schiffern! Denkt bei der Erfüllung dieser Pflicht, daß es eine Schande ist, wenn in einem Volke etwa 80 Prozent nicht lesen und schreiben können!"[34]

Die Ansprache begeisterte die Zuhörer, sie wirkte besonders auf die Gebildeten wie ein Mobilisierungsbefehl und stimulierte die gesamte Türkei zu einem ungeheuren Lerneifer. Überdies reiste der „Gasi“ selbst durch das ganze Land und hielt auf Straßen und Plätzen, in Läden und Kasinos Prüfungen ab. Und am 23. August 1928 sagte er in seiner Rede in Tekirdagh: „Ich sah, daß Leute, die vom Lesen und Schreiben der arabischen Buchstaben keine Ahnung hatten, sofort mit den neuen türkischen Buchstaben vertraut geworden sind. Schließe ich meine Augen, so kann ich schon jetzt das Ansehen, das der geistige Aufstieg des türkischen Volkes in kurzer Zeit im Kreise der Völker gewinnen wird, in seinem ganzen die Augen blendenden Glanze sehen. Ein Anblick, der mich hinreißt.“[35]

Im Spätsommer des Jahr 1932 kam es zur Gründung der Gesellschaft zur Erforschung der türkischen Sprache und zum ersten Kongreß dieser Gesellschaft.[36]

Nun wurde der Koran ins Türkische übersetzt, alle Gottesdienste in den Moscheen mußten in türkischer Sprache abgehalten werden. Die Briefmarken zeigten einen grauen Wolf, das Stammestier der türkischen Vorfahren. Ausländische Schulen, besonders Missionsschulen, wurden nicht mehr gefördert, Elementarunterricht gab es nur mehr in türkischen Schulen. In der Geschäftswelt wurde jeder Firma aufgegeben, einen hohen Prozentsatz türkischer Direktoren und Angestellter zu beschäftigen, türkische Aufschriften zu benutzen und die Korrespondenz und die Bücher in türkischer Sprache zu führen.

Dazu kam, daß viele Berufe (z. B. die der Ärzte, Rechtsanwälte, Wagenbauer und Spielzeugmacher) nur Türken zugänglich wurden. Hohe Importzölle und Kontingente sollten die ausländischen Waren fernhalten und die türkische Industrie beleben.

Die Türkei den Türken! Es wurde eine Kampagne organisiert, um die Bevölkerung anzuregen, türkische Waren zu kaufen, einheimische Stoffe statt Manchesterstoffen und Kamillenblätter aus Brussa (Bursa) statt ausländischem Tee. Darüber hinaus führte der „Gasi“ noch viele kleine Veränderungen im Alltagsleben ein. Der Freitag war von nun an der einzige gesetzliche Ruhetag in der Woche. (Früher hatte es den Freitag für die Moslems, den Samstag für die Juden und den Sonntag für die Christen gegeben.)

Die Phrasen und Handbewegungen, die im Gespräch, beim

Vorstellen, beim Begrüßen und Verabschieden gebräuchlich waren, die Begrüßung eines Vorgesetzten und die Antwort auf den Gruß eines Untergebenen, das alles wurde geändert. Der „Selam" wurde verboten, man durfte in Büros nicht mehr dem Besucher als Zeichen der Hochachtung Kaffee anbieten. Der Hut mußte zur Begrüßung um ein vorgeschriebenes Maß gelüftet werden. An die Stelle der alten dreifachen Verbeugung trat der Händedruck.

Mustafa Kemal führte das metrische System ein (ab 1934). Er verjagte die Bettler von den Straßen. Wer über einen Verrückten, über einen Sonderling oder einen Krüppel lachte, machte sich strafbar. Beide Partner mußten vor der Trauung ein Gesundheitsattest vorlegen; von der Ehe als einer religiösen Zeremonie oder als einem Sakrament hielt er hingegen nichts.

Er schaffte auch den Schleier ab. „Ich habe viele unserer Schwestern gesehen", sagte er während einer Versammlung in Inebol vor Bauern, „die beim Näherkommen eines Mannes sofort ihre Gesichter verhüllt haben. Dies muß ihnen doch sicher bei heißem Wetter äußerst unbequem sein. Warum sind wir Männer so selbstsüchtig, daß wir das überhaupt zulassen? Unsere Frauen sollen ihr Antlitz offen der ganzen Welt zeigen, und sie sollen die ganze Welt mit offenen Augen betrachten!"[37]

Er war allerdings klug genug, diese Maßnahme zunächst auf die Städte zu beschränken und den Dörfern etwas mehr Zeit zu lassen, sich den Veränderungen anzupassen.

Die Mädchen und Frauen machten von den neu gebotenen Möglichkeiten Gebrauch: Sie arbeiteten in Büros, Geschäften, im Gesundheits- und Schulwesen und in Fabriken. Töchter aus guten Familien entschieden sich für ein Studium an der Universität (1931 legten zum Beispiel 33 Frauen an der Universität Istanbul ihr Examen ab). Auch die mittleren und höheren Schulen wurden gut besucht. 1930 erhielten die Frauen das aktive und passive Wahlrecht für die Kommunalwahlen zugebilligt, und 1934 schließlich sogar für die Wahlen zur „Großen Nationalversammlung". Im selben Jahr zogen erstmals Frauen ins Parlament eines Staates im Orient ein, und zwar gleich siebzehn.

Als im September 1925 in Izmir ein Empfang beim Gouverneur stattfand, gab Mustafa Kemal der Kapelle ein Zeichen und forderte die Tochter des Gouverneursadjutanten zu einem Foxtrott auf. In der Folgezeit veranstaltete er noch zahlreiche Bälle, um so die Frauen an modernes und geselliges Leben zu gewöhnen.

Natürlich änderte sich vorerst nichts für die türkischen Frauen, die auf dem Land lebten und schwer arbeiten mußten, und so hielt sich dort der Schleier noch verhältnismäßig lange. Obwohl ein neues Bürgerliches Gesetzbuch entstanden war, blieb die Frau hier weiterhin die Arbeitssklavin des Mannes. Es waren gewiß nur wenige, die sich auflehnten und auf ihre neu erworbenen Rechte pochten.

Inzwischen richtete Mustafa Kemal in Istanbul Klassen ein, in denen junge Damen und junge Männer gemeinsam im Aktzeichnen unterrichtet wurden. Er führte westliche klassische Musik ein und verbannte schließlich all die Titel, die jahrhundertelang ein Teil der osmanischen Geschichte gewesen waren. Pascha, Bei, Effendi, alle diese Bezeichnungen waren ja dem Arabischen entnommen. Er erließ ein Gesetz, das Familiennamen obligatorisch machte. Diese mußten türkisch sein. Bis zum Jahre 1934 hatten die Leute ihrem Namen lediglich eine Berufsbezeichnung oder den Namen ihres Geburtsortes hinzugefügt, so daß ein Gärtner (türkisch: Bostandschi), der Ali hieß und aus Ankara stammte, entweder Bostandschi Ali oder Ali aus Ankara heißen konnte.

Mustafa Kemal legte selbst seine beiden Namen ab, die arabischen Ursprungs waren. Er fand ein türkisches Wort, das „stark", aber auch „Feste" oder „Burg" bedeutete und sich nur durch einen Buchstaben von dem Wort „Kemal" unterschied, und so lautete in Zukunft sein erster Name „Kamâl". Die Nationalversammlung und die türkische Nation verliehen ihm als Zunamen eine Bezeichnung, die er allen anderen vorzog: Atatürk, das heißt, „Vater der Türken". Von diesem Augenblick an hieß er Kamâl Atatürk. Ismet, sein Regierungschef, hatte den Familiennamen Inönü zur Erinnerung an die Schlachten von Inönü als Ehrenname erhalten.

Es war ein weiter Weg bis zur Realisierung all dieser Forderungen. So verkündete zwar das Gesetz die allgemeine und kostenlose Schulpflicht, doch besuchten im Jahre 1939 nur etwa 53 % der schulpflichtigen Kinder die staatlichen Elementarschulen (die Türkei hatte um diese Zeit etwa 14 Millionen Einwohner). Die Analphabetenzahlen betrugen noch 1927 87 % bei den Männern und 96 % bei den Frauen; 1935 lagen die entsprechenden Angaben bei

76,7% bzw. 91,8%. Neben den 800000 Schülern konnten nur rund 1,3 Millionen Erwachsene lesen und schreiben.

Natürlich hieß das Erziehungsziel des neuen Schulwesens, nationalbewußte, republikanische Staatsbürger zu erziehen, die über praktische Kenntnisse verfügten, um dadurch erfolgreich am politischen, kulturellen und ökonomischen Leben des Landes teilnehmen zu können. Was all die Reformen bedeuteten, kann man sich am besten aufgrund der Tatsache vorstellen, daß es bis heute kein anderes islamisches Land gibt, dem es gelungen wäre, einen ähnlichen Wandel der Tradition herbeizuführen.

Die europäischen Länder hatten dem Experiment mehr als skeptisch gegenübergestanden. Es gab wohl keinen einzigen Staatsmann, der Mustafa Kemal die Verwirklichung seiner kühnen Ziele zugetraut hätte.

Der Kurdenaufstand

Dennoch gärte es noch immer innerhalb der eigenen Partei, der „Volkspartei". Die Disziplin lockerte sich. Bei der Wahl Kiasim Paschas, eines der treuesten Anhänger Mustafa Kemals, zum Kammerpräsidenten stimmte nämlich ein Teil der Parteimitglieder – entgegen der Abmachung – gegen ihn. Bei den Debatten hatte man die Gewohnheit entwickelt, die Revolver herauszuziehen. Oberst Halid Bei, ein Verwandter Enver Paschas, wurde bei einer solchen Gelegenheit in den Wandelgängen des Abgeordnetenhauses erschossen. Schon einige Zeit vorher war ein anderer Opponierender während eines Essens ermordet worden.

Bevor es zu einem innenpolitischen Chaos kommen konnte, ereignete sich etwas völlig Unerwartetes – ein Aufstand der Kurden.

Kurdistan ist ein zerklüftetes und rauhes Bergland beiderseits des Oberlaufs von Euphrat und Tigris. Die Türken haben mit den Kurden außer der Religion nichts gemein und haben sie nie richtig leiden können. Die Kurden sind Hirten und Nomaden und von Natur aus kriegerisch veranlagt. Sie leben in Gruppen und Sippen, beherrscht von Feudalherren – ihren Stammesführern. Innerhalb ihrer Religion sind sie stets fanatisch gewesen, denn in Kurdistan gab es immer wieder Enklaven von Armeniern und Nestorianern

(Christen). Die Sultane hatten ihnen ihre Stammesfreiheit garantiert, sie jedoch gelegentlich gegen andere Nationalitäten ausgespielt. Ging es darum, die Armenier zu verfolgen, war der Kurde stets dabei. Andererseits weiß man vom Bau der Bagdadbahn her, daß der Kurde auch ein tüchtiger Arbeiter sein konnte, denn die deutschen Ingenieure waren des Lobes voll.

Durch den Vertrag von Sèvres war den Kurden ein selbständiger Staat versprochen worden; der Friede von Lausanne hatte diese Hoffnungen jäh zerschlagen. Es erfolgte nämlich eine Teilung: Der Norden, der größere Teil Kurdistans, kam zur Türkei; der Süden, bis in das Gebiet um Mossul hinein, kam zum Irak. Kurdistan als solches hatte aufgehört zu bestehen. Und auch die Pflege kurdischen Brauchtums wurde streng verboten.

Solange das osmanische Kalifat unangetastet blieb, verhielten sich die Kurden noch ruhig. Mit der Beseitigung des Kalifen und den Kampfgesetzen gegen den Islam war es aber nur noch ein Funke, der genügte, die Kurden zur offenen Rebellion zu bringen.

Ein Oberherr des Naschebendi-Derwisch-Ordens, Scheich (Scheik) Said, sollte den Aufstand anführen – er war bei den Kurden sehr einflußreich. Zudem genoß er als Kirchenlehrer hohes Ansehen, war wohlhabend und mit den mächtigsten Stammesführern verwandt.

Scheich Said rief zur allgemeinen Empörung gegen die türkische Republik auf, und die Flamme des Aufruhrs griff sofort auf ganz Kurdistan über. An den Mauern Diarbekirs, der aus schwarzem Basalt erbauten Hauptstadt, wurde eine Proklamation angeschlagen. Sie verkündete das Programm der Aufständischen: Wiederherstellung des geistlichen Scheriarechts und Einsetzung Salim Effendis, eines Sohnes Abdul Hamids II., zum Sultan und Kalifen.

Dadurch kam jedoch auch zum Ausdruck, daß die Bewegung nicht nur eine Unabhängigkeit Kurdistans im Auge haben mochte, sondern vor allem die Ideen Mustafa Kemals, die „Europäisierung des Orients" verurteilte. Ein Kampf um den alten Glauben war natürlich eine zündende Parole, die neuen Machthaber der Türkei mußten einen Bürgerkrieg befürchten. Schließlich war der junge türkische Nationalstaat innerlich noch kaum gefestigt.

Die Fäden des kurdischen Aufstands liefen, über religiöse und alttürkische Zentren verteilt, von Anatolien bis nach Istanbul. Da war aber ein Gerücht, das sich hartnäckig hielt. Es besagte, daß England seine Hand im Spiel gehabt hätte, für das es sich in erster Linie um den Besitz von Petroleumquellen gehandelt hatte (Gebiet um Mossul). Diese hauptsächlich von Kurden und Arabern bewohnte Provinz liegt beiderseits des Tigris und beherrscht im strategischen Sinne ganz Mesopotamien (= Zwischenstromland) bis hin nach Bagdad und Basra, sowie außerdem die Verbindungen gegen Osten nach Persien und gegen Westen zum Mittelmeer. Es ist verständlich, daß England auf einen solchen Besitz nicht verzichten wollte. Auf seinen gewichtigen Einfluß hin fällte der Völkerbund – als für die Entscheidung angeblich „kompetente" Instanz – den Spruch, daß das Gebiet um Mossul im wesentlichen dem Irak zufallen sollte. Und der Irak stand unter englischem Protektorat.

Die Türkei erkannte jedoch dieses Urteil nicht an. Diplomatische Auseinandersetzungen zogen sich lange hin, der türkische Außenminister Tewfik (Taufik) Rüschdi Bei erzielte schließlich doch eine Einigung mit England: Die Türkei verzichtete demnach, gegen Anteile an der Ausbeute des Petroleums, auf das Mossulgebiet, gewann aber damit Sicherheit und Garantie seiner südlichen Grenzen.

Was nun den Aufstand betrifft, so ergriff er rasch den gesamten Südosten des Landes. Mit dem Schlachtruf „Nieder mit der Republik der Ungläubigen! Es lebe der Sultan, es lebe der Kalif!" brachen die aufgewiegelten Reiterhorden aus den unzugänglichen Tälern Kurdistans hervor. In Ankara blieb man nicht untätig: Mustafa Kemal ließ fünf Divisionen mobilisieren und im Aufstandsgebiet einmarschieren. Es sollte sich jedoch schnell herausstellen, daß die unwegsamen Berge (die noch dazu um diese Zeit verschneit waren) das Vorwärtskommen stark behinderten.

Zwischenzeitlich kam es innerhalb der Sitzungen der Volkspartei zu unerwarteten Reibereien. Sie führten dazu, daß Ministerpräsident Fethi Bei zurücktreten und Ismet Inönü ein zweites Mal Platz machen mußte (nach halbjähriger Unterbrechung). Mustafa Kemal nutze die Chance, die Revolution zu einem wirklichen Ende zu führen. Denn schließlich stand die Existenz des jungen

Staates auf dem Spiel. So suspendierte er die Verfassung und verhängte das Kriegsrecht über das Land.

Während des Ausnahmezustandes wurden drakonsiche Maßnahmen ergriffen. Abfällige Äußerungen über die Regierung wurden ab sofort als Hochverrat angesehen (in solchen Fällen war sogar die Immunität der Abgeordneten aufgehoben). Die unruhigsten Viertel von Istanbul wurden gründlich gesäubert, die Presse zensiert. Mindestens ein Dutzend Zeitungen wurden unterdrückt, so auch „Tanin". Ihr Schicksal betraf vor allem den Herausgeber, Hussein Dschabid, der einer der fähigsten Journalisten jener Tage war: Er wurde von einem Unabhängigkeitsgericht zu lebenslanger Verbannung in den Nordosten Anatoliens verurteilt, weil er sich grundsätzlich jeder Stellungnahme über Politik enthalten und indirekt durch sein Stillschweigen Kritik geübt hatte.

Andere bedeutende Persönlichkeiten, die dem Regime des „Gasi" ablehnend gegenüberstanden, wurden kurzerhand des Landes verwiesen (so zum Beispiel Rauf Bei, Adnan Bei und Halideh Edib Hanum).

Die Bedrohung der Republik durch die Kurden hatte dazu geführt, daß die Opposition lahmgelegt wurde. Der „Gasi" beschloß, ihr endgültig den Garaus zu machen: Die Büros der Fortschrittspartei wurden geschlossen, die Fraktion innerhalb der Nationalversammlung verfiel der Auflösung. Widerstand setzte ihm kaum jemand entgegen, die entsprechenden Führer zogen sich stillschweigend zurück. Auf diese Weise wurde die Einheit im Parlament wiederhergestellt.

Dem Aufstand in Kurdistan konnte man schließlich ebenfalls Herr werden. Die Anführer wurden zum Tode verurteilt, die Macht der Stammesführer gebrochen. Auch Scheich Said, den man in den Bergen aufstöberte, kam an den Galgen.

Es sollten noch gut zwei Jahre vergehen, bis Mustafa Kemal die Kurden endgültig unter Kontrolle bringen konnte (1929 kam es sogar noch einmal zu einer Kurdenrevolte). Der Gegensatz zwischen Kurden und Türken konnte bis heute nicht endgültig überwunden werden.

Ein Attentat

Im Jahre 1926 unternahm die Opposition einen letzten verzweifelten Versuch, um sich gegen die Diktatur des „Gasi" aufzulehnen. Der Plan mißlang, weil ein Schiffer, der die gedungenen Mörder nach vollbrachter Tat mit seinem Motorboot auf eine griechische Insel bringen sollte, Verdacht schöpfte und rechtzeitig Anzeige erstattete.[38]

„In schwarzer Niedertracht und Bosheit sandte die Bande zwei verwegene Mordgesellen mit einem früheren Abgeordneten an der Spitze nach Smyrna. Sie suchten sich für ihre Revolver und Bomben die geeignetste Stelle aus, an der Mustafa Kemal vorbeikommen mußte. Sie hielten alles für ausgezeichnet vorbereitet und erwarteten, den Finger am Abzug, in wilder Erregung den Tag, dem ganz Smyrna in freudiger Bewegung entgegensah, den Tag der Ankunft des Gasi. Daß sich die Ankunft des Gasi um einen Tag verzögerte, hat das türkische Volk vor einem schweren Schicksalsschlag bewahrt und vor unendlicher Trauer, für die es, solange die Welt besteht, keinen Trost gegeben hätte. Diese Verzögerung hatte die Mordgesellen in Unruhe versetzt, weil sie mit der Wahrscheinlichkeit rechnen mußten, daß etwas von ihrem Anschlag durchgesickert sei. Einem türkischen Bürger aber, den sie zu überreden suchten, sie übers Meer zu bringen, gab diese Verzögerung die Möglichkeit, die Stimme seines Gewissens recht zu hören. Man wurde dieser niedrigen Lumpen samt ihrer Pläne, Waffen und Bomben habhaft und sie gestanden ihre Absichten ein. Nur mit großer Mühe konnte sie die Polizei aus den Händen des Volkes befreien, das sie lynchen wollte.

Kaum hatten sich die ersten Nachrichten von ihrer Verhaftung verbreitet, als eine Welle des Entsetzens und des Abscheus das ganze Land überflutete. Es regnete unzählige Telegramme an den Gasi. Er selbst erließ einen Aufruf an das Volk, in dem er sagte: ‚Mein erbärmlicher Leib wird gewiß eines Tages zu Staub werden, aber die türkische Republik wird für alle Zeiten bestehen.' Er denkt niemals an sein Leben, er denkt immer nur an seine Nation und an die Republik. Er ist tausendmal für die Nation über die Brücke des Todes gegangen. Er kennt keine Todesfurcht. Aber für die Herzen der vierzehn Millionen Türken, die wie ein einziges Herz für ihn schlagen, wäre es ein unerträglicher Schmerz gewesen, ihn vor dem Anschlag der Elenden nicht retten zu können. Die türkische Nation wird diejenigen, die den Gasi ermorden wollten, in alle Ewigkeit mit ihrem Fluche nennen."[39]

Eigentlicher Urheber und Einleiter des Attentats war ein gewisser Sia (Zia) Hurschid Bei, ein Abgeordneter der ersten Nationalversammlung. Er gestand, und man kam so einem weitverzweigten und gut organisierten Geheimkomitee auf die Schliche. Oberstes Ziel war die Beseitigung Mustafa Kemals und ein anschließender Putsch.

Mustafa Kemal ließ mehr als hundert Personen verhaften, darunter befanden sich fast alle Führer der aufgehobenen Fortschrittspartei. Es kam zu einem riesenhaften Schauprozeß, dessen erster Teil in Smyrna spielte.

Es gab 15 Todesurteile, darunter waren ein Pascha, drei einstige Minister, mehrere frühere Abgeordnete und auch ein langjähriger Vertrauter des Gasi – Arif Bei. Mustafa Kemal unterzeichnete, ohne zu zögern.

Das Nachspiel folgte etwa vier Wochen später in Ankara. Der zweite Teil des Prozesses richtete sich gegen führende „Jungtürken", soweit sie noch vorhanden waren und dem Geheimbund angehörten. Unter ihnen befanden sich der ehemalige Finanzminister aus dem Kabinett des Talaat Bei (bzw. Pascha), Dschawid Bei, und Nasim Bei, einer der Begründer des einst so mächtigen Komitees „Einheit und Fortschritt". Die übrigen Leute erhielten hohe Freiheitsstrafen.

Das groß angelegte Komplott war rechtzeitig zerschlagen worden. Im Interesse des Landes wurde Strenge zur Pflicht, Ausnahmezustand und Unabhängigkeitsgerichte wurden wieder aufgehoben.

Trotz allem traten in den ersten Jahren immer wieder Schwierigkeiten auf, vor allem zunächst wirtschaftlicher Art. Unzufriedenheit machte sich breit, man fragte sich, ob der „Gasi" auf dem richtigen Weg sei und ob nicht die Fähigkeiten des Landes überschätzt worden waren.

Stimmen wurden laut, die besonders die Planwirtschaft, die Monopolstellungen des Staates, die Eingriffe in Produktion und Handel und das Selbsthilfeprinzip kritisierten. Der „Gasi" versuchte, diesen Gegnern durch eine Umstellung seines politischen Apparates entgegenzukommen. Da eigentlich nur eine einzige Partei existierte, kündigte Mustafa Kemal völlig überraschend während eines Balls in dem Badeort Yalowa (zwischen Istanbul und Bursa) die Gründung einer neuen Partei an.

Sie war als Oppositionspartei gedacht, und es hatte bereits früher einmal eine solche gegeben, doch war sie wieder aufgelöst worden. Fethi Bei, der frühere Ministerpräsident, übernahm ihre Führung; zwölf Abgeordnete der „Volkspartei" Mustafa Kemals traten zu ihr über. Die Partei nannte sich „Liberale Republikanische Partei"; aus diesem Namen geht bereits ihre Zielsetzung hervor.

Im wesentlichen trat sie für die Garantie der Wahrung einer liberalen Demokratie ein und forderte Enthaltung des Staates im privaten Bereich, freie Marktwirtschaft mit gleichen Bedingungen für In- und Ausländer, Aufnahme des Auslandskapitals, Anpassung der Steuern und uneingeschränkte Pressefreiheit.

Natürlich widersprachen all diese Forderungen vollständig dem kemalistischen Programm. Mustafa Kemal mag der Ansicht gewesen sein, daß diese Ziele eventuell in der Zukunft positiv für die Türkei gewesen wären – ganz gewiß jedoch noch nicht zu seiner Zeit.

Als Fethi Bei, der in der Zwischenzeit Botschafter in Paris gewesen war, am 4. September 1930 in Smyrna landete, kam es zu bedenklichen Unruhen in der Stadt. Die Polizei stellte das Beflaggen der Häuser und Straßen gewaltsam ein, worauf die erbitterte Menge gegen die Polizisten tätlich vorging. Am Tag darauf versuchten die Anhänger Fethis das Gebäude der Zeitung „Anadolu"

(= Anatolien) zu stürmen. Die Polizei schoß; es gab einen Toten sowie mehrere Verwundete. Es wurden an die 300 Verhaftungen vorgenommen. Ähnliche Vorfälle ereigneten sich, als Fethi in Smyrna öffentlich reden wollte. Die Lokalbehörden suchten ihm in jeder Weise Steine in den Weg zu legen, und es bedurfte des persönlichen Einschreitens von Mustafa Kemal, um der neuen Partei ungehinderte Propagandatätigkeit zu ermöglichen. Dieses Verhalten der Staatsleitung, die ganz entgegen ihren bisherigen Gepflogenheiten eine Opposition nicht nur duldete, sondern sogar begünstigte, stiftete erhebliche Verwirrung in den Gemütern.[40]

Bei der drei Wochen später stattfindenden Tagung der Nationalversammlung ging es kaum anders zu. Fethi Bei, mittlerweile zum Abgeordneten gewählt (die Regierung Ismet Pascha war auf Beschluß der Volkspartei zurückgetreten), versuchte in der Sitzung vom 25. September 1930 erstmals in Funktion zu treten und wurde bei auftretenden Tumulten sofort heftig niedergeschrien. Mustafa Kemal sah dem Schauspiel, seiner Sache sehr sicher, von einer Loge aus zu.

Wenige Tage danach wurde eine neue Partei, die „Liberale Partei", gebildet und das von ihr vorgelegte Programm, das die Grundlage der bisherigen Politik beibehielt, von der Nationalversammlung gebilligt.

Die Liberale Partei hatte bei den Gemeindewahlen im Oktober stattliche Siege zu verzeichnen. Bei der Tagung der Nationalversammlung im November 1930 brachte Fethi Bei eine Interpellation über Wahlterror und zahlreiche Übergriffe gegen die Opposition ein; sie wurde jedoch abgelehnt. Da verlor er die Lust und gab auf. In einem Manifest gab er die Auflösung der neugegründeten „Liberalen Partei" bekannt – weil die Opposition offensichtlich nur gegen die Regierungspartei des Ministerpräsidenten gedacht war, sich aber der politischen Entwicklung nach notwendigerweise gegen den Gasi selbst und dessen Werk richten müßte. Und das wolle er – Fethi – nicht.

Mustafa Kemal nahm dies zum Anlaß, in einer großen Rede die Irrtümer der Liberalen Partei darzulegen und erklärte, die im Frühjahr 1931 stattfindenden Neuwahlen zur Nationalversammlung wieder selbst leiten zu wollen.

Im Dezember desselben Jahres gab es noch ein Nachspiel.

In Menemen, in der Nähe von Smyrna, erschien nämlich ein Derwisch – er nannte sich Scheich Mehmed – und verkündete, er wäre der verheißene Mahdi und hätte den Auftrag, die Türkei von dem Ketzer Mustafa Kemal zu befreien.

Als er auf dem Marktplatz öffentlich predigte, suchte ihn ein des Weges kommender Offizier daran zu hindern und von der Tribüne herunterzuholen. Der Scheich aber packte den Offizier, wobei ihm Anhänger zu Hilfe kamen, warf ihn zu Boden und köpfte ihn. Von den Umstehenden schritt niemand ein.

Während der Oppositionszeit war, wenigstens zum Teil, die Presse- und Redefreiheit wiederhergestellt worden. Die Geistlichen hatten dies dazu benutzt, um einen neuerlichen Aufstand vorzubereiten, der nun zum Ausbruch kam. Doch die Regierung griff sofort mit harter Hand durch, verhängte über die entsprechenden Orte den Ausnahmezustand, nahm Verhaftungen vor und hob sämtliche Freiheiten der Meinungsäußerung auf.

Wieder wurden Todesurteile vollstreckt, 28 insgesamt; viele Aufrührer erhielten Freiheitsstrafen. Der oberste Scheich der Derwische, ein gewisser Essad, starb im Gefängnis. Er war bereits 80 Jahre alt.

Das Experiment einer Opposition war also mißlungen, dennoch hat Mustafa Kemal einen weiteren Versuch unternommen; bei den Neuwahlen im Frühjahr 1931, die er selbst leitete. Eine kleine Anzahl unabhängiger Abgeordneter wurde in die Nationalversammlung berufen. Sie hatten das Recht der freien, aber auch verantwortungsbewußten Meinungsäußerung und waren nicht gebunden, zu allen Maßnahmen der Regierung „ja" zu sagen.

1933 wurde ein erster Fünfjahresplan aufgestellt, bei dem man vor allem an eine Industrie zur Erzeugung der notwendigsten Verbrauchsgüter dachte. Die Form der Privatinitiative wurde dadurch eingehalten, daß der Staat bei den großen Unternehmen nur als Hauptaktionär auftrat und daß bei allen Industriebetrieben das Prinzip der Rentabilität maßgebend blieb und gewahrt wurde.

Nur die Eisenbahnen, die zum Teil ausländischen Gesellschaften gehört hatten, wurden zurückgekauft und vollständig vom Staat übernommen. Ein durch den Krieg zerrüttetes Bahnnetz von etwa 3000 km Länge wurde vollständig erneuert, in wenigen Jahren um 4000 km erweitert und damit auf insgesamt 7000 km gebracht.

Der Eti-Bank wurde die Verwaltung der Bergwerke und Minen, der Sümer-Bank der Aufbau der Schwerindustrie und der Geschäfts-Bank die Förderung des Handels anvertraut. Der erste Fünfjahresplan beruhte auf der Erschließung und Auswertung der einheimischen Rohstoffe und Bodenerzeugnisse: Die drei „weißen" Rohstoffe und Erzeugnisse waren Zucker, Mehl und Baumwolle, die drei „schwarzen" Kohle, Eisen und Öl.

Durch die neugeschaffenen Fabriken konnte zum Beispiel die Zuckerversorgung des Landes sehr bald voll und die Versorgung mit Textilwaren bis zu einem hohen Prozentsatz aus eigener Produktion sichergestellt werden. Die Erweiterung der Kohlenminen von Zonguldak wurde durch die Anlage des Stahlwerkes von Karabük ergänzt.[41]

Dieser Aufschwung erfolgte ohne ausländisches Kapital, wohl aber mit Hilfe und Mitwirkung ausländischer Ingenieure und Spezialisten. Ein Beispiel hierfür ist der Berliner Professor Hermann Ehlgötz, der bei dem Internationalen Wettbewerb um den neuen Generalsiedlungsplan von Istanbul den ersten Preis erhielt. Er nahm zu den städtebaulichen Veränderungen Stellung:

„Es galt, um die Schönheit dieser einzigartigen Stadt auch der fernen Zukunft zu überliefern, altes Kulturgut mit neuzeitlicher Stadtwirtschaft harmonisch zu vereinigen. Bei der Planung galt es, Moscheen, Kirchen, Schlösser, öffentliche Gebäude, Stadtmauern und Friedhöfe in einen großen Zusammenhang zu bringen, der den ganzen Raum der Stadt erfüllt.

Freiflächen, Fußwege unterstreichen das Zueinandergehören der Kulturstätten ... Das natürliche Straßennetz wird gebildet durch Ufer- und Höhenstraßen. Hauptaufgabe war, die Uferstraße längs des Goldenen Horns, des Marmarameeres und des Bosporus zum Ausbau vorzusehen. Das historische Straßennetz von Stambul, das auch im heutigen Stadtplan erkennbar ist, gab die Grundlage für das künftige Netz ... Das große Ziel des Stadtplanes ist: Das bunte Leben der Stadt mit ihrer reichen Vergangenheit hineinzuführen in eine sichere und wirtschaftlich wohlfundierte Zukunft.[42]

In einem zweiten Fünfjahresplan, der 1938 aufgestellt wurde, war die Erweiterung der Kohlenminen, die Elektrifizierung des ganzen Landes durch Erschließung der Wasserkräfte, die Erzeugung von synthetischem Benzin aufgrund der reichen Lignit-Vorkommen und schließlich die Erzeugung von industriellen Exportgütern vorgesehen – doch dieses Programm verhinderte der Ausbruch des Zweiten Weltkrieges. Außer dem allgemeinen industriellen Aufbau mußte die Türkei auch an die Schaffung einer eigenen Rüstungsindustrie denken. Ihr Zentrum war in der Nähe von Ankara.

Dazu kam die Schaffung einer festen und stabilen Währung, die Gründung von Sparkassen und Banken sowie die Schaffung einer aktiven Handelsbilanz. Logischerweise ging dadurch der Einfluß fremder Bankniederlassungen zurück. Die 1863 von französischen Finanziers gegründete „Banque Ottomane", die das Aufgabengebiet einer türkischen Regierungsbank übernommen hatte, verlor 1933 das Recht der Notenemission an die „Türkische Zentralbank" und mußte sich der Kontrolle des Finanzministeriums unterstellen. Verschiedene ausländische Bankinstitute lösten ihre Filialen in der Türkei auf, da sie der Geschäftsrückgang dazu zwang. Waren es im Jahre 1923 noch 20 Niederlassungen, so verblieben im Jahre 1938 nur noch sieben. Atatürks Regierung strebte vor allem eine Vermittlung der Abwicklung des Außenhandels zwischen der Türkei und ihren Heimatländern an.

Von Vorteil für das Land war, daß es vorwiegend ein Agrarland war und sich in Krisenfällen selbst ernähren konnte. Dies war mit ein Grund, daß 70% der Bevölkerung Bauern waren – bei Beginn der Industrialisierung gab es nur 50000 Industriearbeiter. So konnte es auch zu keinem Proletariat kommen. 1936 wurden soziale Arbeitsgesetze geschaffen, mit denen man zu einer Harmonie zwischen Arbeitgebern und Arbeitnehmern zu gelangen hoffte. Streik und Aussperrung waren verboten. Klassenkampf, Trust- und Kartellbildung wurden abgelehnt, die Schaffung von Arbeiterorganisationen und Schiedsgerichten bei Arbeitsstreitfragen war jedoch vorgesehen.

Ein bis zur Mitte der dreißiger Jahre anhaltender – spürbarer – Boykott französischen und britischen Finanzkapitals wurde schließlich wieder aufgegeben, da er den türkischen Industrieaufbau nicht ernstlich verhindern konnte. Allerdings ergaben sich auch bestimmte Grenzen für die Finanzierung, denn Atatürks Regierung entschädigte die ausländischen Konzessionäre – um zu verhindern, daß die wirtschaftlichen Interessen der fremden Mächte wie schon vor 1914 zu einer Art politischen Vorherrschaft führten (allein für die verstaatlichten Eisenbahnen zahlte die Regierung etwa 350 Millionen Schweizer Franken). Und auch die osmanischen Staatsschulden (1928 auf einen Anteil von 84 Millionen türkischen Pfund in Gold festgesetzt) dürfen nicht unerwähnt bleiben, obwohl die Schuldsumme aufgrund der Weltwirtschaftskrise drastisch herabgesetzt werden mußte. Dennoch blieb der türkische Staatshaushalt bis 1944 damit belastet.

Schließlich wurde die Wirtschaftspolitik von Erfolg gekrönt: Das Wachstum war beachtlich. Die türkische Industrie konnte den Inlandsbedarf an Zucker, Zement, Holz-, Gummi- und Lederwaren 1939 vollständig decken. Bei Baumwollstoffen gelang das zu 42, bei Wollstoffen zu 83, bei Papier und Pappe zu 32, bei Schwefel zu 70 und bei Glaswaren zu 63 %. Ebenso brauchten weder Kupfer noch Kupferlegierungen eingeführt zu werden, es konnte sogar der Export dieser Erze anlaufen. Auch die Förderung von Chromerz wurde erfolgreich entwickelt.

So verschwand das Außenhandelsdefizit, ja es kam zu einem beachtlichen Ausfuhrüberschuß. Allerdings kam es nun auch zu einer beträchtlichen Kapitalakkumulation: Hatten die privaten Bankeinlagen 1924 erst 13 Millionen türkische Pfund betragen, so wuchsen sie 1938 auf 227 Millionen an und erreichten 1945 bereits eine Höhe von 528 Millionen.

Auf lange Sicht wurden Atatürks Ansätze, welche die Sicherung der nationalen Unabhängigkeit und Souveränität zum Ziel hatten, freilich nicht verwirklicht, denn die Aufnahme von Kapitalanleihen ließ die Auslandsverschuldung später wieder sprunghaft ansteigen.

Auch das Verhältnis zu den Nachbarstaaten wurde unter Kamâl Atatürk geklärt. So entwickelte sich beispielsweise zwischen der Türkei, Persien und Afghanistan ein enges und freundschaftliches Verhältnis. Staatsbesuche und Verträge verbanden die Länder, desgleichen die Reformpolitik zur Überwindung der wirtschaftlichen und kulturellen Rückständigkeit.

Im Westen kam es zum Balkanbund zwischen der Türkei, Griechenland, Rumänien und Jugoslawien. Am 18. 7. 1932 trat die Türkei dem Völkerbund bei. Schon in den Jahren 1920–1922 hatten Atatürks Erklärungen darauf hingedeutet, wie wichtig ihm Freiheit und Unabhängigkeit der Türkei waren und daß er entschlossen sei, dieses Recht auch mit Waffengewalt zu verteidigen:

„Wir wollen nichts anderes, als frei und unabhängig in unseren nationalen Grenzen leben. Wir fordern von Europa, unsere Rechte nicht zu verletzen. In unserer Außenpolitik gibt es keine aggressive Absicht gegen welchen Staat auch immer, aber unsere Rechte und unsere Ehre verteidigen wir und werden wir immer verteidigen. Unsere Versammlung und die Regierung unserer Versammlung sind weit davon entfernt, kriegerisch oder abenteuerlustig zu sein. Sie kämpfen darüber hinaus leidenschaftlich dafür, daß sich die Ideen der Menschlichkeit und der Zivilisation durchsetzen mögen. Im Rahmen dieser Prinzipien suchen sie jederzeit sowohl mit der Welt des Okzidents als auch mit der Welt des Orients gute Beziehungen und freundschaftliche Bande. Aber wenn eine andere Nation die meine unterwerfen will, bin ich ihr schonungsloser Feind, bis daß sie von diesem Bestreben Abstand nimmt."[43]

Er rechtfertigte Kriege also nur dann, wenn es sich um die Verteidigung der Lebensrechte seiner Nation handelte. Er war sich durchaus bewußt, daß der Türkei sehr schwere Zeiten bevorstanden: „Wir haben eine Menge zu tun", sagte er einmal, „und all das kann nur in einer Zeit des Friedens getan werden".[44] Dabei war ihm klar, daß die eigentlichen Siege stets nur durch den Pflug, nicht aber durch das Schwert errungen werden. Auf diese Weise sollte der Traum von einer europäisierten Türkei schließlich doch Wirklichkeit werden, allen Unkenrufen zum Trotz.

Der Vater der Türkei

Mustafa Kemal hatte an Selbstbewußtsein gewonnen. Er hatte seine Ziele im wesentlichen erreicht und betrachtete seine Mission als erfüllt. Er hatte die neue Türkei gegründet und dabei mit Traditionen gebrochen, woran man vor ihm nicht einmal im

Traum gedacht hätte. Er war unaufhörlich aufgestiegen, hatte alle politischen Gegner überwinden und ausschalten können und war nun, auch vom Ausland anerkannt und respektiert, auf dem Gipfel seiner Macht.

Hier ein paar Gedanken des Gasi in bezug auf zeitgenössische Politiker des Auslands:

– Mussolini? Eines Tages wird ihn sein eigenes Volk aufhängen.
– Hitler? Ich habe sein Buch „Mein Kampf“ gelesen und das reicht mir. Was für eine geschmacklose Ausdrucksweise und was für schwachsinnige Gedanken! Übrigens hat jener deutsche Nazigegner vollauf recht gehabt, der gesagt hat: Mustafa Kemal hat sein Volk aus der Sklaverei befreit; Hitler dagegen hat ein freies Volk versklavt . . .
– Stalin? Man kann geteilter Meinung über ihn sein, doch eines steht fest: Nach hundert Jahren wird der Ruhm aller Diktatoren verblaßt sein, von ihm aber wird die Geschichte als größtem Staatsmann des Jahrhunderts sprechen.

Die Jahre waren auch an Mustafa Kemal, der sich jetzt Kamâl Atatürk nannte, nicht spurlos vorübergegangen.

Er hatte sich sehr verändert, war hochmütig und außerordentlich eitel geworden. Noch im Jahre 1921 hatte er behauptet, daß er keinerlei Besitz habe – jetzt aber war er geizig geworden und ließ nichts mehr los, was er besaß. Sein bescheidenes Landgut, das fast von selbst aus den Feldern rund um Chankaya (Tschankaja) erwachsen war, war inzwischen ein Mustergut geworden, das stolz vorgab, das beste Zuchtvieh im ganzen Mittleren Osten zu besitzen.

Er liebte es, die Rolle eines erfolgreichen Landwirts zu spielen und gab sich recht selbstherrlich dabei. Einmal ließ er bei Wasserknappheit einen Ingenieur kommen und befahl ihm, ein neues Staubecken zu bauen, das in seiner Form „dem Marmara-Meer gleichen sollte“.

Auch seinen früheren, gelegentlich recht leichten Lebenswandel hatte er wieder aufgenommen: Er trank ungeheuer viel, spielte Karten und hatte Frauenaffären. Trotz allem schien dies seinem Ruf in keiner Weise abträglich zu sein.

Schließlich brach seine alte Krankheit wieder auf, die er sich in Sofia geholt hatte. Wohl fehlender Geduld wegen hatte er sie nie richtig behandeln lassen (sie hätte zweifellos sehr lange Zeit in Anspruch genommen, weil das Penizillin noch unbekannt war).

Er fühlte, daß sein Ende nahe war, doch war er nicht gewillt, seinen Lebensstil entscheidend zu ändern.

Während eines Besuches in Smyrna (das jetzt Izmir heißt), begegnete Atatürk einem jungen Mädchen, das Afet hieß und vor der Lehramtsprüfung stand. Es war ihm auf Anhieb sympathisch, und als er erfuhr, daß es Vollwaise war, adoptierte er es kurzerhand.

Afet war nicht sein erstes Adoptivkind: Es gab bereits drei. Sie hießen Sehra (Zehra), Rukiya und Sabiha (letztere war übrigens die erste Türkin, die den Pilotenschein erwerben konnte). Nach Afet adoptierte er noch ein Mädchen – namens Ülkü – und hatte damit ein „Fünfmäderl-Haus". Sie bildeten den „Harem" des Gasi, wie man scherzhaft sagte. Afet versorgte ihm den Haushalt, interessierte sich für seine Probleme, begleitete ihn überallhin (was des öfteren zu protokollarischen Problemen führte) und nahm schließlich Latifes Stelle ein – wenngleich eine offizielle Eheschließung nicht erfolgte.

Der „Vater der Türken" hatte auch Adoptivsöhne, die er gut ausbilden und in gesicherten Stellungen unterbringen ließ.

Er war zu Lebzeiten zu einer Legende geworden. So hatte eine alte Bäuerin, die man nach ihrem Alter gefragt hatte, geantwortet, sie sei siebzehn Jahre alt. Denn vor siebzehn Jahren hatte sie Kemal (Kamâl) zum ersten Mal gesehen. Und ein junger Mann soll sich wochenlang nicht mehr die Hand gewaschen haben, weil er die Ehre gehabt hatte, die Hand des Präsidenten zu drücken.

Doch war es nicht zu übersehen, daß dieser frühzeitig gealtert war. Sein Gedächtnis arbeitete trotz allem einwandfrei – bis zum Ende.

Atatürks Tod

Um das Jahr 1938 war es offensichtlich, daß seine körperliche Verfassung nicht mehr widerstandsfähig genug war, um das schwere Leberleiden zu überstehen, das von ihm Besitz ergriffen hatte.

Ohne sein Wissen ließen die behandelnden Ärzte Dr. Fissinger

Nasser in Damaskus (1959)

Die Führer der Dritten Welt (1960): Nasser, Sukarno, Nehru, Nkrumah, Saeb Salem

Mustafa Kemal (1929)

Mustafa Kemal überzeugt sich von den Fortschritten seines Stabes in der für die Türkei neuen lateinischen Schrift

Mustafa Kemal mit seiner Frau Latife

Atatürk mit seiner Adoptivtochter Afet

Seine Majestät König Hussein von Jordanien

Hussein im Jahre 1945,
mit 10 Jahren, in
der Tracht der Beduinen

Hussein
mit seinem
Vater Talal,
der ihm schon
früh das Reiten
beibrachte

König Hussein als politischer Führer

König Hussein als Soldat

kommen, einen französischen Spezialisten. Der erkannte sofort, daß Atatürk eine Leberzirrhose hatte und verbot ihm strikt das Trinken, verordnete ihm Diät und strengste Bettruhe.

Atatürk durfte täglich nur etwa eine halbe Stunde aufstehen und hielt sich daran. Er hatte sich aus England eine eigens für ihn angefertige Chaiselongue kommen lassen, auf der er liegend lesen oder schreiben konnte.

Gleichwohl verschlechterte sich sein Zustand mit jedem Tag. Am 10. November 1938, fünf Minuten nach neun Uhr, starb er. Er lag in einem Zimmer, das ihm Ausblick auf den Bosporus gewährt hatte. Mustafa Kemal Pascha, der Gasi, Kamâl Atatürk – der Retter der Dardanellen und Begründer der neuen Türkei war nur 57 Jahre alt geworden.

Das Volk wollte es zuerst gar nicht glauben. Menschen liefen auf die Straße und weinten, einer seiner alten Freunde (sein Adjutant vom Dienst) beging Selbstmord.

Das Schweigen des Todes lag über der Stadt, lag über dem Land. Einen ganzen Tag lang und auch noch die folgende Nacht bedeckte man alles mit schwarzem Krepp: seine Standbilder, die Fenster und Fotos des Mannes, der von jeder Wand herabschaute.

Der Körper Atatürks lag drei Nächte lang in Staatskleidung im Dolma-Bachdsche-Palast. Die türkische Landesfahne bedeckte den Sarg; Offiziere hielten mit gezogenen Säbeln die Ehrenwache, während hunderttausende Menschen an ihm vorüberzogen.

Nachdem Atatürk drei Tage in Gala dort gelegen hatte, trug man ihn zu seinem Begräbnis. Menschen drängten sich wie noch nie: Sie nützten jede nur erdenkliche Lücke am Wegesrand, saßen sogar auf Kuppeln und Minaretts, begierig, einen – wenn auch nur einen – Blick auf den Leichenzug werfen zu können.

Der Sarg lag auf einer von Soldaten gezogenen Geschützlafette, ein Offizier schritt hinterher und trug nur einen einzigen Orden auf einem Samtkissen vor sich her – den Orden aus dem Unabhängigkeitskrieg.

In einem langsamen und düsteren Schweigemarsch zog der Zug hinüber zum Goldenen Horn, wo sich die Fährboote zusammendrängten. Es war Atatürks Wunsch gewesen, in seinem geliebten Ankara begraben zu werden. So hatte man beschlossen, den Toten zuerst auf dem Seeweg nach Izmit an der Ostspitze des

Marmara-Meeres zu bringen. Das türkische Schiff machte sich bereit, die Landspitze am Großen Serail zu verlassen, wo Schiffe aller Nationen vor Anker lagen, einschließlich der „Malaya", die den letzten Sultan der Osmanen in sein Exil – nach Italien – gebracht hatte.

Der Sarg kam noch am gleichen Abend in Izmit an und wurde zu dem für Atatürk bestimmten Zug gebracht, den er in seiner Eigenschaft als Präsident hatte benutzen dürfen. Nur der für ihn bestimmte Salonwagen war hell erleuchtet, als der rußgeschwärzte Zug sich auf der gewundenen Strecke auf die Reise begab, die quer durch die Ebenen und Berge Anatoliens führte.

Einer der zahllosen Biographen, Lord Kinross, beschrieb in seinem Buch „Atatürk" diesen letzten Abend: „Die Trauernden schwenkten Fackeln und schütteten ihren geringen Vorrat an Petroleum auf die Erde, um sie in Brand zu setzen. Der Zug brachte ihn in das Dorf, das verloren in einem großen Reich in den Bergen lag und das er zur Hauptstadt eines Landes gemacht hatte, das von ihm völlig umgestaltet worden war. Er hatte ein großes Reich übernommen, das aus Mut geboren worden war und das durch die Ausschweifungen seiner Herrscher auseinanderbröckelte." Im Laufe eines halben Menschenlebens hatte er nach den Worten von Kinross „sein Land aus dem Mittelalter an die Schwelle der modernen Zeit und noch ein Stückchen weitergeführt".

Und so wie es bis heute aussieht, wird es kaum je einem türkischen Staatsmann gelingen, über den Schatten dieses großen Reformers zu springen. Atatürk, bereits zu Lebzeiten eine Legende, ist nun zu einem Mythos geworden.

Hussein von Jordanien
König in Gefahr

„Und wenn ich Allah für das große Glück danke, das er mir beschieden hat, bitte ich ihn, daß er uns allen – den Bauern auf dem Felde, deren Arbeit so wichtig ist wie die des Monarchen, meiner Frau, mir und meiner Familie – in seiner Weisheit ein langes Leben schenken wolle, damit wir für unser geliebtes Land arbeiten können und uns als würdige Nachkommen der haschemitischen Dynastie bewähren."

(König Hussein von Jordanien
in „Mein gefährliches Leben")

Der Junge aus der Wüste

Das Territorium des heutigen Jordanien bestand schon immer größtenteils aus Wüste und Steppe; so war es kaum mehr als Druchgangsgebiet von wichtigen Handelsstraßen. Dieser jüngste Staat des Nahen Ostens entstand erst im Jahre 1950, und zwar aus der Vereinigung des östlichen und westlichen Jordanlandes. Transjordanien, das Ostjordanland, war 1923 als gesondertes britisches Mandat von Palästina getrennt worden, und Cisjordanien, das Westjordanland, war von jordanischen Truppen 1948 im arabisch-israelischen Krieg erobert worden.

Die Unabhängigkeit hatte Transjordanien erst 1946 erhalten; unter dem Emir Abdullah Ibn Hussein war es Königreich geworden. Abdullah stammte aus Mekka, der heiligen Stadt der Araber, und sein Vater, Scherif Hussein, war führendes Mitglied der Haschemitischen Familie, des traditionellen Wächters der Heiligen Städte des Islam – von Mekka und Medina.

Von Anfang an hatte das Land mit erheblichen Schwierigkeiten zu kämpfen, deren Ursachen neben der ungünstigen geographischen Lage in beständigen Auseinandersetzungen mit dem entstehenden und dem bereits bestehenden Israel lagen. Die politische und wirtschaftliche Stabilität wurde durch die Palästinenser noch mehr belastet, die nach der endgültigen Festlegung der Grenzen Israels 1948 ins Land gekommen waren und sich nur sehr schwer integrieren ließen. Zwar wurde eine positive Entwicklung durch britische und amerikanische Hilfe und Sicherung eines Existenzminimums für die palästinensischen Flüchtlinge durch die Vereinten Nationen eingeleitet, dennoch legte man die Eingliederungsbemühungen den Jordaniern als Verrat aus: Man glaubte, sie wollten die Palästinenser davon abbringen, gegen Israel zu kämpfen und in ihre Heimat zurückzukehren. So waren die andauernden Uneinigkeiten und Machtkämpfe im arabischen Lager eine stete Gefahr für Jordanien, und es war wohl von Vorteil, daß dem Land in dem Enkel Abdullahs, Hussein II., eine Persönlichkeit erwachsen sollte, die den politischen Ausgleich mit Israel suchte, dem Westen verbunden blieb und sich gegenüber den Anfeindungen der linksnationalistischen arabischen Nachbarn und der palästinensischen Widerstandsorganisationen behaupten konnte. Was dem jetzigen Herrscher dabei zugute kommen mochte, sind einmal seine Herkunft (als Angehöriger der Dynastie der Haschemiten gilt er als Nachkomme des Propheten Mohammed) und zum anderen sein Rückhalt in der Armee, von der er geschätzt und bewundert wird.

Schon im Jahre 1947 waren Kämpfe zwischen den Arabern und den Juden in Palästina ausgebrochen. Die Vereinten Nationen schlugen damals eine Aufteilung Palästinas vor, aber die Araber gingen nicht darauf ein. Sie lehnten es ab, ein Land aufzuteilen, in dem sie bis vor kurzem die überwältigende Mehrheit der Bevölkerung gebildet hatten, ein verständliches Argument. Aber auch die Juden waren entschlossen, einen eigenen Staat zu gründen, bedingt durch ihr grausames Schicksal während des Zweiten Weltkrieges. Es war vor allem der gewalttätige palästinensische Nationalist Hadschi Amin al-Husseini, der entschlossen war, dieser Entwicklung zuvorzukommen. Abdullah, der jordanische König, schien jedoch zunächst nach einer Verständigung mit den Juden zu trachten – es gilt als sicher, daß er mit ihnen mindestens zwei geheime Unterredungen geführt hat. Dennoch kam es zum Krieg. Weil sie die israelische Kampfkraft völlig unterschätzten und auch über keine einheitliche Planung und Führung verfügten, unterlagen die Araber in einem knappen Jahr, das lediglich von mehreren Waffenstillständen unterbrochen war.

Am 2. Dezember 1948 proklamierte eine Konferenz führender palästinensischer Araber den Anschluß der von der Arabischen Legion westlich des Jordans gehaltenen Gebiete an Jordanien, 1950 kam es dann zur formellen Eingliederung. Die arabischen

Nationalisten, vor allem Musa al-Husseini (Moussa Abdullah Husseini), gaben die Schuld an der Niederlage König Abdullah und der von britischen Offizieren aufgebauten Arabischen Legion, zettelten eine Verschwörung an und ließen Abdullah am 20. Juli 1951 auf der Schwelle der Al-Aqsa(Aksa)-Moschee in Jerusalem ermorden.

Über jene dramatischen Minuten schreibt Hussein in seiner Autobiographie: „Wir brachen an jenem Freitag zu früher Stunde auf, um vor den Gebeten in Jerusalem noch Freunde in Nablus zu besuchen . . . Wir fuhren in einem Wagen zur Moschee. Die Stimmung war spannungsgeladen, allerorts hatte man Vorsichtsmaßregeln getroffen. Schwerbewaffnete Truppen bewachten die Straßen, und ich sah viele böse, verdächtige Gesichter. Niemand konnte mehr für die arabische Sache getan haben als mein Großvater, und trotzdem, während wir langsam durch ein Spalier von Tausenden von Menschen fuhren, spürte man deutlich, daß Unheil in der Luft lag.

Als wir die Altstadt erreichten und aus dem Wagen stiegen, um zu Fuß weiterzugehen, wurde es noch schlimmer. Die Soldaten standen so dichtgedrängt, daß ich mich an einen Offizier mit der Frage wandte: ‚Was ist das – handelt es sich hier um ein Begräbnis?'

Ich ging ein paar Schritte hinter meinem Großvater zu seiner Rechten. Er unterhielt sich mit seinen Begleitern. Dann erreichten wir den Eingang der Moschee. Eine Ehrenwache präsentierte.

Mein Großvater war schon durch die Tür geschritten, als er sich zurückwandte und einem Offizier sagte, er fände, daß militärische Ehrenbezeigungen an einem heiligen Ort wie diesem fehl am Platz wären.

Dann betrat er die Moschee, und als er etwa drei Schritte in das Innere gemacht hatte, kam ein Mann hinter dem großen Portal zur Rechten hervor. Er sah geistesverwirrt aus. In der Hand hielt er einen Revolver und schoß, ehe irgend jemand eingreifen konnte. Er stand nur zwei Meter entfernt, und mein Großvater bemerkte ihn gar nicht. Er hatte einen Kopfschuß und stürzte sofort zu Boden, während sein Turban ein paar Meter von ihm wegrollte."[1]

Der Mörder hieß Shukri Ashu; er wurde von den Leibwächtern des Königs erschossen. An seinem Hals entdeckte man einen Talisman, dessen arabische Inschrift lautete: „Töte und du sollst gerettet sein."

Der Leichnam des Königs wurde zunächst auf einer Tragbahre ins Hospital geschafft – man wollte nicht wahrhaben, daß keine Rettung mehr möglich war. Hussein gab man eine Injektion gegen seinen Schock. Dann schaffte man ihn und andere Mitglieder der unmittelbaren Umgebung des Königs zum Flugplatz von Jerusalem.

Zu diesem Zeitpunkt war Hussein gerade 15 Jahre alt. Das Komplott wurde in der Folgezeit aufgedeckt, der Hauptverschwörer Dr. Musa al-Husseini hingerichtet. Peter Snow schreibt in seiner Hussein-Biographie, daß Zeugenaussagen bei späteren Verfahren ergaben, daß Abdullah al-Tell und Musa al-Husseini schon im Jahre 1950 den Tod des Königs geplant hatten (obwohl Tell entschieden jede Beteiligung an dem Plan vom Juli 1951 zur Ermordung abstritt).[2]

Schließlich wurde Jordanien zur Konstitutionellen Monarchie mit einem Zweikammer-Parlament. Obwohl in den Augen seines Vaters ein Versager und völlig ungeeignet, die harte und verantwortungsvolle Aufgabe der Führung eines Königreichs zu übernehmen, setzte man Talal als Sohn und Nachfolger Abdullahs auf den Thron der Haschemiten. Es waren wohl vor allem die arabischen Nationalisten, die große Hoffnungen in ihn setzten. Naif, Talals Bruder, der zwar beliebt und ehrgeizig war, aber nicht über dessen Intelligenz verfügte, zog man nicht in Betracht.

Hussein schildert seinen Vater in seinen Lebenserinnerungen als ungemein gütigen Menschen, sanft und voller Charme, von sprichwörtlicher Ehrlichkeit und zurückhaltend. Wenn man Talal wählte, so wohl auch Husseins wegen, dem man auf diese Weise eine legitime Thronfolge sichern wollte.

Die Entscheidung war von Taufik (Tewfik) Abul Huda, dem jordanischen Ministerpräsidenten, und Sir Alec Kirkbride, dem Vertreter der britischen Interessen und Botschafter, getroffen worden. England hatte die Verfügungsgewalt über die Finanzen des Landes; der Grad der Abhängigkeit Jordaniens von England in dieser Zeit veranlaßte mehrere Länder, ihm die Anerkennung eines unabhängigen, souveränen Staates zu verweigern (speziell die Sowjetunion). Auch Glubb Pascha, von dem noch an anderer

Stelle zu reden sein wird, war konsultiert worden, ging jedoch einer echten Mitsprache aus dem Weg.

Das Schicksal wollte es, daß Talal von einer tragischen Geisteskrankheit befallen wurde, die ihn wie ein schleichendes Gift zur Schizophrenie führte. Auch ein fünfwöchiger Kuraufenthalt in der Schweiz hatte keine endgültige Heilung gebracht, und das Zusammenleben mit ihm wurde rasch unmöglich. Als er bei manchen seiner Anfälle schließlich seine Umgebung lebensgefährlich bedrohte (seine Frau wollte er bei einer Geburt ermorden, und seinen Sohn Hussein griff er mit dem Messer an), mußte man ihn unter Aufsicht stellen.

Nachdem er sich mit der königlichen Familie verständigt hatte, veranlaßte Taufik Abul Huda eine Geheimsitzung, auf der beschlossen wurde, König Talal für wahnsinnig erklären und die Thronfolge auf den Sohn Hussein übergehen zu lassen. Glubb und Kirkbride zögerten nicht, ihre Zustimmung zu erteilen.

Der ärztliche Bericht wurde Taufik zugeleitet, der ihn umgehend dem jordanischen Parlament zugänglich machte. In der Geheimsitzung vom 11. August 1952 entschied das Parlament, daß Talal aufgefordert werden sollte, abzudanken und Hussein die Nachfolge antreten sollte.

Der unglückliche König fügte sich ohne Widerspruch. Der Machtwechsel vollzog sich in aller Stille, das jordanische Volk nahm ihn gelassen hin. Talal ging zunächst nach Ägypten, dann in die Türkei. Auf einer Insel im Bosporus, in der Nähe von Istanbul, bewohnte er eine Villa, in der er bis zum Sommer 1972 lebte. Nach seinem Tod – seine Krankheit hatte sich ständig verschlimmert – ließ ihn Hussein zur Beerdigung nach Amman überführen.

Der am 14. November 1935 geborene Thronfolger hatte den größten Teil seiner Jugend am Dschebel Amman verbracht: Er hatte dort einen Kindergarten, dann eine christliche Missionsschule besucht. In der Schule soll er sich nicht besonders ausgezeichnet haben, Husseins bevorzugte Interessen waren offenbar der arabischen Dichtung gewidmet.

Ursprünglich lebte der „Junge aus der Wüste" eher einfach, fast kleinbürgerlich. Seine Kindheit verlief allerdings glücklich, wenn auch nicht immer unbeschwert. Zu seinen Eltern hatte er eine harmonische Beziehung, insbesondere Mutter Zein liebte er sehr. Er sah in ihr stets eine schöne, ungewöhnliche und sehr kluge Frau. Hussein hat ihren Rat stets geschätzt.

Das Familienleben war nicht immer leicht, denn anfangs waren sie zeitweise sehr arm. Noch im Jahre 1950 erhielt sein Vater als Kronprinz vom Staat eine Apanage von nur 1000 englischen Pfund im Jahr und vorher sogar viel weniger; auch besaßen sie kein Privatvermögen.

Als Hussein ein Jahr alt war, brachte seine Mutter eine Tochter zur Welt, die einen Monat später in der bitteren Kälte des Winters von Amman starb. Sie bekam eine Lungenentzündung, weil die Familie nicht genug Holz hatte, um das kleine Haus zu beheizen. Um ihm einen Teddybären zu schenken – den er sich sehnlichst gewünscht hatte –, verkaufte die Mutter Schmuckstücke. Sie hat Hussein in den vielen Krisen seines Lebens stets ermutigt und unterstützt. Hussein ist der Meinung, daß sein Vater ohne ihre liebevolle Geduld und Hingabe nicht in der Lage gewesen wäre, Jordanien selbst für eine noch so kurze Zeit zu regieren. Die Geschichte des Landes wäre wohl anders verlaufen, wenn er nicht mit Zein als Gattin nach der Ermordung Abdullahs dessen Platz eingenommen hätte.

Hussein wechselte häufig seine Schulen in Amman und Alexandria, was wohl auch mit ein Grund war, weshalb er lange keinen richtigen Freund hatte. Nirgends gelang es ihm, sich einzugewöhnen. Schließlich besuchte er für zwei Jahre das Victoria College in Alexandria, ein Internat, in dem es eine ausgezeichnete Kombination von arabischem und englischem Unterricht gab. Diese Zeit zählt nach Husseins eigenen Worten zu den glücklichsten Jahren seines Lebens.

Den Abschluß seiner Studien absolvierte Hussein in Harrow, einer englischen Stadt (heute Stadtteil von London), in der bereits Talal, sein Vater, studiert hatte. An dieser öffentlichen und spartanisch geführten Schule fühlte er sich anfangs sehr einsam und unglücklich, lebte sich aber dann doch recht gut ein. Zur gleichen Zeit studierte dort auch sein irakischer Cousin Feisal.

Ein Freund seines Vaters schenkte Hussein eines Tages einen neuen, himmelblauen Rover, wodurch seine Leidenschaft für Automobile geweckt wurde. Später erhielt er einen Bristol, einen dunkelroten Sedan. Im Dorf Sudbury fand man schließlich eine

Garage, die von Maurice Raynor geleitet wurde, der ihm rasch ein guter Freund wurde.

Hussein verbrachte seine Sommerferien in einem Lausanner Hotel am Genfer See, als in Amman die Entscheidung getroffen wurde, König Talal zum Abdanken zu veranlassen. Ein Hotelpage überbrachte ihm den entscheidenden Brief, in dem ihn der Ministerpräsident davon benachrichtigte, daß er – Hussein – die Nachfolge seines Vaters anzutreten habe. Da er zu diesem Zeitpunkt noch nicht ganz 17 Jahre alt war, sollte ihn in den ersten Monaten ein Regentschaftsrat vertreten.

Hussein verständigte seine Verwandten, die sich bei ihm aufhielten, packte die Koffer und flog nach Amman. Er sollte ein schweres Amt und ein undankbares Erbe übernehmen.

König der Haschemiten

Zu seinem Empfang hatte sich am Flugplatz eine Ehrenkompanie eingefunden und auch Glubb Pascha von der Arabischen Legion befand sich unter den Anwesenden. Hussein wurde mit Jubel begrüßt, und die Menge rief unentwegt: „Lang lebe Hussein! Willkommen, Hussein!" Der königliche Wagen hatte Mühe, zum Basman-Palast zu gelangen.

Die ersten Wochen benutzte Hussein, um alle großen und kleinen Städte sowie viele Dörfer seines Landes zu besuchen. Er unterhielt sich mit den Menschen, um sein Volk näher kennenzulernen und um sich mit den Problemen der Bewohner vertraut zu machen. So reiste er – teils im Flugzeug, teils im Wagen – in die abgelegensten Teile Jordaniens.

Dann aber ging er nach Sandhurst in England, um in die – nach Meinung führender Regierungspersönlichkeiten – „beste Militärakademie der Welt" einzutreten. Auch sein Vater hatte in Sandhurst gelernt, und Hussein war davon überzeugt, daß auch sein von ihm sehr verehrter Großvater Abdullah seine Entscheidung gutgeheißen hätte.

Da auch der Ministerpräsident und General Glubb dafür plädiert hatten, wurde mit dem Kriegsministerium verabredet, daß der gesamte Lehrstoff in einem Sonderkursus zusammengefaßt dargeboten werden sollte – nämlich in sechs Monaten, der Zeit, die Hussein bis zur Volljährigkeit noch fehlte. Als „Offiziersanwärter König Hussein" trat er am 9. September 1952 in die Königliche Militärakademie Sandhurst ein.

Die Ausbildung war hart, und für Hussein war es nicht immer einfach, durchzuhalten. Doch sein eiserner Wille kam ihm zustatten. Oberfeldwebel Lord, der Mann mit einer der lautesten Stimmen des Regiments, machte sich ein Vergnügen daraus, nicht nur auszurufen: „König Hussein" oder „König von Jordanien", sondern „Mr. King of Jordan, Sir".[3]

Im Unterschied zu Harrow mochte Hussein diese Zeit sehr viel mehr: Er genoß tanzen, Nachtclubs und Parties, er liebte es, Geschichten zu erzählen und schnelle Wagen zu fahren.

Im Frühjahr 1953 kehrte Hussein zu seiner Einsetzung nach Amman zurück; seine Erziehung war nunmehr endgültig beendet. Er besaß alle Qualitäten, die man von ihm erwartete: Entschlußkraft, Mut und Unternehmungsgeist, Selbstbeherrschung und Selbstbestätigung, gute Manieren und eine praktische Urteilskraft. Wenn man allerdings Glubb Glauben schenken darf, so war er damals – wohl altersbedingt – ziemlich wankelmütig. Es kam öfter vor, daß er seine Anschauungen von einem Tag auf den anderen änderte, je nachdem, mit wem er zuletzt Gespräche geführt hatte.

Am 2. Mai 1953 übernahm er also seine konstitutionellen Pflichten, und am gleichen Tag wurde auch Cousin Feisal in Bagdad in seine Rechte eingesetzt. Der König wurde vor dem Parlament vereidigt. Über den wichtigen Tag seiner Einsetzung als König schreibt Hussein in seinen Memoiren:

„Ich erwachte an diesem Tag sehr zeitig und war dankbar, eine Weile noch meinen Gedanken nachhängen zu können. Der wichtigste Tag meines Lebens lag vor mir. Wenn er zu Ende ging, hatte ich die Verantwortung für mein Volk übernommen, die Pflicht, es zu lieben und ihm zu dienen . . .

Beim Frühstück konnte ich kaum einen Bissen hinunterbringen, nicht nur aus Aufregung, sondern auch aus Ergriffenheit über die Größe des Schrittes, der mir bevorstand.

Meine Uniform lag bereit, und ich begann mich anzuziehen: eine weiße Tunika aus schwerem Stoff mit goldenen Epauletten, die nur bei Staatsaktionen verwendet werden. Um 9 Uhr war ich fertig, und um 9.30 Uhr bestieg ich meinen Wagen, der vor dem Basman-Palast wartete. Er wurde von der Kavallerie der königlichen Garde, von Polizisten auf Motorrädern und anderen Eskorten begleitet. Langsam fuhren wir durch die vieltausendköpfige Menge jubelnder Jordanier zum Parlamentsgebäude. Die Begeisterung war ungeheuer, und die Spalier bildenden Truppen konnten das Volk kaum zurückhalten. Ich wußte, daß ich Haltung zu bewahren hatte, aber ich muß gestehen, daß ich vor Rührung den Tränen nahe war.

Als wir im Parlament angelangt waren, saßen der Premierminister, der Regentschaftsrat und das Kabinett zu meiner Linken, während mein jüngerer Bruder, mein Onkel und die höchsten Beamten des Königshauses rechts von mir Platz nahmen. Der Premierminister und der Senatspräsident gaben dem Wunsche Ausdruck, daß mir eine glückliche und erfolgreiche Regierungszeit beschieden sein möge. Dann stand ich auf und leistete den Eid von Jordanien: ‚Ich schwöre im Namen Allahs, die Konstitution zu wahren und meinem Volke treu zu sein.' Ich hoffe, diesen Eid nie zu brechen. Nach diesem Treuegelöbnis verkündeten 101 Salutschüsse aus den Kanonen der Arabischen Legion meine Thronbesteigung und die Übernahme aller konstitutionellen Machtbefugnisse.

Danach begab ich mich in die Moschee, um zu beten, und weiter zum Grabe meines Großvaters. Später besuchte ich meine Mutter, um ihre Segenswünsche entgegenzunehmen."[4]

Anderntags erklärte der neue König: „Jordanien bekennt sich zu der Bruderschaft, die alle Völker der großen arabischen Nation vereint. Jordanien ist nur ein Teil davon, und die Arabische Legion ist nur ein Teil seiner Armeen."

Husseins Interessen galten vor allem dem Auf- und Ausbau einer Armee und der Luftwaffe. Die schon vorhandene Armee entwickelte sich rasch unter Leitung von Glubb Pascha. Bestand sie noch im Jahre 1948 aus 6000 Mann, so waren es Ende 1952 bereits 20 000 Mann. Da es in Husseins wenig beneidenswerter Situation im Nahen Osten vor allem galt, Macht zu demonstrieren, wird auch sein Ziel, möglichst schnell eine starke Luftwaffe aufzubauen, verständlich. Es bedurfte freilich der Energie mehrerer Jahre.

Die wirtschaftlichen und sozialen Probleme seines Landes waren in der Tat beachtlich: Unter der Bevölkerung von knapp eineinhalb Millionen Menschen befanden sich 600 000 palästinensische Flüchtlinge und weitere 450 000 Jordanier vom Westjordan, die Palästina und nicht Jordanien als nationale Heimat ansahen. Zwei Drittel von Husseins Staatsangehörigen waren also nur widerstrebend Jordanier. Da eine große Zahl von ihnen arbeitslos war und von den Hilfsrationen der Vereinten Nationen ihren Lebensunterhalt fristete, kann man sich leicht vorstellen, daß diese Menschen enttäuscht, verbittert und verzweifelt waren. Sie haßten Israel und machten England, die USA und auch die Haschemiten für ihre traurige Lage verantwortlich. Die wachsende politische Unzufriedenheit in Jordanien und die Unveränderlichkeit der israelischen Anwesenheit in Palästina bewirkte schließlich einen zunehmenden Extremismus unter den Palästinensern, der in einer Serie von Attentaten und Flugzeugentführungen im Jahre 1973 vorläufig gipfeln sollte.

Nicht genug damit, auch die wirtschaftlichen Probleme waren beachtlich. Nach Schaffung des Staates Israel war durch die Einstellung der Ausfuhr in den größten Teil Palästinas Jordaniens Handel ernstlich gestört worden; mit dem Krieg von 1948 war er gar vollends zusammengebrochen. Da aus Israel unentwegt Flüchtlinge nach Jordanien strömten, hatte das Land diese Menschen zu ernähren, verfügte jedoch nicht über das hierzu notwendige Budget. Eine ausländische Finanzierung war daher unumgänglich.

Da die Sicherheit seines Thrones in der ersten Zeit vor allem davon abhing, daß ein Krieg mit Israel verhindert wurde, mußte Hussein Auseinandersetzungen mit den Palästinensern in Kauf nehmen. Dies war zwar vernünftig, doch erzeugte dieses Verhalten gleichzeitig eine lebhafte innere Opposition.

Dennoch wuchs der junge König gut in seine Rolle hinein. Er sah seine Arbeit rasch als Routine an und verbrachte die größte Zeit seiner Tage in seinem Büro im Basman-Palast. Die königliche Familie verfügte über drei Paläste. Der Raghadan war von König Abdullah bereits im Jahre 1921 erbaut worden. Husseins Großvater hatte auch mit dem Bau des Basman-Palastes begonnen, ihn jedoch nie bewohnt. Husseins Mutter bewohnte mit den übrigen Familienmitgliedern den Zahran-Palast, der im Gegensatz zu den beiden erstgenannten Palästen Privateigentum ist. Hussein besaß außerdem ein Haus in Hummar (Hammar) und eine kleinere Villa in Schuna (Jordantal).

Der Regierungspalast besteht aus drei Teilen: einer ist für das Wohnen, einer für die Arbeit und der dritte für offizielle Anlässe bestimmt. Die Wohnung besteht aus Schlafzimmern, vier kleinen Gästezimmern, einem Eßzimmer und drei Salons. Der größte von ihnen eignet sich für etwa 25 Personen. Im Arbeitszimmertrakt gibt es ein Büro für den König und mehrere Zimmer für seine unmittelbaren Mitarbeiter. Der Gästeteil besteht aus einem großen Saal für Festlichkeiten, hier können bei einem Essen 150–200 Personen Platz finden. Dann gibt es noch eine Halle für Audienzen und Pressekonferenzen, abends wird sie gelegentlich für private Filmvorführungen benutzt.

Die beiden anderen Paläste sind ähnlich aufgebaut. Im Thronsaal des Raghadan empfängt der König gelegentlich Botschafter, um ihnen ihr Beglaubigungsschreiben zu überreichen, oder zur Begehung von Nationalfesten.

Seine besondere Fürsorge widmete Hussein in diesen Jahren den Beduinen. Er fühlte sich als Oberster ihres Stammes und trachtete danach, ihren Bedürfnissen weitgehend entgegenzukommen. Das waren immer wieder die gleichen: Es fehlten Schulen und Krankenhäuser, und es mangelte an der Wasserversorgung. Selten überreichten sie Bittschriften, denn sie sind viel zu stolz, um Hilfe zu erbitten. Der König mußte selbst herausfinden, wo Not am Mann war – und das tat er oft und gerne. Er besuchte die Stämme und war meist ein gern gesehener Gast. Dabei wurden die traditionellen Tänze getanzt und Lieder vorgetragen; kam sein Name darin vor, wurden die Flinten zum Gruß in die Luft abgeschossen. Nachdem man Kaffee getrunken hatte, wurde bei solchen Gelegenheiten eine Begrüßungsrede improvisiert; manchmal trugen Dichter auch spontan Verse vor. Das Essen, meistens aus Reis und Hammelfleisch bestehend und von den Beduinen „Mansef" genannt, wird in großen Kesseln bereitet – was auch diesen Namen erklärt (er bedeutet „große Schüssel"). Kein Mitglied des Stammes, nicht einmal der Scheich, ißt, bevor die Gäste nicht ihr Mahl beendet haben. Dann ruhen die Männer auf seidenen Kissen in Zelten, die etwa 50 Meter lang sind; Frauen dürfen nicht zugegen sein.

Hussein liebte diese Besuche gerade wegen des starken Gegensatzes zum Hofleben. Er wollte indessen auch der Stadtbevölkerung näherkommen. So verkleidete er sich eines Tages als Taxichauffeur und befragte auf dem Weg zwischen Amman und Serke (Zerka) – der Militärzone – die Leute, die in seinen Wagen stiegen, was sie von ihrem König hielten. Das Ergebnis war nach seinen Angaben sehr günstig.

Nur die Aufgabe, das Westjordan- und das Ostjordanland zu einem Land zu verschmelzen, schien nach wie vor in weite Ferne gerückt. Die Palästinenser hatten ohnehin stets den Eindruck, daß er sie vernachlässige, und sie mochten auch gar nicht so unrecht damit haben, denn Hussein billigte der Ostseite tatsächlich ein gewisses Übergewicht zu, bedingt dadurch, daß dort die Wurzeln der Haschemiten-Dynastie lagen. Er reiste zwar gelegentlich über den Jordan, bemühte sich, die Sympathien der Palästinenser zu gewinnen, schaffte es jedoch im Grunde nie. Daran änderte auch der Versuchsbau einer Residenz auf dem Westufer nichts; der Krieg von 1967 verhinderte außerdem die Fertigstellung.

In dieser Zeit der Anfangsschwierigkeiten fiel Husseins erste Ehe mit Scharifa Dina Abdul Hamid, der er selbst keine große Bedeutung beimaß.

Bagdad-Pakt und Palästina-Problem

Die Jahre von 1954 bis 1957 gestalteten sich für König Hussein außerordentlich schwierig; sie wurden zu einem „Balance-Akt", wie es Snow nennt, denn der junge Monarch schwankte unentwegt von einer politischen Seite auf die andere, weil er in die Intrigen nahöstlicher Machtpolitik verstrickt wurde. Da war England, das noch immer seine enge Zugehörigkeit betonte, da war das nach autokratischer Kontrolle verlangende Ostjordanland, da war das Gegenteil verfolgende Westufer mit den Palästinensern und das argwöhnische Ausland.

Hussein war in einer wenig beneidenswerten Lage. Die Beziehungen zu England mußten weiterhin gepflegt werden: Schließlich bezahlte es die Kosten für die Armee und die Luftwaffe des

Königs – nur so konnte das Defizit im Staatshaushalt gedeckt werden.

Im Jahre 1955 erreichte der kalte Krieg zwischen Ägypten und Jordanien, der schon vor Großvater Abdullahs Ermordung begonnen hatte, einen Höhepunkt. Schuld daran war der Bagdad-Pakt, der auf der Idee einer nördlichen Verteidigungslinie gegen den Kommunismus beruhte. Hussein erhielt diese Nachricht in Rom, wo er sich auf dem Rückweg von Reisen nach Amman meistens aufhielt: Der Irak und die Türkei hatten den Vertrag zur gemeinsamen Verteidigung gegen Rußland unterzeichnet.

Von der Nützlichkeit des Paktes war insbesondere Nasser nicht überzeugt. Er hätte einen weit umfassenderen, von Ägypten beherrschten arabischen Zusammenschluß begrüßt – der sich neben Rußland auch gegen Israel zu richten gehabt hätte.

Im Gegensatz zu ihm hatte Anthony Eden, der spätere Premierminister Englands, in dem Pakt eine Erweiterung der NATO gewissermaßen als Schutz gegen die kommunistische Expansion im Nahen Osten gesehen.

Nasser wandte sich an Jordanien und forderte Hussein auf, einem Sicherheitspakt mit Syrien, Ägypten und Saudi-Arabien beizutreten. Gleichzeitig waren im Kairoer Rundfunk heftige Angriffe auf Husseins Vettern in Bagdad zu hören, wobei sie als „Verräter an der arabischen Sache“ tituliert und als „Katzenkrallen der Imperialisten“ bezeichnet wurden.

Hussein war in tiefer Sorge, denn er befürchtete einen endgültigen Bruch zwischen Ägypten und dem Irak und damit die Schwächung der arabischen Staaten durch Uneinigkeit. Jordanien, auf gutnachbarliche Beziehungen angewiesen, brauchte Schutz und Beistand, falls es zu einem israelischen Angriff kommen sollte. Der jordanische König war gegen einen Pakt mit Nasser, denn er vermutete, daß der ägyptische Staatschef Unruhe in seiner Regierung stiften wollte, um sie dann zu Übergriffen gegen Israel zu verleiten. Zudem wußte er von Saudi-Arabiens Interesse für Akaba, Jordaniens einzigen Hafen (den es als Teil des Hedschas forderte), und er argwöhnte, daß Israel das Westufer besetzen würde, falls es zu einer Auflösung Jordaniens käme.

So gab sich Hussein weiterhin Mühe, mit jedermann Kontakt zu halten und Freundschaft zu bewahren. Wohlwollend setzten sich seine Delegierten für die Idee eines Paktes mit Ägypten, Syrien und Saudi-Arabien ein, als die Konferenz der neutralen Länder im Frühjahr 1955 in Bandung tagte – andererseits hielt Hussein an seiner Verbindung mit den Haschemiten im Irak fest. Er besuchte Bagdad und versuchte dort für Nassers Standpunkt Verständnis zu finden, freilich vergebens. Sein Cousin Feisal – der König – hatte nämlich praktisch gar keinen Einfluß, während Nuri Said, der Ministerpräsident, an den Pakt gebunden war und keinerlei Interesse bezeigte, die Beziehungen zu Nasser aufrechtzuerhalten: „Majestät, wir sind im Bagdad-Pakt, das ist eine Tatsache, und wir haben nicht die Absicht, uns aus ihm zurückzuziehen!"

Hussein suchte auch Nasser in Kairo auf, der ihn damals stark beeindruckt hatte. Er bewunderte den Ägypter und fühlte, daß er eine überragende Rolle für die arabische Welt spielen konnte und daß er möglicherweise auch in der Lage war, notwendige Reformen durchzuführen. Die beiden Regierungschefs stimmten zwar darin überein, daß der Bagdad-Pakt etwas übereilt zustande gekommen sei und Nasser hätte konsultiert werden müssen, doch letzten Endes kam für Hussein nicht viel dabei heraus.

Am 25. September erlebte die Welt eine Überraschung: Nasser verkündete ein Waffenabkommen mit dem Sowjetblock. Den Sowjets mochte es nicht ganz ins Konzept passen, daß die Verknüpfung Nassers mit den Kommunisten offenbar wurde, und so gaben sie – zumindest nach außen – die Unterstützung Israels auf. Worauf Israel prompt damit anfing, Waffen aus Frankreich zu beziehen und seine Kriegsstärke zu erhöhen.

In London hegte man noch immer die Hoffnung auf einen Beitritt Jordaniens zum Bagdad-Pakt. Der Chef des britischen Generalstabs, General Templer, suchte Hussein auf und versuchte, ihn für den englischen Standpunkt zu gewinnen. Hussein beschloß jedoch, in jedem Fall zuerst Nasser zu benachrichtigen, und sandte ihm eine Abschrift der Besprechung. Außerdem fügte er eine Aufstellung der dringendsten Bedürfnisse Jordaniens bei. Doch der ägyptische Präsident spielte ein falsches Spiel mit Hussein: Er ließ ihm zwar die Botschaft zukommen, „daß jede Stärkung Jordaniens eine Stärkung der arabischen Welt sei und er daher keine Bedenken gegen einen Beitritt zu dem Pakt habe", startete jedoch gleichzeitig eine bösartige Propaganda-Kampagne gegen das Land, was zu einem Aufruhr in Amman führte. „Hussein verkauft uns an die Briten!" hieß es in Radio Kairo. „Dank Nasser ist Ägypten das einzige unabhängige arabische Land."

Hussein blieb seiner Sache treu, obwohl am 13. Dezember vier Kabinettsmitglieder zurücktraten und auch Ministerpräsident Said Mufti sein Amt niederlegte. Er ließ eine neue Regierung bilden und gemeinsam erklären, daß die neue Regierung den Beitritt Jordaniens zu dem Pakt wünsche und die Streitkräfte letztlich nur davon profitieren könnten.

Neue Schwierigkeiten stellten sich diesmal von der Baath-Partei ein, einer von Linkssozialisten in Damaskus gegründeten Gruppe, die seit 1954 von mehreren Opportunisten geführt wurde und sich eng an die kommunistische Ideologie angelehnt hatte. „Al-Baath (Ba'th) al-Arabi" bedeutet „arabische Renaissance".

Die Partei organisierte Demonstrationen in allen größeren Städten und hetzte öffentlich gegen den „Verräter Hussein". So mußte der König erneut die Regierung auflösen, einer provisorischen Regierung die Geschäfte übertragen und Neuwahlen in Aussicht stellen.

Da jedoch unter dem entsprechenden Erlaß die Unterschrift des Innenministers fehlte und dieses Manko von einigen Abgeordneten bemängelt worden war, erklärte der Oberste Gerichtshof Jordaniens das Dokument für verfassungswidrig und die alten Abgeordneten gelangten wieder „zu Amt und Würden", wenigstens pro forma. Das war der Beginn weiterer heftiger Unruhen, und Hussein wußte sich nur durch entsprechenden Einsatz der Arabischen Legion zu helfen. Nur langsam gelang es, normale Verhältnisse wiederherzustellen, doch schließlich konnte Hussein seinen Thron als gesichert betrachten.

Diese Runde war allerdings zweifelsfrei an Nasser gegangen; alle Gerüchte über einen geplanten Beitritt zum Bagdad-Pakt hörten endgültig auf. Wohl aus diesem Grunde scheiterten auch Husseins Bemühungen um eine Konferenz aller arabischer Staaten in Amman.

Die zur selben Zeit erneut auftretende Palästina-Frage war aber ein weitaus gravierenderes Problem, außerdem ging sie alle Araber und nicht etwa nur die palästinensischen Araber an.

Der kaum zu beseitigende Konflikt zwischen Arabern und Juden wurzelt in der Enttäuschung, welche die Alliierten den Arabern nach dem Ersten Weltkrieg bereitet hatten: Sie sahen ihre Hoffnungen auf Unabhängigkeit begraben und fürchteten eine dauernde Fremdherrschaft durch die hohe Zahl jüdischer Einwanderer (1921 waren es nicht mehr als hunderttausend, 1938 fast eine halbe Million). Arabisch-Asien war nämlich in britische und französische Mandate aufgeteilt worden; außerdem hatte man dem jüdischen Volk Palästina als „Nationalheimat" versprochen und das, ohne das arabische Volk zu befragen, das immerhin 93 % der Bevölkerung ausmachte. Deshalb ist es kein Wunder, wenn die arabische Welt die verhängnisvolle Balfour-Erklärung vom 2. November 1917 als schwersten Schlag gegen ihre Politik betrachtet. Daran ändert auch der zweite Paragraph des höchst unklar formulierten Dokuments nichts, das garantiert: „Es ist selbstverständlich, daß nichts unternommen werden soll, was die zivilen und religiösen Rechte der nichtjüdischen Gemeinden in Palästina schmälern könnte."

Die Tragödie gipfelte im Jahr 1948 mit der Schaffung des Staates Israel. Es ist klar, daß die Palästinenser bei Wahrung des Grundrechts der Selbstbestimmung einer solchen Staatsgründung niemals zugestimmt hätten, andererseits ist auch der Wunsch der Juden nach einer neuen Heimat verständlich.

Das zionistische Ziel, einen Nachfolgestaat des biblischen Israel in Palästina zu gründen, mußte zwangsläufig mit dem arabischen Streben nach einem unabhängigen arabischen Staat Palästina kollidieren; dazu kamen eine erhebliche Zahl religiöser Motive, denn in diesem Gebiet befinden sich viele heilige Stätten der Juden, Christen und Mohammedaner. Im August 1937 hatte der 20. Zionistische Kongreß den britischen Teilungsvorschlag der Peel-Kommission vom Januar 1935 akzeptiert; das Höhere Arabische Komitee und führende politische Gremium der Palästinenser hatte dagegen den Teilungsplan verworfen (trotz Empfehlung des Völkerbundes und Emir Abdullahs, Husseins Großvater). Die arabische Bevölkerungsmehrheit hätte demnach die weniger fruchtbaren Gebiete von Judäa, Samaria und des Negev erhalten.

Die Unruhen und Aufstände gegen die Mandatsregierung und

die jüdischen Siedler sind bereits erwähnt worden. Zudem gaben die Engländer 1939 ein Weißbuch heraus, in dem sie vorschlugen, Palästina nach 10jähriger Übergangszeit zu einem binationalen arabisch-jüdischen Staat zu machen – fanden jedoch auch diesmal kein Verständnis für ihre Ideen. 1947 wurde das Problem vor die UNO-Vollversammlung gebracht, die am 29. November durch einen Teilungsplan dem künftigen jüdischen Staat 56 % (anstelle der geforderten 85 %) Palästinas zuerkannte, der von den Palästinensern und der Arabischen Liga mit Ausnahme Jordaniens abgelehnt wurde. Es kam zu einem Partisanenkrieg, der hart und unerbittlich geführt wurde. Die Massaker der Irgun und der Stern-Gruppe in Deir Jassin vom 8. April 1948 sind ein blutiges Mahnmal jener Tage. Schließlich gab England das Mandat über Palästina auf, und David Ben Gurion proklamierte in Tel Aviv den Staat Israel.

Von dem nachfolgenden Krieg war gleichfalls bereits die Rede. Als die Juden immer mehr Land in Besitz nahmen – ihre Siege hatten sie dazu ermutigt –, begann die große Fluchtwelle anzurollen. Husseins Großvater gewährte den Palästinensern bereitwillig Asyl, ja er gab vielen sogar die jordanische Staatsbürgerschaft.

Auf diese Weise wurde das „Westufer" zu einem wichtigen Bestandteil des Landes Jordanien. Dennoch wurde das Flüchtlingsproblem immer gravierender; es genügte nicht, die Palästinenser lediglich in Auffanglagern unterzubringen. Der König war bemüht, die Flüchtlinge anzusiedeln und ihnen menschenwürdigen Lebensunterhalt zu bieten, um ihnen auf diese Weise einen Heimatersatz zu schaffen.

Die Hoffnungen auf eine „Repatriierung" waren gering, denn Hussein machte sich keine Illusionen darüber, daß Israel und die Palästinenser den ehrlichen Wunsch nach einer fairen Lösung hätten. Nach seiner Ansicht „tut Israel alles, um seine Lage zu festigen und geht dabei ebenso heftig nationalistisch zu Werke wie Hitler, als er die Juden aus Deutschland vertrieb", und suchen die Palästinenser „ihrerseits das Recht, in die Heimat zurückzukehren".[5]

In dieser Zeit wurde Glubb Pascha entlassen. John Bagot Glubb war 1930 aus dem Irak gekommen, um die beduinischen Streitkräfte Jordaniens zu organisieren. Er gründete die „Arabische Legion" und trug viel dazu bei, daß Abdullah, Husseins Großvater, Transjordanien stabil halten konnte. Glubb war klein, stets freundlich und energisch. Sein vorgeschobenes Kinn rührte von einer Verletzung her; oft hat man ihn seiner Eigenschaften wegen mit einem Beduinen verglichen: Er war zurückhaltend, selbstbezogen, feinfühlig und gefühlsbetont.

Die Stimmen mehrten sich, die Glubb als Symbol für englischen Einfluß in Jordanien ansahen und gegen ihn hetzten. Junge Offiziere beklagten sich über mangelnde Beförderungsmöglichkeiten aufgrund der Anwesenheit und Konkurrenz englischer Offiziere. Unter ihnen war es vor allem der ehrgeizige Ali Abu Nuwar, den Glubb einst in Talals Tagen der Verschwörung verdächtigt und so dazu beigetragen hatte, daß er an die Botschaft von Paris versetzt worden war.

Hussein, der bei Aufenthalten in Paris des öfteren mit Ali zusammentraf, war durch dessen Redegewandtheit und politische Ansichten beeindruckt und betrieb schließlich energisch seine Rückversetzung nach Amman – sehr zum Mißfallen Glubbs, der sie jedoch nicht verhindern konnte. Zwar wußte der König der Haschemiten, daß Glubb völlig loyal war und seine Befehle nicht aus London, sondern aus Jordanien bezog, doch ließ er sich wohl von Ali davon überzeugen, daß Jordanien von der englischen Vorherrschaft befreit werden müsse (Glubb bestätigte selbst, daß er keinerlei offizielle Verbindung mit der englischen Regierung gehabt und diese auch nie versucht hatte, sich einzumischen oder gar Befehle zu geben).

So betrieb Hussein die Absetzung eines Mannes, der 26 Jahre in Jordaniens Diensten gestanden hatte, und erzwang seine sofortige Abreise innerhalb von zwei Tagen. Glubb, den die Beduinen Abu Hunaik, „Vater mit dem kleinen Kinn", genannt hatten und der die „Al Jeish al-Arabi", die „Arabische Legion", gegründet hatte, widersetzte sich nicht. In seinem ausgezeichneten Buch „Soldier with the Arabs" (Deutsche Ausgabe: „Jenseits vom Jordan – Soldat mit den Arabern") schildert er detailliert diese Vorgänge.

Die Folge war, daß Hussein das Militärbündnis mit England kündigte, worauf sich Syrien, Ägypten und Saudi-Arabien auf der Konferenz von Kairo verpflichteten (18. Januar 1957), die bisher von den Engländern geleistete Finanzhilfe zu übernehmen.

Glubb hatte sich um Jordanien zweifellos hohe Verdienste erworben; Husseins Maßnahme wurde vom Ausland ganz entschieden verurteilt, und ganz besonders England war tief enttäuscht. So erklärte Sir Anthony Eden im Unterhaus:

„Das Haus wird mit Unwillen und Bedauern von der abrupten Entlassung General Glubbs und zweier anderer höherer britischer Offiziere aus der Arabischen Legion gehört haben. Der treue Dienst eines ganzen Lebens, das General Glubb dem haschemitischen Königreich von Jordanien widmete, hätte eine großmütigere Behandlung verdient.

Es ist recht und billig, dem Haus mitzuteilen, daß der König von Jordanien und sein Ministerpräsident dem Botschafter Ihrer Majestät zugesagt haben, daß sie keine Änderungen der anglojordanischen Beziehungen wünschen und daß sie zu dem anglojordanischen Vertrag stehen."

Diese Anweisungen – dazu bestimmt, um eventuelle Mißverständnisse aufzuklären – lauteten nach Husseins eigenen Angaben:

„Es ist Ihnen sicher bekannt, daß wir General Glubb seines Postens enthoben haben, weil wir kein Vertrauen mehr in ihn setzen und weil er ein Element der Unruhe im Lande geworden ist.

Aber wir dachten nie daran, daß diese Angelegenheit einen Wechsel in den Beziehungen zwischen Jordanien und der Königlich britischen Regierung, die in dem Vertrag von 1948 festgelegt sind, herbeiführen oder die Freundschaft zwischen unseren beiden Ländern beeinflussen könnte.

Was die in der Arabischen Legion dienenden britischen Offiziere betrifft, bitte ich zur Kenntnis zu nehmen, daß Jordanien seine Verpflichtungen ihnen gegenüber entsprechend ihren Verträgen achten wird.

Bezüglich der Gerüchte, daß wir beabsichtigen, die britischen Subsidien durch einen arabischen Beitrag zu ersetzen, ist Euerer Exzellenz zweifellos das Vorhandensein eines Vertrags mit Großbritannien bekannt, der beiden Seiten gewisse Vorteile gewährt.

Die Zahlung eines arabischen Beitrags, angenommen, sie fände statt, würde in keiner Weise die Wirksamkeit des anglo-jordanischen Vertrags aufheben.

Dessenungeachtet begrüßt Jordanien jede Form arabischer

Hilfe, die es dazu verwenden kann, seine Lage entsprechend den Waffenstillstandsbedingungen zu verbessern. Es befindet sich einem perfiden Feind gegenüber und muß die Lücken in seiner militärischen Verteidigung auffüllen, die der Übergabe der Befehlsgewalt in arabische Hände folgen.

Angesichts des oben Gesagten vertraue ich darauf, daß Euere Exzellenz das Äußerste tun werden, um diese Tatsachen zu unterstreichen und im Interesse des Landes zu verbreiten."[6]

Husseins Entscheidung mochte sich aus seinem wankelmütigen und impulsiven Verhalten erklären, das zweifellos durch sein jugendliches Alter bedingt war (er war 1956 erst 21 Jahre alt). Ganz wohl war ihm bestimmt nicht, als es galt, ernsthafte Gründe für seine Aktion anzuführen. So behauptete er, daß sich Glubb der zu raschen Ernennung arabischer Offiziere auf die führenden Posten der Legion widersetzt habe – und das, obwohl die Legion erst 1941 mit dem Einsatz arabischer Offiziere begonnen hatte (die geschultesten von ihnen zählten 1956 demnach höchstens 15 Dienstjahre).

Dann teilte er keineswegs Glubbs vorsichtigen Verteidigungsplan, sondern bevorzugte eine Art von „Vorwärts-Strategie" (so nennt es Snow in seiner Biographie), was in seiner arabischen Mentalität begründet liegt. Zudem sah Hussein in Glubb, der sein Vater hätte sein können (der Altersunterschied betrug nahezu 40 Jahre), immer mehr einen Unruhestifter. Er nahm schließlich an, daß sich Glubb in die jordanische Politik einmischen wollte – was von Glubb ganz entschieden bestritten worden ist.

Natürlich verschaffte diese Maßnahme dem König der Haschemiten nicht nur in seinem eigenen Land eine ungeheure Popularität, sondern in der ganzen arabischen Welt. Hussein hatte eindringlich unter Beweis gestellt, daß er der Herr seines eigenen Landes war und nicht etwa ein Sklave der ehemaligen Mandatsmacht England.

Hussein legt Wert darauf zu betonen, daß Glubb Pascha „mit allen Ehren entlassen wurde", denn er hatte den Offizier im königlichen Wagen zum Flughafen bringen und durch den Verteidigungsminister und den Chef des Diwans verabschieden lassen. Dennoch kommentierte Anthony Eden, der englische Premierminister, diesen Vorgang bitter: „Es war häßlich gemacht, und König Husseins Erklärung, daß er so plötzlich habe handeln müssen, um Ärger in der Legion zu vermeiden, konnte ihn nicht entschuldigen."[7]

Hartnäckig haben sich die Gerüchte gehalten, daß hinter all diesen Vorgängen Präsident Nasser von Ägypten als geheimer Drahtzieher gesteckt habe. Sie gehören ins Reich der Spekulation. Festzustehen scheint, daß Ali Abu Nuwar und eine Gruppe junger Offiziere von Nassers Machtergreifung höchst beeindruckt gewesen sein dürften und möglicherweise für Jordanien ähnliche Pläne geschmiedet hatten. Vielleicht schwebte ihnen eine militärische Republik oder gar eine Militärdiktatur vor; in jedem Fall hat Ali alle diesbezüglichen Vermutungen strikt zurückgewiesen. Der König hatte ihn im Mai 1956 zu Glubbs Nachfolger und seinen Cousin, Ali Hiyyari, zu seinem Stellvertreter ernannt. Im Juni wurde das Parlament aufgelöst und im Herbst – nach den Ergebnissen der allgemeinen Wahlen – beauftragte der König den Führer der nationalen sozialistischen Partei, Suleiman Naboulsi, mit der Regierungsbildung. Diese Entscheidung sollte sich als verhängnisvoll erweisen, denn der neue Ministerpräsident und Ali Abu Nuwar, inzwischen General und Stabschef, intrigierten gegen den König und versuchten ihn schließlich gar zu stürzen. Da sie an der Loyalität der Beduinentruppen scheiterten, blieb Naboulsi nichts anderes übrig, als Hussein seine Rücktrittserklärung zu unterbreiten.

Der Oberbefehlshaber floh nach Syrien; Ali Abu Nuwar verdankte es Husseins Großmut, daß er am Leben blieb und das Land verlassen durfte. Hussein sicherte seinen Palast durch das Panzerregiment, verlegte das 3. Infanterie-Regiment (vorwiegend loyale Beduinentruppen) aus Serka nach Amman und beauftragte Hussein Khalidi – einen früheren Minister – mit der Bildung eines neuen Kabinetts.

Doch auch diese Regierung hatte keinen Bestand. Zwar scheiterte ein weiterer Versuch der Linken, die Macht zu erringen, aber schließlich entschloß sich der König mit Hilfe der Armee – die er nun ergeben hinter sich wußte – gegen jegliche Opposition zu reagieren: Er setzte Ibrahim Hashim als Ministerpräsidenten ein. Das Kriegsrecht wurde eingeführt und alle politischen Parteien verboten. Verläßliche Einheiten der Armee sollten die wichtigsten Punkte auf beiden Seiten des Jordans kontrollieren.

In einer öffentlichen Rundfunkerklärung sagte Hussein: „Ich war bisher geduldig angesichts der Propaganda und der ausgestreuten Gerüchte, aber mein Prestige erlaubt mir nicht länger, geduldig zu sein."[8] Er klagte die ehemalige Naboulsi-Regierung an, Beziehungen zu Israel unterhalten zu haben, und bekundete, daß sie der kommunistischen Partei freie Hand gelassen habe. Ausgehverbote sorgten für Ruhe und Ordnung, und Militärgerichte sicherten die Autorität im ganzen Land.

Es darf nicht übersehen werden, daß damit der Demokratie der Garaus gemacht worden war: Seit den Tagen der Krise von Serka wurde das Land von einem vom König eingesetzten und nur ihm – nicht etwa dem Parlament – verantwortlichen Kabinett regiert. Jordanien unterstand einer „königlichen Militärregierung".

Um diese Zeit hatte sich eine „Ägyptisch-Syrische Union" gebildet, und so richtete Hussein seine Hauptaufmerksamkeit erneut auf den Irak. Er erreichte, daß es am 14. Februar 1958 zur Gründung der Arabischen Union zwischen beiden Ländern kam, und versicherte in einer Rundfunkansprache seinem Volk: „Dies ist der glücklichste Tag meines Lebens, ein großer Tag in der arabischen Geschichte. Wir stehen unter einer Flagge, der Flagge des Arabertums, die unser Urgroßvater Hussein Ibn Ali der Große bei der großen arabischen Revolution führte".[9] Jordanien hatte 20 % vom Budget, der Irak die übrigen 80 % beizutragen. Beide Staaten beabsichtigten, eine gemeinsame Verteidigungspolitik einzurichten und eine gemeinsame Außen-, Wirtschafts- und Kulturpolitik zu betreiben. Dennoch zerfiel das Bündnis schon nach wenigen Monaten: Der Sturz der Haschemiten im Irak infolge des blutigen Staatsstreichs vom 14. Juli 1958 brachte das Ende. Die Verschwörung war bereits einige Tage vorher in Jordanien aufgedeckt worden, und Hussein hat Feisal nachweislich gewarnt, doch ohne Erfolg. Hauptfiguren in dem glänzend organisierten Komplott waren Brigadegeneral Abd al-Karim Kassem und Oberst Abd al-Salm Arif, beide Befehlshaber der irakischen Armee. Kassem und Arif waren Nationalisten. Die Revolutionäre bekamen ihre Chance, indem sie von der Regierung die Anweisung erhielten, in Jordanien einzugreifen. Beide Brigaden rückten in Bagdad ein und übernahmen die Macht. Dabei wurden König Feisal, Abdul Illah und andere Mitglieder der königlichen Familie ermordet, nachdem man ihnen vorher freien Abzug zugesichert hatte. Auch Nuri Said und Ibrahim Hashim – der zufällig in Bagdad war – kamen bei den Unruhen ums Leben.

Der haschemitische Zweig der Dynastie in Bagdad war damit ausgelöscht; die Union ohne Wirkung zerfallen. Eine erste Überlegung Husseins mag es gewesen sein, den Cousin Feisal zu rächen, indem er seine Truppen im Irak einmarschieren ließ, um das haschemitische Regime wiederherzustellen – doch die Vernunft dürfte ihn davon abgehalten haben. So berief er eine Kabinettssitzung ein und erkannte, daß die Lage Jordaniens äußerst bedrohlich war: Im Norden hatten sich die Beziehungen zu Syrien verschlechtert, das nun ein Teil der VAR (Vereinten Arabischen Republik) Nassers war; im Osten lag der Irak, ein Land, in dem die Haschemiten keine Existenzberechtigung mehr hatten; im Süden Saudi-Arabien, das bemüht war, die Kontakte mit Ägypten wieder auszubauen, seitdem Prinz Feisal König Saud weitgehend entmachtet und das Amt des Ministerpräsidenten übernommen hatte. Und im Westen lag Israel, das ganz besonders mit Ägypten verfeindet war.

Das größte Problem war mittlerweile der Bedarf an Öl geworden, das für gewöhnlich durch Syrien in Tanks aus dem Libanon kam. Nachdem diese Quelle versiegt war, bemühte sich Hussein um Lieferungen auf dem Luftweg über Saudi-Arabien und hatte auch Erfolg – allerdings nur dank amerikanischer Unterstützung.

So transportierten amerikanische Flugzeuge Öl aus dem Golf nach Amman. Die Lieferungen stockten, als Saudi-Arabien Bedenken anmeldete und König Saud die Überflugerlaubnis für Öl nach Jordanien zurückzog. Hussein überwarf sich deshalb mit den Saudis und mußte sich schließlich um die israelische Zustimmung bemühen, da ihm keine andere Wahl blieb. Diese Nachricht schlug in die arabische Welt wie eine Bombe ein.

Hussein sandte weiterhin dringende Botschaften an den englischen Premierminister Macmillan und den amerikanischen Präsidenten Eisenhower, um „die Integrität und Unabhängigkeit seines Landes sicherzustellen". Der König überwand auch diese angespannte Lage. Englische und italienische Tankschiffe lieferten schließlich massive Ladungen von Öl nach Akaba, und dann erging gar noch ein Beschluß der Vereinten Nationen mit der Forderung auf gegenseitige Anerkennung der gebietsmäßigen Unverletzlichkeit. Die Blockade Ägyptens wurde aufgehoben, die Grenze zu Syrien wieder geöffnet.

Dennoch war es noch nicht zu Ende. Am 10. November 1958 wollte sich der König eine kleine Atempause gönnen: Er beschloß, einige Wochen Urlaub in Europa zu machen. Das königliche Flugzeug war eine kleine Zivilmaschine mit entsprechendem Emblem an der Seite, eine sogenannte Taube, und Jock Dalgleish, ein vertrauter Flugberater Husseins, sollte es steuern. Sie hatten den Flugplan der Maschine auf dem normalen Wege nach Beirut gemeldet, zusammen mit der Registernummer des Flugzeugs und der Anzahl der Passagiere. Tage zuvor hatten sie erfahren, daß sich auch die Überflugbedingungen mit Syrien wieder normalisiert hatten, und so konnte man annehmen, daß der Flug in Ordnung gehen würde. Als das Flugzeug die syrische Grenze überflogen und Damaskus angerufen hatte, gab man dort die Erlaubnis zur Fortsetzung des Fluges. Als das Flugzeug jedoch unverhofft an Flughöhe einbüßte, kam plötzlich die beunruhigende Anweisung von der Flugleitung in Damaskus: „Sie können die Erlaubnis zum Überfliegen doch nicht bekommen. Sie müssen in Damaskus landen."

Husseins Leute antworteten: „Wir haben die Erlaubnis zum Überfliegen, aber nicht zum Landen in Damaskus, wir fliegen weiter nach Zypern." Worauf Damaskus sendete: „Bitte auf Empfang bleiben."

Hussein und Dalgleish waren der Ansicht, daß es sich um ein Mißverständnis handeln müsse, und so flogen sie weiter, bis sie, kaum 30 Kilometer von Damaskus entfernt, das seltsame Landekommando erneut vernahmen: „Sie müssen in Damaskus landen."

Zutiefst beunruhigt nahm Hussein Kontakt mit Amman auf

und hörte von dort: „Fliegen Sie sofort nach Amman zurück. Bleiben Sie auf dieser Frequenz. Bestätigen Sie keine weiteren Meldungen." Es galt zu vermeiden, daß die Syrer die genaue Position der Maschine des Königs ausmachen konnten. Hussein zauderte nicht: Er setzte die zweimotorige De Haviland Dove zu einem Sturzflug an und ging beinahe bis auf Bodennähe herunter, um es so den syrischen Radareinrichtungen möglichst schwer zu machen, ihn zu lokalisieren.

Über das, was weiter geschah, berichtet der König in seiner Autobiographie: „Plötzlich kam einer der Piloten von hinten zur Führerkanzel und rief: ‚Ich habe eben zwei Mig-Düsenjäger in großer Höhe auf entgegengesetztem Kurs gesehen.' Das bedeutete, daß sie von der jordanischen Grenze aus auf uns zuflogen, vielleicht kamen sie sogar aus dem jordanischen Luftraum. Dalgleish sah mich an, und die Bedeutung ihrer Position wurde uns beiden klar. Diese Flugzeuge waren nicht erst aufgestiegen, nachdem wir uns geweigert hatten, in Damaskus zu landen. Ich glaube, sowohl Jock als mir lief es kalt über den Rücken, aber ich bat den Piloten, wieder nach hinten zu gehen und mich zu benachrichtigen, wenn er die Flugzeuge wieder sähe. Ich blickte Jock an, und wir schnallten uns die Sicherheitsgürtel um.

Zwei Minuten später flogen die beiden Mig-17-Düsenjäger der VAR-Luftwaffe an unserer Steuerbordseite vorbei. Beinahe auf unserer Höhe schnitten sie unseren Kurs, gewannen Flughöhe und setzten zum Sturzflug auf uns an, offensichtlich um uns anzugreifen.

Ich glaubte, meine letzte Stunde sei gekommen. Ich war wirklich überzeugt, dies sei der Anfang vom Ende. Ich riß die gute alte Dove herum und dachte bei mir: ‚Wenn ich schon verloren bin, will ich wenigstens einen von ihnen mitnehmen.' Es sah aus, als sei es mit uns zu Ende, also entschloß ich mich, zu versuchen, die erste Mig zu rammen, denn es war offensichtlich, daß sie Ernst machen wollten. Was für eine Art, mich loszuwerden, ohne daß irgendein Mensch je erfuhr, was über diesem unbewohnten, lavabedeckten Gelände geschehen war!

Als sie zum Angriff ansetzten, übernahm Jock das Steuer, und es gelang ihm durch eine scharfe Kurve, ihrem ersten Angriff auszuweichen. Ihre Taktik war einfach. Sie setzten nacheinander zum

Sturzflug auf uns an, von Backbord kreuzten sie kurz an uns vorbei in Schrägstellung zu unserer Kanzel. Immer wieder griffen sie an. Wir konnten nichts anderes tun, als Ausschau nach ihnen halten und sie erwarten. Nur eine Verteidigung war möglich. Wir mußten innerhalb ihrer Kreisbahn genau in dem Augenblick wenden, in dem sie anfingen, uns zu sichten. Ich wußte, daß eine Mig keine so scharfen Kurven ziehen kann wie unsere langsamere Dove, die viel engere Kreise bei einer Geschwindigkeit von nur 140 Kilometer zu ziehen vermag. Wenn wir den Mig-Jägern entgegenkurvten, waren sie gezwungen, über uns hinauszuschießen."[10]

Die Rechnung ging auf; Dalgleish gelang es, die plumperen Migs auszumanövrieren und schließlich gelangten sie heil nach Jordanien zurück. Dort wurde Hussein wie ein Held empfangen, wenngleich sich insbesondere die Sprecher der VAR über das Ereignis lustig machten. Sie schlugen Hussein gar als Star für Hollywood vor[11].

Es ließ sich nicht aufklären, ob es sich tatsächlich um einen Attentatsversuch gehandelt hat. Wenn es so gewesen sein sollte, dann war er zumindest schlecht organisiert. Der Schuß ging nach hinten los, denn der Vorfall trug ganz entschieden dazu bei, daß sich von nun an die abenteuerlichsten Legenden um den heldenhaften und nie aufsteckenden König der Haschemiten verbreiteten. Husseins Entkommen wurde von seinen Freunden gebührend gefeiert, sein Name war in aller Munde.

Ein heimtückischer Mordanschlag

Offensichtlich unterstützte Nasser im Frühjahr 1959 eine Gruppe von Armeeoffizieren bei einem erneuten Putschversuch. Aber dem Sicherheitsdienst des Königs gelang es auch diesmal, das Komplott rechtzeitig aufzudecken. Brigadegeneral Kassim und 12 weitere Offiziere wurden verhaftet und der Verschwörung angeklagt. Dabei ergab sich, daß der stellvertretende Stabschef und zweite Oberbefehlshaber der Armee – General Sadek Shara – als führende militärische Persönlichkeit in das Komplott verstrickt war.

Um die gleiche Zeit befand sich Hussein auf einer von ihm lang vorbereiteten Nordamerikareise; Shara war unter seinen Begleitern. Der König schreckte nicht davor zurück, Shara unentwegt in seiner Nähe zu halten, und setzte die Rundreise kaltblütig fort. Er schildert in seinen Erinnerungen, wie beunruhigt sich Shara zeigte, als er von den Verhaftungen in Jordanien erfuhr, aber von seinen Mitverschwörern nichts mehr hörte. Wieder heimgekehrt, wurde der General zum Tod verurteilt, von Hussein jedoch schließlich begnadigt, nachdem die Strafe schon zuvor in lebenslanges Gefängnis umgewandelt worden war. Er wurde schließlich Generaldirektor von Husseins Paßbüro in Amman.

Die Amerikareise, bei welcher der König vor allem das einfache Volk kennenlernen wollte, brachte ihm endlich eine erholsame Atempause. Während der fünf Wochen kam es ihm vor allem darauf an, den dortigen Menschen „seine Politik, den Glauben und die Überlieferungen Jordaniens zu erklären".

Er lernte den amerikanischen „Way of Life" kennen, sah zum erstenmal Drugstores, bewunderte die mächtigen Brücken und bestaunte die imposanten Wolkenkratzer. Hussein besuchte den Marinestützpunkt in Norfolk (Virginia) und die Marine-Akademie in Annapolis; er sah die 43 Riesenstaudämme des Tennesseetals bei Knoxville und probierte in den Lockhead-Werken in Los Angeles das Fliegen mit einem der neuesten Superschall-Düsenjäger (F-104 D). Er reiste auch nach West Point, der ältesten Militärakademie der USA, und machte selbstverständlich auch in New York und Washington Station. Obwohl die Reise kein Staatsbesuch war, traf sich der König mit Präsident Nixon, Dag Hammarskjöld – dem damaligen Generalsekretär der UNO – und Kardinal Spellman.

Die Reise tat ihm gut, und Hussein glaubte, daß ihn die Erfahrungen seines Besuches „zu einem weitherzigen Monarchen gemacht hatten"; vor allem schien ihn die hart arbeitende Bevölkerung beeindruckt zu haben, und er war fortan davon überzeugt, daß auch Jordanien von dieser Erkenntnis profitieren konnte. So sah er sich veranlaßt, in seiner Heimat das Rundfunkprogramm „Build the Nation" (Aufbau der Nation) zu beginnen.

Die Angriffe auf Husseins Leben gingen indes weiter. So bestach man beispielsweise einen der Palastköche des Königs, Ahmed Na'naa, Hussein zu vergiften. Der Anschlag scheiterte lediglich deshalb, weil Na'naa in Unkenntnis über die zur Ermordung erforderliche Dosis zuvor mit den Katzen des Palastes experimentiert hatte: Innerhalb von zwei Tagen fand man in den Gärten mehr als ein Dutzend toter Katzen.

Am 29. August 1960 wurde ein weiteres Attentat verübt: An diesem Tag wurden Hassa (Hazza) Madschali – der Ministerpräsident – und zwölf weitere Männer durch einen Bombenanschlag getötet. Da man vermutete, daß Hussein sofort in das Arbeitszimmer seines Ministerpräsidenten eilen würde, wenn er die Nachricht von dessen Tod bekäme, ging etwa eine Dreiviertelstunde später eine zweite Bombe hoch. Auch ihr entging der König, da sich ihm der Armeekommandant und der Verteidigungsminister entgegenstellten: Sie hatten die Gefahr buchstäblich gewittert.

Hussein bewahrte auch in dieser Situation kühlen Kopf. Er berief das Kabinett ein und ernannte seinen Chef des Diwans, Bahjat al-Talhouni, zum Nachfolger Madschalis. Die Mehrzahl seiner Minister konnte er außerdem überreden, gleichfalls im Amt zu bleiben. Es gelang später, zwei Angestellte aus der Kanzlei des Ermordeten des Anschlags zu überführen, doch sie entkamen nach Syrien. Der Informationschef des Ministerpräsidenten wurde verhaftet und unter Anklage gestellt, an der Verschwörung beteiligt gewesen zu sein – die wahren Hintergründe wurden jedoch nicht aufgedeckt.

Nach wenigen Wochen wurde der König erneut vor einer Verschwörung gewarnt. Diesmal sollte er entweder in seinem Landhaus oder im Palast ermordet werden. Der Chef des Sicherheitsdienstes gab ihm den Rat, eine Nacht außerhalb des Palastes zu verbringen, damit das Gebäude sorgfältig durchsucht werden könnte. Hussein beschloß, die Nacht bei Familie Raynor zu verbringen, Maurice kannte er ja bereits aus den Tagen in England. So bat er lediglich, seine Kleider aus dem Palast kommen zu lassen und dazu einige Nasentropfen, da er häufig Schwierigkeiten mit seiner Nasenschleimhaut oder mit der Stirnhöhle hatte.

Als die Sachen eintrafen, nahm der König eine neue Flasche und bat Frau Raynor, die halbgebrauchte wegzuschütten. Das muß eine Eingebung des Himmels gewesen sein, denn der Inhalt der Phiole zerstörte beinahe das Waschbecken im Badezimmer der Familie. Der Inhalt war eine starke Säure, und Hussein war nur knapp dem Tod entgangen. Da es dem Sicherheitsdienst nicht gelang, den Vorfall aufzuklären und Schuldige zu finden, mußte der König sein gesamtes Personal entlassen – soweit es Zugang zu seinem Badezimmer gehabt hatte. Neue Bediente wurden eingestellt und ein neues Medizinschränkchen besorgt.

Da der König insgeheim wieder die Botschaft der Vereinigten Arabischen Republik für die Anschläge verantwortlich machte, steigerte er sich in eine, zumindest vorübergehende, grenzenlose Wut auf Präsident Nasser. Seine Mutter, Königin Zein, deren Rat ihm noch immer lieb und teuer war, hatte Mühe, ihn von übereilten Angriffen abzuhalten.

Statt dessen flog er zu den Vereinten Nationen, um so der Welt zu eröffnen, welchen Kampf sein Land zu bestehen hatte, um sich letzten Endes gegen den Kommunismus und Präsident Nasser zu verteidigen. Da ihm Syrien auch dieses Mal die Erlaubnis verweigerte, das Land zu überfliegen, mußte er über Saudi-Arabien und Kartum reisen. Daß an jenem denkwürdigen Tag, dem 3. Oktober 1960, als der König vor der Generalversammlung sprach, die Delegation der Sowjetunion und der Vereinigten Arabischen Republik aufstanden und den Saal verließen, ist inzwischen historisch. In seiner eindringlichen Rede legte der König dar, daß sein Land entschieden habe, sich auf die Seite der freien Welt gegen eine kommunistische Expansion zu stellen (was ihm das Prestige der Westmächte einbringen sollte). Hussein verwarf den Neutralismus und warnte vor einer Ausdehnung des kommunistischen Einflusses „unter dem Vorwand des Neutralismus". Schließlich zählte er alle bisherigen Angriffe der Vereinigten Arabischen Republik gegen Jordanien auf.

„Wenn wir", sagte der König, „wie es die Schaffung der Vereinten Nationen vorsieht, auf mehr Freiheit, eine bessere Zusammenarbeit, auf das, was man oft eine bessere Welt nennt, und auf ein Überleben hoffen, dann müssen wir wirksamere Methoden, als wir bis jetzt angewendet haben, finden, um das Gewicht der öffentlichen Meinung gegen jede Nation einzusetzen, die diesen Vereinbarungen zuwiderhandelt. Ich will nicht behaupten, daß diese Idee neu ist, es ist einfach der Gedanke des Rechtsstaates, angewandt auf die Handlungen selbständiger Nationen. Für mich jedoch als den Führer einer kleinen Nation, die viel von außen bedrängt wird, ist es ein Gedanke, der wert ist, erneut betont zu werden, denn ich glaube, daß von der erfolgreichen Anwendung dieser Gedanken das Leben und der Fortschritt meiner und vieler anderer kleiner Nationen letzten Endes abhängt. Die Vereinten Nationen sind das einzige Werkzeug, das diese Ideen erfolgreich durchführen kann."[12]

Husseins Rede wurde mit Beifall und Verständnis aufgenommen, wie ein Glückwunschschreiben von Präsident Eisenhower sowie Glückwünsche von Premierminister Macmillan und anderen Politikern beweisen. Auch Nehru soll sich positiv dazu geäußert haben.

Nach all den schweren Jahren schien sich nun plötzlich eine Wende abzuzeichnen; die innenpolitische Lage Jordaniens stabilisierte sich. Amerika und England gewährten großzügige Subventionen (1960 waren es beispielsweise 18 Millionen Dollar bzw. drei Millionen Pfund), und bedeutende wirtschaftliche Projekte konnten in Angriff genommen werden. So ging man daran, den größeren Teil des Ostufers des Jordantales zu bewässern (Ghorkanal), und legte eine neue Raffinerie in Serka an, um die Ölversorgung künftig über die Trans Arabian Pipeline aus Saudi-Arabien zu sichern. Die Phosphorlager von Er-Ruseifa zwischen Amman und Serka sollten gleichfalls ausgebeutet werden. Auch der Tourismus kam allmählich wieder in Schwung.

Um diese Zeit vollzog sich auch eine Wiederannäherung Husseins an Nasser. Der König ergriff selbst die Initiative, indem er dem Präsidenten einen versöhnlichen Brief schrieb und ihm insbesondere die Beendigung des Propaganda-Streits vorschlug. Hussein dachte an vernünftige Beziehungen und stellte sogar ein Treffen in Aussicht. Nasser antwortete positiv. Wie es scheint, hatten ihn Husseins Mut und Entschlossenheit in den immerhin fünf Jahre andauernden Auseinandersetzungen beeindruckt; auch hatte er genügend andere Probleme, wie etwa die persönliche Fehde mit Kassem (Irak) und Syrien, das offensichtlich der Beherrschung durch Ägypten müde wurde.

Rasch begann die politische Stabilität Früchte zu tragen. Die neue Raffinerie in Serka erzeugte 1961 etwa 181 000 t Öl, 1964 waren es schon 337 000 t und 1969 gar 464 000 t. Die Exporte von

Phosphat umfaßten im Jahr 1964 660 000 t und verdoppelten sich bis 1970. Auch die Zementerzeugung war beachtlich, sie erreichte 1964 etwa 316 000 t. Dazu kam die Produktion von Arzneimitteln, Plastikwaren, Schuhen und Kleidern, Gerbereien und eine Eisengießerei. Der Zigarettenherstellung und der Obst- oder Gemüsekonservierung widmeten sich allerdings erst Kleinbetriebe. Auch die Bauindustrie geriet in Bewegung.

Die Weizenerträge verbesserten sich, die Erzeugung von Olivenöl wuchs in der Zeit von 1955 bis 1964 auf das Sechzehnfache. Das Nationaleinkommen stieg von 1954 bis 1959 um 60 % und umfaßte sieben Jahre später bereits mehr als das Dreifache der Zahlen von 1954 (1966 = 168 Millionen Pfund). Auch das Erziehungswesen entwickelte sich; hierzu trug entscheidend die neue Universität von Amman bei (1966 waren dort 1850 Studenten und 650 Studentinnen immatrikuliert). Da der Hafen von Akaba mittlerweile mit Amman durch eine gut asphaltierte Straße verbunden war, kam auch ihm plötzlich eine neue und wertvolle Bedeutung zu.

Trotz dieser erfreulichen Ergebnisse bestand noch immer ein Handelsdefizit: Die Ausfuhr machte nur den fünften Teil der Aufwendungen für die Einfuhr aus; der Überschuß an Einfuhrkosten über die Ausfuhreinnahmen betrug 1966 etwas mehr als 57 Millionen Pfund. Ein gewisser Ausgleich fand durch die Einnahmen aus dem Tourismus (12 Millionen Pfund 1966) und durch Überweisungen jordanischer Gastarbeiter aus dem Ausland statt (13 Millionen Pfund). Dennoch bedurfte das Land um diese Zeit zur Bedarfsdeckung eines jährlichen Fremdzuschusses in Höhe von etwa 40 Millionen Pfund.

Die arabische Einheit schien allerdings noch immer weit entfernt. So war 1961 die Union Ägypten – Syrien endgültig zusammengebrochen; ein Ereignis, das Hussein mit großer Freude zur Kenntnis nahm. Seine Herrschaft hatte sich mittlerweile noch mehr gefestigt, und so konnte er daran gehen, eine konsequentere Außenpolitik einzuschlagen. Er bildete zusammen mit König Saud von Saudi-Arabien im August 1962 ein militärisches Oberkommando, und die Monarchen beschlossen, künftig auf wirtschaftlichem und politischem Gebiet eng zusammenzuarbeiten.

Als im Februar 1963 General Kassem im Irak gestürzt wurde

(durch seinen ehemaligen Verbündeten Oberst Arif), schien sich erneut eine Union mit Nassers Ägypten, Syrien und dem Irak anzubahnen – der Jordanien jedoch erneut fernbleiben wollte.

Die Gipfelkonferenz von Kairo

Das Jahr 1964 war ein Jahr der Konferenzen: Am 13. Januar kam es zu einem Arabergipfel, von dem im folgenden die Rede sein wird; im Mai kam Chruschtschow nach Kairo (sehr zum Mißfallen Johnsons); im Juli fand die afrikanische Gipfelkonferenz statt und ein zweiter Arabergipfel in Alexandria. Im Oktober schließlich wurde die Gipfelkonferenz der blockfreien Staaten einberufen.

Beachtenswert ist, daß die USA zu all diesen Treffen nicht eingeladen wurden, obwohl meist auch Fragen auf die Tagesordnung kamen, die offensichtlich Rückwirkungen auf die amerikanische Politik haben mußten.

Auch Hussein war zu der Gipfelkonferenz nach Kairo gereist. Innenpolitisch schien er fest im Sattel zu sitzen, und im Herbst 1963 hatte er sogar beschlossen, diplomatische Beziehungen zu Rußland aufzunehmen. Die Sowjets waren nur zu gerne dazu bereit gewesen.

Hussein wurde von Nasser, der ihn wie einen alten Freund begrüßte, auf dem Flugplatz abgeholt. Auf dem Weg nach Kairo gingen die beiden Politiker sogar Arm in Arm die Straße vom Hotel Hilton (Husseins Unterkunft) zur Konferenzhalle der arabischen Liga herab.

Kernpunkt des Programms war wieder einmal das Problem Israel, dabei ging es auch um die jordanische Wasserversorgung.

Da die politische Uneinigkeit der Araberstaaten offenkundig war, kam man überein, daß es keinesfalls zu einem Krieg mit Israel kommen dürfe. Besonders Hussein und Nasser stimmten in ihren Auffassungen überein, und so einigten sich die Teilnehmer schließlich im wesentlichen auf drei Vorschläge.

Einmal sollte die Möglichkeit geprüft werden, wie einige der oberen Nebenflüsse des Jordans abgeleitet werden könnten, um den Zufluß des Wassers in den See Genezareth zu verringern, damit Israel auf diese Weise entscheidend geschädigt werden könnte (das Projekt wurde wegen der hohen Kosten und der drohenden Haltung Israels nicht realisiert).

Darüber hinaus sollte ein Vereinigtes Arabisches Oberkommando gegründet werden, um eine vereinigte arabische Streitmacht zu schaffen, die an der gesamten arabischen Front Bewegungsfreiheit hätte. Der Vorsitz sollte der ägyptische Generalleutnant Ali Amer bekommen, dazu sollte sie mit einem multinationalen Geheimdienst und einem zentralen Oberbefehl ausgerüstet werden. Hussein stand diesem Vorhaben sehr skeptisch gegenüber; seine Befürchtungen stellten sich im Juni 1967 (Sechstagekrieg) als nur zu begründet heraus.

Die dritte Vereinbarung betraf die Gründung einer palästinensischen Befreiungsorganisation. Sie sollte PLO (= Palästina-Befreiungsorganisation) heißen und von Ahmed Shukeiry geführt werden. Die Organisation war als Basis für den palästinensischen Widerstand gegen die israelische Besetzung des Landes gedacht, das sie für sich selbst beanspruchten.

Dieser Plan begeisterte auch Hussein, doch verlangte er vor allem, daß die PLO mit Jordanien zusammenarbeiten müsse. Der König der Haschemiten gedachte auf diese Weise die in seinem Land ansässigen Palästinenser zu sammeln, um deren Forderungen Gehör zu verschaffen. Der Gedanke einer palästinensischen Einheit war nicht neu, schon 1960 war ähnliches geplant worden. Hussein lag zwar nichts daran, seine Ansprüche auf das Westufer des Jordans einzuschränken oder gar aufzugeben, doch war er andererseits klug genug einzusehen, daß die Ansprüche der Palästinenser einer politischen Regelung bedurften.

Er hoffte, daß die PLO zur Durchsetzung dieser Interessen geeignet war. Gleichzeitig fürchtete er, daß sich dadurch das militärische Gleichgewicht zwischen Jordanien und Israel entscheidend verändern könnte. Also riet er vor allem von jeglicher Provokation der Israelis ab. Wie recht er damit haben sollte, zeigte sich später, und es ist nicht daran zu zweifeln, daß die Beschlüsse dieser Konferenz ein Verhängnis heraufbeschworen, dessen endgültige Auswirkungen auch heute noch nicht abzusehen sind.

Zunächst veranstalteten die Palästinenser einen Nationalkongreß in Jerusalem, an dem 424 Delegierte teilnahmen, die nach fünf Tagen die „Nationale Charta Palästinas" verfaßten. Darin wurde Palästina als unteilbar dargestellt und die Errichtung des Staates Israel als völlig illegal verworfen. Sie gab an, mit der Gründung der PLO die palästinensische Befreiung zu bezwecken, mit allen arabischen Staaten zusammenarbeiten zu wollen und nicht die Absicht zu haben, sich in die inneren Angelegenheiten arabischer Länder einzumischen.

Die PLO nahm alsbald in Amman ihren Sitz, und ihr Führer erwartete von Hussein volle Unterstützung. Doch schon bald kam es zu einem Bruch zwischen den Interessen des Königs und der Organisation. Hussein behauptete, die PLO vergesse, die jordanische Souveränität zu respektieren; Shukeiry gab an, der König verweigere seiner Organisation die nötige Bewegungsfreiheit. Auf der Konferenz in Casablanca (September 1965) wurden die Spannungen offensichtlich.

Dazu kam die Gründung der Guerilla-Organisation „Al-Fatah" (= Die Eroberung), die palästinensische Befreiungsbewegung mit ihrem militärischen Zweig „Al-Assifa" (= „Der Sturm"). Sie machte erstmals 1969 von sich reden, nachdem sie sich in Damaskus unabhängig von der mehr infanteristischen PLO entwickelt hatte. Sie wurde vom linken Flügel der Baath-Partei in Syrien unterstützt. Die Guerillas, syrischer Unterstützung sicher, setzten zu immer zahlreicheren Angriffen – fast immer von Jordanien aus – auf israelisches Gebiet an. Führer der „Al-Fatah" war Yassir Arafat.

Hussein war natürlich dagegen und versuchte – zunächst mit friedlichen Mitteln – die Guerillas davon abzuhalten, an seiner Grenze mit Israel Konflikte heraufzubeschwören – jedoch ohne Erfolg.

So verschlechterte sich – vor allem wegen der erfolgreichen Vergeltungsaktionen der Israelis – das Verhältnis Jordaniens zur PLO zusehends, und der vergebliche Versuch von Hussein und anderen, Nasser und Feisal zu versöhnen, begann langsam das bis dato gute Verhältnis zwischen Hussein und Nasser erneut zu beeinträchtigen. Da Nasser ganz entschieden die PLO unterstützte, näherte sich Hussein von neuem seinem Freund Feisal, der daran interessiert war, gegen Nasser Front zu machen.

Die neue Regierung in Syrien, aus dem extremen linken Flügel der Baath-Partei bestehend, bewirkte schließlich den endgültigen

Bruch Husseins mit Nasser und den Krieg gegen Israel. Mit ihrem radikalen Sozialisten-Führer Salah Dschedid übernahmen die Syrer die Kontrolle von Al-Fatah und setzten sich dafür ein, daß die Guerillas ihre Aktivität gegen Israel verstärkten und dazu übergingen, das Regime in Jordanien zu untergraben.

Nasser, der um seinen Führungsanspruch zu fürchten begann, zog plötzlich extremere Maßnahmen vor und unterstützte die revolutionäre Propaganda der Fatah. Er griff erneut Hussein an und wandte sich ernsthaft Syrien zu. Ein entsprechendes Bündnis sollte Israel herausfordern.

Nachdem Hussein die Büros der PLO in seinem Land geschlossen und sie öffentlich zum „Schmelztiegel für alle uneinigen und heimatlosen Elemente in der arabischen Welt" bezeichnet hatte, nahm der Druck auf ihn zu. Immer mehr Guerillas zogen durch das Land, in Syrien kam es zu Massenveranstaltungen, die in Verleumdungen von Hussein gipfelten. Die Sowjets argwöhnten, Jordanien habe vor, im Einvernehmen mit Israel und den USA Syrien anzugreifen.

Natürlich konnte sich auch Israel die blutigen Überfälle der Al-Fatah nicht mehr länger gefallen lassen, ohne ernsthaft dagegen einzuschreiten. In einer Zeitspanne von nur fünf Wochen waren im Oktober/November 1966 sechs Angriffe von Jordanien, vier von Syrien und einer vom Libanon ausgegangen. Die Israelis wollten einem Angriff auf die schwerbewaffnete syrische Grenze aus dem Weg gehen und verlegten sich bei ihrem Vergeltungsschlag nach der jordanischen Grenze, was beinahe zu Husseins Sturz geführt hätte.

Die Israelis zerstörten das angebliche Guerilladorf Samu und hinterließen 21 Tote und 37 Verwundete. Die Palästinenser vom Westufer spielten dieses Ereignis hoch und demonstrierten heftig gegen den König, der unfähig und unwillig sei, sie gegen die Israelis zu verteidigen. Aufstände folgten; Ägypten, Syrien und die PLO riefen zum Sturz des Monarchen auf. Dennoch gelang es Hussein – dank seiner Armee – die Ordnung wiederherzustellen.

Er klammerte sich noch immer an die Hoffnung, die arabischen Länder wären ihres Vorsatzes eingedenk, den sie auf der Kairoer Konferenz gefaßt hatten: Israel nicht zu provozieren und einem Krieg aus dem Wege zu gehen.

Da die sowjetischen Waffenlieferungen an Ägypten und Syrien unvermindert anhielten, erhielt Hussein – als eine Art Ausgleich – gewaltige Kontingente amerikanischer Waffen für die jordanische Armee. Der Mittlere Osten schlitterte auf diese Weise in den Krieg hinein; die Auseinandersetzungen zwischen Hussein und Nasser trieben einem dramatischen Höhepunkt entgegen. So zog Hussein zum Beispiel seine Anerkennung des republikanischen Regimes in Jemen zurück und klagte Nasser an, „arabische Freunde im Jemen zu massakrieren", weil er dieses Regime unterstütze.

Krieg mit Israel

Als Nasser schließlich höchste Einsatzbereitschaft unter seinen Streitkräften anordnete und die Meerenge von Tiran schloß, nachdem die Truppen der Vereinten Nationen Sinai verlassen hatten, kam es zum nicht mehr vermeidbaren Krieg. Der Schritt Nassers ging weit über die üblichen propagandistischen Methoden hinaus; er hatte sich ohne jede vorherige Beratung und ohne ernstliche Erwägung der Konsequenzen, die das für die arabischen Länder nachziehen mußte, für den militärischen Zusammenstoß mit Israel entschieden.

Da sich Hussein noch immer an den arabischen Verteidigungspakt von 1964 gebunden fühlte, sah sich Jordanien gleichfalls in den Krieg verwickelt. Der König suchte Nasser in Kairo auf, hatte eine freundliche Unterredung mit dem Präsidenten und unterzeichnete schließlich am 30. Mai 1967 einen umfassenden Pakt zwischen beiden Ländern auf der Ebene des ägyptisch-syrischen Bündnisses. Daraufhin vermittelte Nasser zwischen Hussein und Shukeiry, versöhnte sie und versicherte sich des irakischen Beistandes.

Nach Beginn der Kampfhandlungen auf der Sinaihalbinsel am 5. Juni 1967 eröffnete die jordanische Artillerie das Feuer auf israelisches Gebiet, um die Verbündeten zu unterstützen. Die jordanischen Soldaten – dem ägyptischen General Riad unterstellt – wurden von zwei ägyptischen Bataillonen, vier irakischen und je einer syrischen und saudi-arabischen Brigade unterstützt; sie unterlagen jedoch der israelischen Offensive gegen das Westjordanland nach heftigem Widerstand und bei hohen eigenen Verlusten (nach Angaben Husseins waren etwa 15 000 Tote zu beklagen, nach israelischen Schätzungen soll es sich um etwa 8000 Tote gehandelt haben).

Um 4.50 Uhr in der Frühe vom Dienstag, dem 6. Juni, sprach Nasser mit Hussein durch das Funktelefon. Die Israelis hörten dieses Gespräch ab und veröffentlichten es später (Hussein hat die Richtigkeit ausdrücklich bestätigt):

Nasser: „Geben Sie nicht nach."

Hussein: „Hallo, hallo, Bruder, sorgen Sie sich nicht. Seien Sie stark."

Nasser: „Ja, ich kann Sie hören."

Hussein: „Herr Präsident, wenn Sie etwas haben . . . oder irgendeine Idee . . . jederzeit . . ."

Nasser: „Wir kämpfen mit aller Macht, und wir stehen im Kampf die ganze Nacht hindurch an jeder Front, und wenn wir zu Beginn Schwierigkeiten hatten, so bedeutet das nichts. Wir werden das trotzdem überstehen. Allah ist auf unserer Seite. Wird Eure Majestät eine Erklärung über die Teilnahme der Amerikaner und der Engländer abgeben?"

Hussein: (unklar)

Nasser: „In Allahs Namen, ich sage, daß ich eine Verlautbarung machen will, und Sie werden eine Verlautbarung machen, und wir wollen darauf achten, daß auch die Syrer eine Verlautbarung machen, daß amerikanische und englische Flugzeuge uns von ihren Mutterschiffen aus angegriffen haben. Wir wollen eine Verlautbarung machen; wir wollen die Sache unterstreichen, und wir wollen damit reinen Tisch machen."

Hussein: „Gut, in Ordnung."

Nasser: „Majestät, sind Sie einverstanden?"

Hussein: (unklar)

Nasser: „Tausend Dank, geben Sie nicht nach. Wir sind mit unserem ganzen Herzen bei Ihnen, und wir lassen unsere Maschinen heute über Israel fliegen. Unsere Flugzeuge haben israelische Flugplätze seit den frühen Morgenstunden angegriffen."

Hussein: „Tausend Dank, lassen Sie es sich wohlergehen."[13]

Husseins Jordanien hatte aber keine Chance: Das Land verlor in nur drei Tagen den größten Teil seiner militärischen Ausrüstung und dazu die ganze – ohnehin bescheidene – Luftwaffe. Am 8. Juni war ganz Westjordanien mit der Altstadt von Jerusalem in israelischer Hand, Hussein war völlig besiegt und mußte einen Waffenstillstand annehmen.

Die Niederlage war für Hussein insofern das betrüblichste Kapitel seiner bisherigen Karriere, da er mit Sicherheit das Westufer hätte retten können, wenn er sich dem entscheidenden Kampf ferngehalten hätte. So befand sich Jordanien nach dem für die Araber frustrierend verlaufenen Sechstagekrieg in der traurigen Situation, sich seiner fruchtbarsten Gebiete beraubt zu sehen. Das Flüchtlingsproblem erfuhr eine Neuauflage: Aus dem Gaza(Gasa)-Streifen und aus Westjordanien strömten etwa 400 000 Menschen über den Jordan und etwa 100 000 Flüchtlinge vom Ostufer kamen dazu, die sich von den ständigen Guerilla-Aktionen und israelischen Vergeltungsmaßnahmen bedroht sahen.

Da die arabischen Ölländer Jordanien bereitwillig subventionierten, um die wirtschaftlichen Kriegsfolgen zu überwinden, konnte die Armee die verlorene Ausrüstung vor allem durch neue amerikanische Lieferungen ersetzen.

Die Rundfunkansprache Husseins nach der Niederlage läßt seine tiefe Verzweiflung und Niedergeschlagenheit jener Tage erkennen: „Wir haben heroisch und ehrenvoll gekämpft!" sagte der König. „Eines Tages werden die Araber anerkennen, welche Rolle Jordanien in diesem Krieg gespielt hat. Unsere Soldaten haben jede Handbreit unseres Bodens mit ihrem teuren Blut verteidigt. Es ist noch nicht getrocknet, aber unser Land ehrt die Blutspuren. Sie ließen sich nicht einschüchtern angesichts der völligen Überlegenheit der gegnerischen Luftwaffe, von der die ägyptische Luftflotte, auf die wir uns verlassen hatten, überrascht und zerstört worden war.

Was geschehen ist, ist geschehen. Mein Herz bricht, wenn ich an den Verlust aller unserer gefallenen Soldaten denke, sie waren mir teurer als mein eigenes Schicksal.

Meine Brüder, ich scheine zu einer Familie zu gehören, die nach dem Willen Allahs für ihr Land endlose Leiden und Opfer auf sich nehmen muß. Unser Unglück ist größer als sich irgend jemand vorgestellt haben könnte. Aber wie groß auch sein Ausmaß sein mag, wir dürfen dadurch nicht unseren festen Willen schwächen lassen, wiederzugewinnen, was wir verloren haben.

Wenn ihr schließlich nicht mit Ruhm bedeckt gewesen seid, so war es nicht, weil ihr ohne Mut wart, sondern weil es der Wille Allahs so bestimmte.

Möge sich Allah nun an die Seite unseres Volkes stellen!"[14]

Die Beziehungen mit Israel konnten nur durch eine gewisse Form von Anerkennung verbessert werden. Also schlug er diesbezüglich als erstes eine arabische Gipfelkonferenz vor, die zwischen dem 29. August und dem 21. September 1967 in Khartum stattfand. Die Syrer und Algerier boykottierten das Treffen, was weiterhin die arabische Einheit in Frage stellte.

Das Kommuniqué besagte im wesentlichen folgendes: „Die arabischen Staatsoberhäupter sind übereingekommen, ihre politischen Bemühungen auf internationaler und diplomatischer Ebene zusammenzufassen, um die Auswirkungen des Angriffs wiedergutzumachen und den Rückzug der aggressiven israelischen Streitkräfte aus den arabischen Gebieten zu erreichen, die seit dem 5. Juni besetzt worden sind.

Dies soll geschehen im Rahmen der hauptsächlichen von den arabischen Staaten angenommenen Grundsätze, nämlich: kein Friede mit Israel, keine Anerkennung von Israel, keine Verhandlungen mit Israel und das Bestehen auf den Rechten des palästinensischen Volkes in seinem eigenen Lande."[15]

Trotz dieser harten Einstellung glaubten Hussein und Nasser an eine Friedensregelung, wobei man bedenken muß, daß insbesondere die PLO jeglicher Versöhnungsabsicht mit Israel unversöhnlich gegenüberstand. Schon im November 1967 wurde eine Entschließung des Sicherheitsrates von englischer Seite gefördert, die sich für Israels Rückzug aus den besetzten Gebieten aussprach als Gegenleistung für den arabischen „Respekt vor der Anerkennung der israelischen Souveränität, politischen Unabhängigkeit und des Rechts, in Frieden zu leben innerhalb gesicherter und anerkannter Grenzen, frei von Bedrohungen und Gewaltakten".[16]

Dieser aus späterer Sicht so bedeutsame Beschluß Nr. 242 wurde immerhin von Jordanien, Libanon und Ägypten anerkannt, von Syrien indessen zurückgewiesen. Auch Israel nahm ihn als Verhandlungsbasis an.

Von diesem Zeitpunkt an stagnierten die Verhandlungen; daran änderten auch die Bemühungen des von den Vereinten Nationen eingesetzten Unterhändlers Gunnar Jarring nichts. Im Gegenteil: Die Israelis begannen damit, öffentliche Arbeiten in den besetzten Gebieten in Angriff zu nehmen – in der Hoffnung, daß es möglicherweise nie zu einer Rückgabe kommen würde. Die arabische Innenstadt von Jerusalem wurde kurzerhand in die jüdische Gemeinde einbezogen, und Husseins Vorstellung, wenigstens einen Teil davon zurückzuerhalten, wurde rasch zum Traum.

So erhielt die Waffenstillstandslinie, entlang dem Jordan, mit den Jahren den Charakter einer Grenzlinie, wenngleich sie formell auf keinen Fall anerkannt worden war. Da die Israelis und Jordanien nicht daran interessiert waren, eine gewaltsame Änderung herbeizuführen, konnten auch die Palästinenser nichts dagegen unternehmen – was begreiflicherweise ihre Unzufriedenheit schürte.

Es gibt eine Vielzahl Gerüchte, die behaupten, Hussein habe die nächsten Jahre dazu benutzt, um sich wiederholt privat mit israelischen Politikern (zum Beispiel mit Ministerpräsident Eshkol und seinem Stellvertreter Allon) zu treffen, in der Absicht, zu einer Gebietsreglung zu gelangen. Beweisen ließen sie sich nicht; offizielle Kommentare wurden nicht abgegeben.

Die Flugzeugentführung

Husseins Haltung zur Palästina-Frage war gespalten. Einesteils unterstützte er das Befreiungsziel, indem er die Guerilla-Kommandos im Jordantal mit Operationsbasen und militärischen Einrichtungen versorgte, andererseits wünschte er einen dauerhaften und gerechten Frieden. Dabei war er sich ständig klar, daß ein solcher durch die extremen Forderungen der PLO nicht zu erreichen war.

Ägypten und Syrien waren schlauer: Sie hetzten zwar die Guerillas auf, weiterhin die Israelis zu provozieren, versagten ihnen aber die Aktivität in ihren Ländern. Im Grunde war die Situation ähnlich wie vor dem Sechstagekrieg.

Ein im März 1968 gescheiterter israelischer Angriff auf den Al-Fatah-Stützpunkt in Karameh im Jordantal wurde zum Anlaß genommen, Propaganda für die Guerilla-Kommandos zu machen, eine Tatsache, die zu einem bedeutenden Anwachsen der Unterstützung für die palästinensische Sache führte.

Als Hussein damals gefragt wurde, ob er die zahlreichen Kommandos kontrolliere, antwortete er: „Ich versuche meine Kontrolle auszuüben, aber es ist schwierig zu sagen, wer Mitglied der Kommandos ist und wer nicht. Im übrigen, was erwarten Sie von mir? Was soll ich mit einem Volk anfangen, das alles verloren hat – das aus seinem Lande verjagt worden ist? Soll ich sie erschießen? Ich meine, wir sind an dem Punkt angelangt, wo wir alle Fedayin (= arabisches Wort für „opferbereite Kommandos") sind."[17]

So wuchs die Bedeutung der Palästinenser in Husseins Land, dazu kam, daß sie sich als Hauptstützpunkt Amman ausgesucht hatten. Spannung lag in der Luft, und Hussein mußte schließlich seine Armee gegen die radikale Guerilla-Organisation „Al-Nassr" (= Der Sieg) einsetzen. Diese Machtdemonstration war nur vorübergehend wirksam. Die Angriffe auf Israel gingen weiter, und die Israelis verstärkten ihre Verteidigungslinien am Jordan. Daß sie zurückschlugen, ist bekannt; im Sommer 1969 wurde beispielsweise der wichtige östliche Ghorkanal zerstört.

Da eine Auseinandersetzung mit den Guerillas unvermeidbar wurde, hatte Hussein seinen Onkel Scherif Nasser zum Oberbefehlshaber der jordanischen Armee ernannt und Rasoul (Rasul) Kilani zum Innenminister. Sie unterstützten nämlich seine Bemühungen um ein entschiedenes Vorgehen gegen die Kommandos.

Um diese Zeit machten zwei radikale Organisationen von sich reden: die „Volksfront für die Befreiung von Palästina" (PFLP) unter ihrem Führer George Habbash und die „Demokratische Volksfront" unter Naif Hawatmeh. Sie stimmten für den Sturz Husseins, blieben jedoch letzten Endes erfolglos, weil es in der Guerillabewegung keine geschlossene Einheit gab. Die zahlreichen Gruppen hatten die verschiedensten Ideologien und zudem eigene Finanzierungssysteme.

Die Spannungen entluden sich in einem erneuten Anschlag auf den König. Die Kommando-Organisationen lehnten jedoch die Verantwortung für den Angriff ab. Die treuen Beduinentruppen und die Hussein ergebene Armee schienen auf diese Gelegenheit nur gewartet zu haben, denn schon in den darauffolgenden Tagen (Juni 1970) gab es blutige Zusammenstöße mit den Guerillas.

Da ereignete sich die erste Tragödie: Mitglieder der Volksfront für die Befreiung von Palästina (PFLP) nahmen 58 Ausländer in zwei Hotels von Amman gefangen und erklärten, die Leute als Geiseln solange festhalten zu wollen, bis die Auseinandersetzungen zu Ende wären – andernfalls würden sie das Hotel in die Luft jagen.

Dieses Ultimatum ergänzte die Al-Fatah und forderte von Hussein die Entlassung von vier führenden Beratern und mehreren Armee-Kommandeuren. Als Hussein zögerte, umgaben die Guerillas das Haus der Mutter von Zeid Ben Shaker, dem Kommandeur der Panzerdivision. Als dessen Schwester Josah (Jozah) auf das Dach stieg, um zu sehen, was da passierte, wurde sie von MG-Schüssen der Kommandos in Hals und Brust getroffen.

Obwohl halb ohnmächtig vor Schmerz und Wut entschloß sich Hussein, eine Verständigung mit den Palästinensern anzustreben. Er enthob ihrem Wunsch entsprechend Scherif Nasser und Zeid Ben Shaker ihrer Posten und ernannte General Mashour Haditha zum neuen Oberbefehlshaber der Armee. Daraufhin wurden die Geiseln freigelassen.

Natürlich war diese Entscheidung nicht allseits akzeptiert worden; unter den Soldaten gab es viele, die Mühe hatten, sich zurückzuhalten und den Befehlen des Königs zu gehorchen. Es sah so aus, als ob sich die Wogen noch einmal glätten würden. Gegen Ende Juni traf auf Husseins Einladung ein Komitee führender Politiker aus Algerien, Libyen, Tunesien, dem Sudan und Ägypten ein, um beiden Seiten Versöhnungsvorschläge zu unterbreiten.

Nach zwei Wochen andauernden Bemühungen unterzeichneten die Teilnehmer des Komitees eine Vereinbarung, in der das

Zentralkomitee der Guerilla-Kommandos anerkannt und Bewegungsfreiheit innerhalb Jordaniens bewilligt wurde. Die Guerillas mußten ihrerseits damit einverstanden sein, ihre Operationsbasen und Waffendepots in den jordanischen Städten aufzulösen. Auch durften sie innerhalb der Städte keine Waffen mehr tragen.

Einen Monat lang sah es so aus, als ob alles gutginge. Dann aber nahmen Hussein und Nasser die amerikanischen Vorschläge für einen Waffenstillstand im Mittleren Osten an, worauf die Palästinenser ihr Ziel bedroht sahen, ganz Palästina mit Gewalt wieder zurückzugewinnen. Besonders die PFLP und die PDFLP forderten wiederholt Husseins Sturz, in der Hauptstadt kam es erneut zur Krise.

Ein weiteres Attentat auf Hussein scheiterte; dann kam es zu der spektakulären Flugzeugentführung vom 6. September 1970, welche die Welt in Atem hielt.

Einige Meilen nordöstlich von Serka (auf dem Weg nach Mafrak) landeten zwei große Passagierflugzeuge, ein schweizerisches und ein amerikanisches, auf der einsamen Rollbahn von Dawsons-Field. Sie waren beim Verlassen europäischer Flughäfen entführt worden. Unter den rund 300 Passagieren und Besatzungsmitgliedern befanden sich 127 Frauen und Kinder. Der Versuch, eine EL-AL-Boeing über London zu entführen, war mißlungen, die beiden Entführer konnten überwältigt werden. Aber ein viertes Flugzeug, ein Panam-Jumbo, war nach Kairo entführt und dort auf dem Flugplatz kurz nach seiner Landung in die Luft gesprengt worden. Für alle diese Aktionen erklärte sich die PFLP verantwortlich.

Ihr Führer Habbash befand sich um diese Zeit in Nordkorea, um revolutionäre Taktik zu studieren, und so hatte sich sein Stellvertreter Wadi Haddad diesen Schlag ausgedacht. Er wollte den Westmächten vor Augen führen, daß die Palästinenser auch zur Anwendung extremster Methoden bereit wären, um so ihren Forderungen Nachdruck zu verleihen.

Die Volksfront verlangte, daß sieben in westeuropäischen Gefängnissen gefangengehaltene Kommandomitglieder und einige weitere aus Israel binnen sieben Tagen in Freiheit gesetzt werden müßten, andernfalls würden die Flugzeuge mit allen Menschen in die Luft gesprengt werden. Drei Tage später kam noch eine weitere Maschine hinzu (eine englische VC 10) mit 115 Menschen an Bord.

Das Ende ist bekannt: Die Welt ließ sich nicht erpressen. Die Mehrzahl der Geiseln wurde bis zum 12. September entlassen. Die verbliebenen 54 Menschen wurden nach einem zweiten Ultimatum vom Flugzeug weg nach Amman und ins nördliche Jordanien gebracht, später dann gleichfalls freigelassen. Wie sie später aussagten, waren sie von den Guerillas gut behandelt und niemand war verletzt worden. Nachdem es mit Regierungstruppen zu Kämpfen gekommen war, wurden die drei Flugzeuge am 12. September von Mitgliedern der PFLP zerstört; das Drama war insoweit gut ausgegangen.

Daß es so verlaufen war, lag zum Teil an der Guerillabewegung selbst, die wieder einmal untereinander uneinig war: Besonders Arafats PLO war der Ansicht, daß solche Aktionen der gemeinsamen Sache nur schaden könnten. Die innenpolitische Lage Jordaniens hatte sich indes immer mehr zugespitzt, und Hussein wußte sich schließlich nicht mehr anders als durch die Bildung einer Militärregierung zu helfen. Feldmarschall Habis Madschali war Nachfolger von General Haditha als Generalstabschef geworden, das Kabinett setzte sich aus sieben Generälen und Brigadegenerälen, zwei Obersten und drei Majoren zusammen.

Am 16. September 1970 hielt der König folgende Rundfunkansprache: „Eine Situation der Ungewißheit, des Chaos und der Unsicherheit herrschte in unserem teuren Vaterland, und die Gefahr, die Jordanien bedrohte, ist gewachsen. Wir halten es für unsere Pflicht, eine Reihe von Maßnahmen zu ergreifen, um Gesetz und Ordnung wiederherzustellen und das Leben jedes Bürgers, seine Lebensbedingungen und sein Eigentum sicherzustellen . . ."[18]

Natürlich nahmen die Guerillas diese Worte als Kriegserklärung auf. Arafat gab allen Guerillaeinheiten den Befehl, sich unter ihm zusammenzuschließen, und lud auch die Volksfront zur Teilnahme ein. Generalstabschef Arafats wurde Brigadegeneral Yahya, der Befehlshaber der palästinensischen Befreiungsarmee. Daraufhin rief die Führung zu einem unbeschränkten Generalstreik auf.

Das war das Zeichen zum Bürgerkrieg. Hussein mußte eine umfassende militärische Operation gegen die Guerillaorganisationen starten, um sie endgültig zu zerschlagen. Es kam zu erbitterten und langwierigen Kämpfen, wobei insbesondere in der Hauptstadt Amman schwere Schäden und Verwüstungen angerichtet wurden. Unglücklicherweise griffen auch noch zwei syrische Panzerbrigaden und Infanterieregimenter ein.

Den Vermittlungsbemühungen Präsident Numeirys vom Sudan war es zu danken, daß Arafat schließlich einem Waffenstillstand mit Hussein zustimmte. Der PLO-Chef veröffentlichte folgende Kundgebung durch seinen in Damaskus stationierten Rundfunksender: „Um für unser großes Volk, unsere tapferen Revolutionäre weitere unschuldigen Blutverluste zu vermeiden und um zu erreichen, daß die Bürger sich ihrer Verwundeten annehmen und ihren Lebensunterhalt sicherstellen können, stimme ich in meiner Eigenschaft als Oberkommandierender der revolutionären, palästinensischen Einheiten und in Beantwortung des Appells der Abordnung arabischer Staatsoberhäupter dem Abschluß eines Waffenstillstandes zu und bitte meine Brüder, ihn einzuhalten, vorausgesetzt, daß dies auch von der anderen Seite geschieht."[19]

In Kairo kam es dann zu einem abschließenden Kompromiß. Dort hatten sich die führenden Persönlichkeiten der arabischen Welt in der Halle des Nil-Hilton-Hotels versammelt, es waren neben Nasser, Hussein und Arafat König Feisal von Saudi-Arabien, Emir Sabah von Kuwait, Oberst Kadhafi (Gaddafi) von Libyen, Präsident Numeiry vom Sudan, Bahi Ladgham von Tunesien, Präsident Franjieh vom Libanon und El-Shamy aus Jemen.

In der sechseinhalb Stunden dauernden Sitzung – von zwei Stunden Pause unterbrochen –, wurde vereinbart, daß die Guerillas „geeignete Positionen für den Kampf gegen Israel" beziehen sollten, von einer Respektierung jordanischer Gesetzgebung und Souveränität war jedoch nicht die Rede. Hussein bedauerte dies sehr. Die Vereinbarung schloß mit folgendem Passus: „Die volle Unterstützung der palästinensischen Revolution ist sichergestellt, um sie in die Lage zu versetzen, ihrer geheiligten Pflicht zu genügen: der Befreiung ihres Landes."[20]

König Feisal und Nasser sorgten auch für eine Aussöhnung Husseins mit Arafat; damit war der Bürgerkrieg offiziell zu Ende. Ein Sieg für Hussein war es nicht.

Da die Schwierigkeiten unverändert anhielten, ging Hussein schließlich dazu über, erneut seine militärische Macht einzusetzen. Nassers Tod (28. September 1970), der die arabischen Gegensätze vorübergehend vergessen ließ, erleichterte ihm die Entscheidung: Er kündigte das Kairoer Abkommen, wobei er die Einstellung der Subsidienzahlungen Libyens (1970) und Kuwaits (Wiederaufnahme im Oktober 1973!) in Kauf nahm. Außerdem wurden die diplomatischen Beziehungen zu Kairo (bis September 1973), Damaskus (bis Oktober 1973) und anderen arabischen Staaten abgebrochen.

Der Weg war frei für die endgültige Lösung des Problems. In etwa neun Monaten gelang es Husseins Armee, sämtliche Guerillaorganisationen in seinem Land zu zerschlagen. Die Positionen der Gruppen wurden isoliert angegriffen und aufgerieben. Im August 1971 war die Ordnung wiederhergestellt; der Sieger hieß Hussein.

Der Bruch zwischen der Al-Fatah und der Volksfront mochte zu diesem Sieg beigetragen haben. Während Arafat die Vereinbarung von Kairo einzuhalten versuchte, lehnte Habbash stets jede Verantwortung ab. Eine Haltung, für die er sogar von oberster Führung kritisiert worden war.

Das Ende war bitter für die Palästinenser: Die Mehrzahl der Gefangenen wurde nach Syrien abgeschoben, ein halbes Dutzend wurde wegen erwiesener Morde an Zivilpersonen gehenkt, und der Rest verschwand in jordanischen Gefängnissen (wurde allerdings später begnadigt). Die Kommandos waren beseitigt.

Auf einer arabischen Gipfelkonferenz in Libyen, die Kadhafi einberufen hatte, wurde Husseins Vorgehen verworfen und Jordanien mit Sanktionen bedroht (Kuwait, Libanon, Irak, Saudi-Arabien und Tunesien nahmen nicht daran teil). Als es erneut zu Spannungen mit Syrien kam, setzte sich Präsident Sadat, als Nachfolger Nassers, dafür ein, daß die Lage normalisiert wurde.

Am Ende war Husseins Regime tatsächlich gefestigt wie nie zuvor; die Gefahr einer Anarchie für Jordanien schien in weite Ferne gerückt.

Schlicht gesagt, bestimmten der Sport und die Frauen das Privatleben des Königs. „Meine Leidenschaft sind schnelle Autos!" schrieb er selbst; diese hatte schon in Harrow und Sandhurst begonnen – damals, als er seine ersten Wagen geschenkt bekam.

Maurice Raynor war nach Amman geholt worden; er hatte den „königlichen Stall" zu betreuen (wie der Wagenpark hieß). Jimmy Clapham, Abteilungsleiter der Luftwaffeneinheit der Arabischen Legion, mußte Husseins Wagen in der Freizeit „aufwärmen", das heißt, die Vergaser einstellen.

Hatte er in Goodwood auf der Rennstrecke Rennen gefahren, so trat er nun in den Go-Kart-Club von Amman ein. Es war dies ein Privatclub mit etwa 16 Mitgliedern, die jeden Freitagnachmittag Rennen veranstalteten. Diese wenigen Stunden bezeichnete Hussein „als eine Quelle der Erholung" für sich. Schon zu Beginn seiner Regierung hatte er an Autorennen und schwierigen Bergfahrten in innerarabischen Wettbewerben gegen die Libanesen teilgenommen. Als der König dann auch noch fliegen lernte, begann man sich ernsthaft um ihn zu sorgen.

Im September 1952 fing es an. Flügelkommandant Fisher, damals Kommandeur der jordanischen Luftwaffe, flog Hussein zur Inspektion einiger Truppen nach Jerusalem. Auf dem Weg dorthin suchte Hussein die Kanzel auf und fragte, ob er nicht selbst das Flugzeug lenken dürfe.

Die königliche Familie, insbesondere Mutter Zein, war dagegen, daß Hussein Flugunterricht nahm; dennoch setzte er seinen Willen durch. In seinen Erinnerungen teilt er mit, daß er immer den Wunsch hatte, ein Flugzeug zu steuern. Schon als Junge habe er Abbildungen von Flugzeugen gesammelt und in einem Album aufbewahrt. Dabei faszinierte ihn angeblich nicht nur die Schnelligkeit der Fortbewegung, sondern die Möglichkeit, in der Führerkanzel alle Probleme und Sorgen abzulegen, sich grenzenlos frei zu fühlen.

Jock Dalgleish, der im Juni 1953 den Oberbefehl über die jordanische Luftwaffe übernommen hatte (er war Staffelkapitän bei der Royal Air Force, die ihn an Jordanien „ausgeliehen" hatte), wurde sein Fluglehrer – einen besseren hätte er nicht finden können.

Über seine erste Flugstunde berichtet Hussein: „. . . Ich weiß nicht, ob er (Dalgleish) die Absicht hatte, mich mit diesen Kunstflügen abzuschrecken, jedenfalls tat er alles, was man beim Fliegen tun kann. Wir flogen Schleifen, wir rollten, wir sackten bei gedrosseltem Motor ab, und als wir landeten, fühlte ich mich plötzlich entsetzlich schlecht. Es war das erste und einzige Mal, daß ich luftkrank wurde. Noch oft hat Dalgleish beim Ausprobieren einer neuen Maschine sein möglichstes getan, aber ich konnte immer lachen und sagen: ‚Es hat keinen Zweck, Oberst, Sie schaffen es nicht noch einmal.' Und es ist ihm auch nie wieder gelungen.

Irgendwie brachte ich es fertig, aus der Auster zu klettern, aber ich wußte nicht mehr, wo oben und unten war, alles drehte sich.

Dalgleish sprang heraus, und alle spitzten die Ohren, als er mit heuchlerisch unbefangener Stimme fragte: ‚Wann befehlen Majestät, das nächste Mal zu fliegen?'

Ich antwortete, mühsam schluckend: ‚Morgen nachmittag.'

Es war Stolz, und vielleicht auch Eigensinn (den man mir nachsagt), der mich das sagen ließ. Wenn diese Stunde in der Luft auch entsetzlich war, ich wollte unter allem Umständen fortfahren."[21]

Tatsächlich ging Hussein den ganzen Sommer hindurch fünf und machmal sogar sechs Tage pro Woche auf den Flugplatz. Er gab ehrlich zu, daß ihm das Lernen nicht leichtfiel. Nach etwa zehn Stunden in der kleinen Auster ging man zu der größeren und bequemeren zweimotorigen Dove (Taube) über. Anfangs waren vor allem die Landungen ein Problem. Als er sie im Griff hatte, probierte er eine Viking aus, und schließlich wollte er allein fliegen. Dalgleish teilte ihm, wenn auch widerwillig mit, daß die Familie darauf gedrungen habe, ihn niemals allein fliegen zu lassen.

Hussein wurde wütend und startete heimlich seine Dove. Den herbeieilenden Mechaniker beruhigte er, indem er sagte, daß er den Copiloten später übernehmen wolle. Die Flugplatzbehörde sah ein, daß sie den König nicht länger ernsthaft daran hindern konnte zu fliegen. Der Versuch ging gut, Hussein baute eine glatte Landung.

Er absolvierte mehr als 1000 Flugstunden in den verschiedensten Typen. Als er allein fliegen konnte, ging er zu Düsenmaschinen über, machte bei der jordanischen Luftwaffe mit (gelegentlich beteiligte er sich auch an Manövern) und lernte 1958 auch das Fliegen mit Hubschraubern. Allseits wurde bestätigt, daß er ein sehr tüchtiger Pilot war.

Die Monate, in denen er fliegen lernte, gehörten nach Husseins eigenen Worten „zu den glücklichsten seines Lebens". Auf dem Flugplatz war er frei von allen Zwängen und Konventionen.

Jock Dalgleish war in allem sein Lehrer und ein guter Kamerad. Hussein begleitete ihn oft, blieb zum Abendessen oder einer raschen Tasse Tee. Auch mit Dalgleishs Frau Davina, einer sympathischen und häuslichen Person, verstand er sich gut. Es kam öfter vor, daß es sich der König bei der Familie hemdsärmelig gemütlich machte. Je gelassener und einfacher es zuging, um so wohler fühlte er sich.

Eine kleine Episode ist bezeichnend für Husseins Verhalten. Einmal schwärmte ihm Dalgleish von den guten Steaks vor, die er führer im Ledra-Palast-Hotel in Nikosia – also auf Zypern – gegessen hatte. Der König überredete ihn kurzerhand, nach Nikosia zu fliegen. Sie suchten das erwähnte Lokal auf, aßen – ohne daß sie erkannt wurden – ihre Steaks und kehrten wieder zurück. Hussein freute sich ungemein, als er davon hörte, wie sich vor allem Glubb Pascha darüber ärgerte – er wollte ständig und überall beweisen, daß ihm niemand zu befehlen hatte.

Hussein und die Frauen

In den Journalen und Klatschprodukten westlicher Länder sind es vor allem die Frauen des „kleinen Königs", die bevorzugter Gegenstand näherer Betrachtungen sind. Hussein machte durch seine bisherigen vier Ehen ungewollt immer wieder Schlagzeilen.

Am 19. April 1955 heiratete er zum erstenmal: Scharifa Dina Abdul Hamid stammte aus Ägypten und war eine entfernte Cousine, gleichfalls ein Mitglied der Haschemiten-Dynastie. Sie war sieben Jahre älter als Hussein; in seiner Autobiographie erwähnt er dieses Ereignis nur kurz: „Sie war eine hochintelligente Frau, hatte ihr Kunstgeschichtsdiplom in Cambridge gemacht und war einige Jahre älter als ich. Ich hoffte sehr auf ein gutes Familienleben mit ihr und war überglücklich, als unsere Tochter Alia geboren wurde.

Ich wollte immer das normale Leben eines einfachen Mannes führen. Aber es sollte nicht sein, jedenfalls damals nicht. Die Ehe wurde ein Mißerfolg. Trotz aller Bemühungen konnten wir zu keiner Gemeinsamkeit finden, und es schien für beide Teile besser, die Ehe zu lösen. Es war eine schwere und traurige Zeit. Die Scheidung wurde viel kritisiert, aber es schien uns besser, der Krisis offen und ehrlich zu begegnen, ohne Rücksicht auf die Meinung anderer.

18 Monate nach der Heirat trennten wir uns, und meine Frau ging nach Kairo zurück."[22]

Es mochte daran gelegen haben, daß Dina eine Intellektuelle mit Universitätsbildung gewesen war (Girton-College, Cambridge und Universität von Kairo) mit stark ausgeprägtem Gefühl für die neue Politik der arabischen Welt. Hussein dürfte es ihr übelgenommen haben, daß sie die häusliche Gemeinschaft zugunsten politischer Aktivität vernachlässigt hatte.

1960 lernte der König eine englische Telefonistin kennen, welche die große Liebe seines Lebens werden sollte: Toni Gardiner, die Tochter eines englischen Pionier-Obersten. Er sah sie auf einem Diplomaten-Empfang, den er in seiner Wintervilla in Schuna, unweit des Toten Meeres, gab. Sie respektierte nicht nur seinen Rang, sondern hatte ihn offensichtlich auch als Menschen sehr gern.

Hussein traf sich häufig mit dem 19jährigen Mädchen, dessen Natürlichkeit und Einfachheit er schätzte. Er lud sie zu privaten Filmvorführungen in seinen Palast ein und brachte sie dazu, im Go-Kart-Club von Amman Rennen zu fahren. Toni Gardiner lud ihn dafür zum Tee ein und brachte Hussein das Schwimmen bei. Der König fühlte sich ausgesprochen wohl in ihrer Gesellschaft.

Verhältnismäßig rasch entschloß er sich, ein zweites Mal zu heiraten, zumal auch seine Mutter mit der Wahl einverstanden war. Über die Zeremonie erzählte er: „Die Hochzeit selbst (am 25. Mai 1961) war kurz und sehr einfach, wie es islamischer Brauch ist. Sie fand im Palast meiner Mutter statt, der in einem stillen Garten voller Rosen steht, und die Tore wurden von Tscherkessen bewacht. Die Zeremonie wurde von Scheik Hamzek Arabi geleitete, dem ältesten Richter bei der Moslem-Sharia (Scheria), der einst mein erster Lehrer in religiösen Dingen war.

Der Sitte folgend trug die Braut nicht ihr Hochzeitskleid, sondern wurde in einem einfachen blauen Leinenkleid mit dreiviertellangen Ärmeln getraut. Sie trug einen Chiffonschal über dem Kopf. Ich hatte einen grauen Anzug an und saß vor einem niedrigen Kaffeetisch mit Muna (= Tonis arabischer Name) zu meiner Linken.

Der älteste Richter sprach zuerst einige Suren aus dem Koran, dann fragte er uns beide, ob wir die Ehe eingehen wollten, worauf wir ‚Naam' (= Ja) antworteten. Ich steckte dann, so wie es Brauch ist, meiner Braut einen einfachen goldenen Ring an die linke Hand und gab ihr einen ebensolchen Ring, den sie mir an die linke Hand steckte. Dann unterschrieben wir beide auf arabisch fünf Abschriften eines Heiratsdokuments, das von unseren Zeugen, meinem jüngeren Bruder, Kronprinz Mohammed, und meinem Onkel beglaubigt wurde. Wir küßten uns und die Anwesenden riefen: ‚Mabruk!' (= Glückwunsch)." [23]

Flitterwochen leisteten sie sich nicht, die Staatsgeschäfte machten dem Paar einen Strich durch die Rechnung. Aber sie lebten sich rasch ein, und die Königin, die mittlerweilen Muna (= Désirée) hieß, machte ausgezeichnete Fortschritte im Arabischen.

„Daret Alkair" („Haus der Güte und des Glücks") nannten sie ihr Landhaus in Hummar (Hammar), 16 Kilometer außerhalb Ammans, und das Glück schien vollkommen, weil dieser Ehe vier Kinder entsprossen: die Söhne Abdullah und Feisal (Faisal) sowie die Zwillingstöchter Zein (Zaim) und Aisha.

Die wachsenden politischen Spannungen und vielleicht auch ein gewisses Auseinanderleben, bedingt durch oft sehr lange Perioden der Trennung, führten später zum Bruch, der die Welt überraschte. Am Weihnachtsabend des Jahres 1972 kündigte Hussein – nachdem er hartnäckigen Gerüchten stets energisch entgegengetreten war – seine Scheidung von Muna und die Verheiratung mit der Palästinenserin Aliya Toukan (Tukan) an.

Die Neue war Stewardeß der jordanischen Fluggesellschaft. Der König war ihr erstmals bei einem Wasserski-Turnier in Akaba begegnet.

Daß diese Ehe politische Gründe gehabt habe, wurde oft zu unrecht behauptet. Denn immerhin hatte Hussein nie zu verstehen gegeben, daß die Söhne Abdullah und Feisal nicht für seine Nachfolge in Frage kämen. Er hätte dazu auch keine Veranlassung gehabt, denn sie entsprachen einwandfrei den gesetzlichen Voraussetzungen, als seine von einer mohammedanischen Mutter ohne Rücksicht auf ihre Rasse geborenen Söhne. Zum Nachfolger war ja Husseins Bruder Hassan bestimmt und als solcher auch bereits anerkannt.

Der Hochzeitszeremonie am 26. Dezember 1972 wohnte auch die unglückliche Muna bei. Das jordanische Volk akzeptierte Aliya sofort und verehrte sie als edelmütige Landesmutter. Auch sie schenkte Hussein Kinder: die Tochter Haya und den Sohn Ali. Der kleine Prinz Ali wurde zum möglichen Thronerben für den Fall bestimmt, daß seinem Onkel Hassan etwas zustoßen sollte.

Dazu adoptierten sie ein achtjähriges Waisenmädchen namens Abir. Die Eltern waren beim Absturz einer russischen Maschine über Amman ums Leben gekommen, die in mehrere Häuser gerast war; Aliya hatte das kleine Mädchen entdeckt.

So schien Hussein ein neues Familienglück – und diesmal endgültig – gefunden zu haben, als das Schicksal auch diese Verbindung löste: Königin Aliya kam am 7. Februar 1977 bei einem Hubschrauberabsturz, der sich nur 10 Kilometer vor den Toren Ammans ereignete, ums Leben.

Die entsetzliche Nachricht traf Hussein schwer. Der König schien zusammenzubrechen. Er brauchte mehr als eine Stunde, bis er aus einer totenähnlichen Starre erwachte und erste Erkundigungen einzog. Demnach war das Unglück rätselhaft. Der Absturz hatte sich bei klarem Wetter und ausgezeichneter Sicht ereignet. Noch am selben Abend setzte der unglückliche und tief betroffene König sein Volk durch Funk und Fernsehen von dem Vorfall in Kenntnis.

Am 15. Juni 1978 heiratete Hussein zum viertenmal, und zwar die 26jährige Amerikanerin libanesischer Abstammung Lisa Halaby, die den Namen Nur al-Hussein, das heißt „Licht Husseins", bekam. Er hatte sie drei Monate vorher kennengelernt; Lisa hatte ihren Vater auf einer Geschäftsreise begleitet.

Die Trauungszeremonie von knapp fünfminütiger Dauer wurde vom Großmufti von Amman nach arabisch-haschemitischem Ritus im Zahran-Palast vollzogen. Nach den Worten Lisas „Ich gebe mich dir als deine aufrichtige Gattin" unterzeichneten beide die Heiratsurkunde.

Daß es das „Licht Husseins" versteht, die Sympathien der Menschen zu gewinnen, hat sich schon bei mehreren offiziellen Anlässen, z. B. bei einem Staatsbesuch in Deutschland, Anfang November 1978, gezeigt: Tausende jubelten dem jordanischen Königspaar zu, das unter strengsten Sicherheitsvorkehrungen durch Deutschland reiste.

Jordanien heute und das Palästinaproblem

Die 1970 erfolgten Einstellungen der Subsidienzahlungen von Libyen und Kuweit konnten im wesentlichen durch Zahlungen der USA ausgeglichen werden; auch Saudi-Arabien zahlte weiterhin seinen Beitrag, und England erhöhte seine Budgethilfen. Zudem wurden die Steuern erhöht.

An der Feindschaft zur PLO änderte sich nichts. Zwar hatte der König unablässig versucht, seine Ansprüche auf Westjordanien – wo die Israelis den örtlich ansässigen jordanischen Behörden im wesentlichen freie Hand ließen – aufrechtzuerhalten, doch stießen seine Vorschläge zu einer Umstrukturierung seines Reiches in eine Föderation aus West- und Ostjordanien (Cis- und Transjordanien) allgemein auf Zurückhaltung oder gar Ablehnung. Auch die Gründe eines demokratischen und föderativen „Vereinigten Arabischen Königsreichs" unter Husseins Herrschaft scheiterte.

Die politische Konsequenz war, daß die arabischen Staatschefs auf den Gipfelkonferenzen 1973 und 1974 in Algier und Rabat (zunächst gegen den Widerstand Husseins) die PLO als die einzig legitime Vertreterin des arabischen Volkes von Palästina anerkennen mußten, die das Recht habe, auf jedem Teil des befreiten Gebiets eine unabhängige, nationale Autorität zu errichten.

Einen weiteren Erfolg der internationalen politischen Anerkennung verzeichnete die PLO durch den Auftritt und die Rede Yassir Arafats vor der UN-Vollversammlung am 13. November 1974 und die Anerkennung der PLO durch die Mehrheit der UNO-Mitgliedstaaten. Dennoch konnte dies nicht über die weitgehenden

Meinungsunterschiede in der arabischen Welt hinwegtäuschen, wie eine Regelung des Nahost-Konflikts erreicht werden und welchen Inhalt sie haben könne. Ägypten, Syrien und die konservativen arabischen Staaten (mit Ausnahme Jordaniens) befürworteten in Übereinstimmung mit den beiden Supermächten USA und UdSSR eine Lösung im Sinne der UN-Resolutionen 242 und 338 des Sicherheitsrats von 1967 und 1973. Der Irak, Libyen, die Volksrepublik Jemen und die PLO lehnten demgegenüber jede Art von Teillösungen des Palästina-Problems ab. Der PLO ging es dabei insbesondere um ihr in diesen Resolutionen nicht erwähntes Recht auf Selbstbestimmung einschließlich Staatsgründung auf palästinensischem Boden. Schauplatz dieser innerarabischen Auseinandersetzungen wurde der innenpolitisch labile Libanon, in dem sich die PLO nach ihrer Niederlage im „Schwarzen September" 1971 in Jordanien eine neue Basis geschaffen hatte.

Einig war die PLO mit der Mehrheit der arabischen Staaten nach der Normalisierung der Beziehungen zu Syrien und Jordanien in der gemeinsamen Ablehnung der Politik des ägyptischen Staatspräsidenten Sadat, Nassers Nachfolger. Durch die Verträge von Camp David 1978 und 1979 hatte nämlich Ägypten Israel positiv anerkannt, d. h. es schloß nicht nur Frieden, sondern nahm auch normale politische, diplomatische und wirtschaftliche Beziehungen mit Israel auf, ohne dafür konkrete Zusagen in der Frage des besetzten Westjordanlands und des Gazastreifens bzw. eines palästinensischen Teilstaates zu erreichen. Sadat räumte durch den Vertragsabschluß den nationalägyptischen Interessen Vorrang vor den gesamt-arabischen und den palästinensischen ein. Für die PLO bedeutete dies, daß der militärisch stärkste Gegner Israels aus der arabischen Front herausgebrochen war und die Chancen einer militärischen Befreiung Palästinas vollends auf Null sanken.

Trotzdem gelang es nicht, die verbleibenden arabischen Parteien auf den Friedensplan des saudi-arabischen Königs Fahd festzulegen, obwohl Yassir Arafat an seinem Zustandekommen maßgeblich beteiligt war. Der israelische Feldzug im Libanon und der Auszug der PLO-Kämpfer aus Beirut im Sommer 1982 machten überdies deutlich, daß die PLO in ihrem Kampf um

Selbstbestimmung und einen eigenen Staat zwar auf die gewohnte verbale, nicht aber auf eine tatkräftige militärische Unterstützung arabischer Bruderstaaten und der Sowjetunion zählen konnte.

Daher lehnte Arafat das syrische Angebot, die nunmehr auf die verschiedenen arabischen Länder verstreuten PLO-Kämpfer aufzunehmen, im Herbst 1982 ab, weil er befürchtete, die PLO könnte sonst völlig unter syrische Kontrolle geraten, und entschied sich für die Errichtung eines neuen palästinensischen Zentrums in Tunis.

Husseins Entschluß, sich weiteren Konfrontationen mit Israel zu entziehen, ist verständlich. Bis heute ist er bemüht, den bisherigen großen Einfluß der Palästinenser in Verwaltung und Gesetzgebung zugunsten der unbedingt loyalen Westjordanier auszuschalten – Maßnahmen, die er unmittelbar nach Rabat zu verwirklichen begann.

Der klimatisch benachteiligte Osten Jordaniens mußte sich seit 1967 um eine Ausweitung der landwirtschaftlichen Produktion bemühen. So begann man Anfang 1973 mit der Anlage eines Staudammes am Fluß Sarka (Zarqa) im Norden des Landes, um dort etwa 6000 Hektar bisher ackerbaulich nicht genutzter Fläche zu bewässern. Die sich auf ungefähr sieben Millionen Dollar belaufenden Kosten wurden größtenteils von Kuweit getragen. Die Viehzucht hat sich besonders am Ostrand des Ackerlandes ausgeweitet. Das liegt zum Teil daran, daß viele Nomaden seßhaft wurden und sich Schafherden halten (dafür ging der Kamelbestand zurück). Daß die industrielle Entwicklung weiterhin ausbaubedürftig ist, steht außer Zweifel.

Im Unterschied zu Syrien oder dem Libanon kennt Jordanien keine Religionsprobleme. Die Mehrheit der Bevölkerung bekennt sich zum Islam – in sunnitischer Form. Das gilt vor allem für die Beduinen, die allerdings nebenbei auch an Geister und Dämonen glauben. Christen und Tscherkessen bilden Minderheiten.

Abschließend soll hier noch kurz auf die Hussein treu ergebenen Beduinen eingegangen werden. Die beiden größten Stämme heißen Beni Sakhr und Huweitat. Ihr entschlossenes Eingreifen in Krisensituationen gewährleistete schon mehrmals die staatliche Ordnung und den Fortbestand der Haschemitendynastie.

Die Stämme sind in sich unterteilt und beruhen auf Familienorganisation. Etwa fünf bis zehn Zeltgemeinschaften bilden eine Art Großfamilie, die sich Hamulah nennt. Angesehene oder mächtige Familienoberhäupter werden oft von anderen Familien um Beistand und Schutz gebeten; schwache Führer werden verlassen. Oberhaupt eines Stammes ist der Scheik (Scheich), der von einem Stammesrat unterstützt wird. Er ist nicht mit besonderen Rechten ausgestattet; sein Ansehen hängt allein von seiner Persönlichkeit ab.

Der Familienbindung kommt in Jordanien auch heute noch die größte Bedeutung zu. So leben die Jungverheirateten in der Familie des Mannes; Brüder bleiben also beieinander, Schwestern dagegen nicht. Ehen zwischen Cousins sind häufig. Kommt es zu Meinungsverscheidenheiten oder Streit, muß die Frau stets zur Seite ihres Mannes halten; ein junger Mann hat die Sache der väterlichen Familie auch gegen die mütterliche zu vertreten.

Auch für einen Verheirateten bleibt die Autorität des Vaters maßgeblich; das ändert sich erst, wenn er selbst Vater geworden ist.

Nach islamischem Gesetz dürften Männer bis zu vier Frauen haben; aus finanziellen Gründen können sich jedoch die meisten selten mehr als zwei erlauben. Da der König die Einehe (Monogamie) praktiziert, herrscht im heutigen Jordanien auch die Einehe vor. Mädchen heiraten häufig sehr früh. Der Hochzeit selbst gehen zwei Zeremonien voraus: die inoffizielle Verlobung und die Unterzeichnung eines Ehevertrages. Im Vertrag setzt man auch heute noch den Brautpreis fest. Am Vortag findet meist ein Tanz, am Hochzeitsabend ein größeres Festmahl statt.

Die Scheidung geht einfach vor sich: Der Mann braucht lediglich in Gegenwart zweier Zeugen dreimal: „Ich scheide mich von dir" zu sagen – andere Formeln sind „Ich verstoße dich" oder „Ich verschmähe dich" – dann ist die Trennung vollzogen. Die Frau kann keinen Einspruch erheben und auch keine Initiative zur Scheidung ergreifen. Geschiedene kehren in ihr Elternhaus zurück, wobei sie einen Teil der Mitgift mitnehmen dürfen. Der Mann darf sich sofort wieder verheiraten; die Frau muß drei Monate warten (was daran liegt, daß erst eine eventuelle Schwangerschaft festgestellt werden muß).

Nach dem patriarchalischen Prinzip der Beduinen gewinnen Frauen, die Söhne geboren haben, an Ansehen – vor allem sind sie dann nicht mehr von der Schwiegermutter abhängig. Kinderlose Frauen gelten als von Allah verlassen.

Da heute in vielen Orten schon staatliche Schulen existieren, wurde die traditionelle Erziehung des Khateb (der eine Art Laienpriester, Lehrer und Gemeindesekretär war) abgelöst. 1964 wurde die sechsjährige Grundschulpflicht eingeführt (etwa 68 % der erwachsenen Bevölkerung sind noch immer Analphabeten). An die Grundschule schließt sich eine dreijährige Mittel- bzw. Oberstufe an, die in den Staatsschulen kostenlos ist. In Amman gibt es – wie schon erwähnt – die einzige Universtität des Landes (sie wurde 1962 gegründet).

Alles in allem kann Hussein stolz auf seine Leistungen sein, die freilich ohne ausländische Hilfe nicht möglich gewesen wären. Sein Biograph Snow ist der Ansicht, daß der König „einen neuen arabischen Führungsstil geschaffen hat – und zwar einen, der sich neben dem System Nassers und Pan-Arabertum der Baath-Partei durchaus bewährt."[24] Es ist ihm anzurechnen, daß er häufig versucht hat, „Empfindungen der arabischen öffentlichen Meinungen selbst zu gestalten"; es ist zu bedauern, daß er gelegentlich sehr lange gebraucht hat, zu entscheiden, ob er sich für oder gegen politische Forderungen seiner arabischen Mitbrüder, speziell im Hinblick auf das Verhältnis zu Israel, entschließen sollte.

Dennoch: Er ist eine große Persönlichkeit, sympathisch, empfindsam und heldenhaft. Er ist gläubig, traditionsverbunden und verantwortungsbewußt – und er liebt sein Land wie seine Familie.

Daß er flexibel und durchaus bereit ist, mit sich reden zu lassen, selbst was die Zukunft der von Israel besetzten Gebiete und die denkbar schlechten Beziehungen zu den Palästinensern anbelangt, hat er u. a. in einem „Spiegel"-Gespräch betont. Bei seinem Deutschlandbesuch im November 1978 erklärte König Hussein: „Seit der UN-Resolution 242 sind elf Jahre vergangen. Diese Resolution hatten wir Jordanier seinerzeit genauso wie die Ägypter akzeptiert. Aber im Laufe der Zeit fanden in Jerusalem und dem ganzen Gebiet so viele Veränderungen statt, so daß etwas erheblich Sustantielleres nötig gewesen wäre, um uns – geschweige denn andere – zu überzeugen. Wirkliche Chancen für einen Neubeginn sind nicht gegeben. Das heißt nicht, daß wir die Tür zugeschlagen haben. Wir haben sie offengelassen, aber so wie das zur Zeit läuft, sehen wir keine Chance. Vielleicht später, wenn die beiden Großmächte und die anderen betroffenen arabischen Partner teilnehmen ... wenn dann eine Möglichkeit besteht, die Dinge wieder in Bewegung zu setzen, dann werden wir es tun."[25]

Auf dem Gipfeltreffen der arabischen Spitzenpolitiker in Fes im September 1982 konnte endlich ein gemeinsamer Plan zur Lösung des Palästinakonflikts beschlossen werden; der Fahd-Plan wurde abgelehnt, obwohl er sich nur in wenigen Punkten vom neuen sogenannten Fes-Plan unterschied. Die Fes-Beschlüsse hoben die Rolle der Palästinenser hervor und postulierten die Existenzgarantie für alle Staaten in dieser Region einschließlich eines Palästina-Staates – ohne ausdrückliche Erwähnung Israels – durch den UN-Sicherheitsrat. Damit ist die stillschweigende Anerkennung Israels in diesem Plan ausgedrückt, da die wichtigsten Sicherheitsratsmitglieder, USA und UdSSR, Israel seit seiner Gründung anerkennen und, wie mehrfach bekundet, bereit sind, auch seine Sicherheit zu garantieren. Die von arabischer Seite in Fes geforderte Gegenleistung besteht in der Gründung eines Staates Palästina unter PLO-Führung.

Eine zwischen Hussein und Arafat im April 1983 erzielte Einigungsformel scheiterte am Widerstand der Radikalen in der PLO. Sie sah eine palästinensische Staatsgründung mit anschließender freiwillig jordanisch-palästinensischer Konföderation vor, die Erinnerungen an den Hussein-Plan von 1972 weckt. Einer gemischten gemeinsamen Delegation für Verhandlungen über eine Nahostkonfliktlösung sollten auf palästinensischer Seite Persönlichkeiten aus den besetzten Gebieten angehören, die formal nicht in der PLO sind. Andere führende PLO-Mitglieder lehnten den Arafat-Hussein-Entwurf jedoch ab, da er mit den Beschlüssen des 16. PLO-Nationalrats vom Februar nicht in Einklang stand. Dort war der sogenannte Reagan-Plan als Lösungsgrundlage für den Nahost-Konflikt abgelehnt und die PLO als einzig legitime Vertreterin des palästinensischen Volkes bezeichnet worden, die auch in einer gemischten Verhandlungsdelegation mit Jordanien vertreten sein müßte. (Der Reagan-Plan rief Israelis wie Palästinenser zur gegenseitigen Anerkennung auf und forderte für das

Westjordanland und den Gazastreifen die volle Autonomie in Assoziierung mit Jordanien sowie den militärischen Rückzug Israels aus diesen Gebieten.) Die PLO wollte nicht über den Fes-Plan hinausgehen.

Syrien unterstützte teils verdeckt, teils offen die gegen Arafat rebellierenden Fatah-Kämpfer im Libanon, wies ihn selbst im Juni 1983 überraschend aus Syrien aus und forderte die ihm treuen Militärverbände auf, ihre Stellungen in der libanesischen Bekaa-Ebene zu räumen. In einem Gespräch unterstrichen George Habasch, der Führer der „Volksfront zur Befreiung Palästinas", und der syrische Präsident Assad die Notwendigkeit, die Palästinensergruppen sowohl einheitlich untereinander als auch mit den syrischen Streitkräften zu koordinieren, und der Chefredakteur der syrischen Regierungszeitung schrieb, Syrien werde „weiter die gerechten und nationalen Forderungen der Reformisten unterstützen". Die Palästinenserfrage könne nicht im Alleingang gelöst werden, sondern sei eine „nationale, pan-arabische Angelegenheit".[26]

Ägypten, Saudi-Arabien und Jordanien ziehen derzeit am gleichen Strang: Sie versuchen, die PLO und Israel im Rahmen einer Internationalen Konferenz an den Verhandlungstisch zu bringen. Insbesondere Präsident Mubarak bezieht sich dabei immer wieder auf die UN-Resolution 181, die nicht nur die Geburtsurkunde Israels ist, sondern zugleich den Palästinensern das Recht auf einen eigenen Staat zuspricht. Es dürfte ihnen allerdings schwerfallen, denn Israels Verletzungen der Vereinbarungen von Camp David sind beachtlich: da sind vor allem die Annexion des arabischen Ostjerusalem, die Einverleibung der syrischen Golan-Höhen, die Invasion im Libanon und der Angriff auf einen irakischen Atommeiler – was Wunder, wenn es den Palästinensern schwerfällt, noch an ehrliche Friedensabsichten zu glauben. Dazu kommt eine halsstarrige Siedlungspolitik der israelischen Regierung Schamir im besetzten Westjordanland: „Etwa 80 000 Juden haben sich dort seit 1967 in 132 festungsartig verschanzten Dörfern" niedergelassen.[27] Unmittelbare Folge ist die Intifada, ein Volksaufstand, der als spontane Reaktion einer verzweifelten, sich allein gelassen fühlenden Bevölkerung anzusehen ist.

Die PLO sieht sich dem Widerspruch zwischen den eigenen national-palästinensischen Unabhängigkeitsinteressen und den Interessen der arabischen Staaten, welche die PLO unter ihre Kontrolle bringen wollen, ausgesetzt; sie steht außerdem unter Zeitdruck, weil die israelische Siedlungspolitik im Westjordanland irreversible Tatsachen zu schaffen droht. Innerhalb der PLO formiert sich im übrigen die Opposition gegen eine Verhandlungslösung des Nahost-Konflikts und für eine neue bewaffnete Auseinandersetzung, die das regionale Kräfteverhältnis zugunsten der arabischen Seite verschieben soll, neu.

Arafats politische Strategie gipfelt inzwischen in der am 15. November 1988 in Algier erfolgten – feierlichen – Proklamation eines Plästinenserstaates mit der geplanten Hauptstadt El-kuds el-scharif (= arabischer Name Jerusalems).

Basis soll die bereits mehrfach erwähnte UN-Resolution 242 sein, die den Staat Israel ausdrücklich anerkannt, den Palästinensern allerdings nur eine „Regelung des Flüchtlingsproblems" in Aussicht gestellt hatte. Die Einsetzung einer provisorischen Regierung soll nach Arafat so lange hinausgezögert werden, bis tatsächlich eine Nahost-Konferenz stattfindet, und zwar mit direkten Verhandlungen zwischen Israel und den Arabern.

Gerade dies ist jedoch recht problematisch: In völkerrechtlicher Hinsicht muß die – bisher unter anderem von Israel, USA und Syrien nicht anerkannte – „Staatsgründung" als mit Rechtsmängeln behaftet angesehen werden, da es vor allem an den wesentlichen Grundvoraussetzungen „Staatsgebiet", „Staatsvolk" und „Staatsgewalt" fehlt. Die PLO sollte demnach in jedem Fall zunächst eine Exilregierung bilden und mit Jordanien und Ägypten über die Abtretung des Westjordanlandes sowie den Gazastreifen verhandeln.

König Hussein, der sich in einer Fernsehansprache am 31. Juli 1988 erneut zu einer Trennung von diesem Gebiet bekannt hat, wäre sicher dazu bereit.

Anhang

Hassan II. – Der Fuchs des Maghreb

Anmerkungen

1 Name der marokkanischen Regierung.
2 Vgl. hierzu König Hassans II. Autobiographie „Le défi", Paris, 1976 (S. 45), sowie Pierre Juli, „Une république pour un roi", Paris, 1974 (S. 84).
3 Telegraf/Westberlin, 5. Oktober 1956; Neue Zürcher Zeitung, 27. und 29. März 1956 und 4. Juli 1956.
4 Neue Zürcher Zeitung, 29. März 1956.
5 Abgedruckt in: „Le Maroc politique. De l'independance à 1973", Textes rassemblés et présentés par Claude Palazzoli, Paris, 1974 (S. 73 ff.).
6 Rote Hüte, auch „Türkenkappen" genannt.
7 Charles de Gaulle, „Mémoires d'espoir", T. 1, Paris, 1970 (S. 109)
8 R. Landau, „Hassan II.", London, 1962 (S. 36).
9 Landau, a.a.O., (S. 38).
10 Vgl. „La Nation Africaine", Rabat, 19. 11. 1962.
11 Das untersteht dem König und seinem Ministerpräsidenten.
12 Mehdi Ben Barka, „Revolutionäre Alternative", München, 1969 (S. 90 f.).
13 Hassan II., „Le défi", Paris, 1976 (S. 164).
14 Pédron, François, „Échec au roi. Du coup d'état de Skhirat au ‚suicide' d'Oufkir", Paris, 1972 (S. 266).
15 Hassan II., a.a.O., S. 168.
16 Palazzoli, a.a.O., S. 117 ff.
17 Pédron, a.a.O., S. 274.
18 OAU = Organization of African Unity (Organisation für Afrikanische Einheit).
19 Frente Popular para la Liberación de la Saquiet el-Hamra y Rio de Oro (Volksfront zur Befreiung der Saquiet el-Hamra und von Rio de Oro).
20 Arabische Demokratische Republik Sahara.
21 Von der Ropp, Klaus Frhr., „Das afrikanische Staatensystem", Bonn, 1985 (S. 644 f.).
22 Tzschaschel, Joachim, „Wege und Wirkungen der Außenpolitik Marokkos", S. 455.
23 „Le Monde Diplomatique", Juli 1982 (S. 6).
24 „Radio Moskau" vom 2. 3. 1981, zitiert in „Monitor-Dienst" vom 9. 3. 1981.
25 Marokko/Algerien am 26. Februar 1983.
26 Freundschafts- und Kooperationsvertrag zwischen Tunesien und Algerien im März 1983 in Karthago.
27 Algerien/Niger am 5. 1. 1983.
Algerien/Mali am 16. 5. 1983.

Die Dynastie der Alawiden

1. Moulay Mohammed I. Ben Scherif (1640–1664)
2. Moulay Raschid (1664–1672)
3. Moulay Ismail (1672–1727)
4. Moulay Ahmed Ed-Dahbi (1727–1728)
5. Moulay Abd el-Malek (1728–1729)
6. Moulay Ali (1734)
7. Sidi Mohammed II. (1737)
8. Moulay el-Mostadi (1738)
9. Moulay Zin el-Abiddine (1741)
10. Moulay Abdullah (1729–1757)
11. Sidi Mohamed III. (1757–1790)
12. Moulay Yazid (1790–1792)
13. Moulay Slimane (1792–1822)
14. Moulay Abd er-Rahman (1822–1859)
15. Sidi Mohammed IV. (1859–1873)
16. Moulay Hassan I. (1873–1894)
17. Moulay Abd el-Aziz (1894–1908)
18. Moulay Abd el-Hafid (1908–1912)
19. Moulay Yussef (1912–1927)
20. Sidi Mohammed V. (1927–1961)
21. S. M. Moulay Hassan II. (seit 1961)

Zeittafel

Um 210 v. Chr.	Massinissa, König der Numider, gründet das erste große Berberreich.
40 n. Chr.	Mauretanien wird zur römischen Provinz „Mauretania Tingitana".
429	Ende der Römerherrschaft.
ca. 648 – ca. 711	Eroberung des Maghreb durch die Araber.
788	Idris I. begründet die Dynastie der Idrisiden.
11. Jh.	Dynastie der Almoraiden.
12. Jh.	Dynastie der Almohaden.
13.–15. Jh.	Dynastie der Meriniden.
1554–1603	Dynastie der Saaditen.
1640	Moulay Mohammed I. Ben Scherif begründet die Dynastie der Alawiden (das noch regierende Herrschergeschlecht).
1829	Von Marokko ausgehende Piraterie führt zur Vernichtung der Flotte durch Österreich.
1830–1847	Isolierung Marokkos durch französische Annexion Algeriens.
1844	Vertrag von Tanger.
1856	Handelsverträge mit England und Frankreich.
1906	Konferenz von Algeciras.
1911	Vertrag von Berlin (Deutschland gibt Marokko an Frankreich und erhält

zum Ausgleich für seine Interessen den „Entenschnabel" des französischen Kongo).

1912 Vertrag von Fès am 30. März (Marokko wird französisches Protektorat); Tanger wird internationalisiert; Errichtung des spanischen Protektorats am 27. November.

1921–1926 Rifkabylenaufstand (Abd el Krim).

1926 Frieden mit Spanien.

1934 Comité d'Action Marocaine.

1936 Entstehung des bäuerlichen „Mouvement Populaire".

1943 Gründung der „Hizb al'Istiqlal" (=Unabhängigkeitspartei); Mohammed V. gewinnt die amerikanische Unterstützung für das Streben nach Unabhängigkeit.

1953 König Mohammed V. muß ins Exil (Madagaskar).

1955 Bildung der Befreiungsarmee.

1956 Mohammed V. verkündet am 2. März die Unabhängigkeit; Aufnahme in die UNO am 12. 11.

1958 Beitritt Marokkos zur Arabischen Liga (OAU).

1959 Widerstand der Rifkabylen.

1960 Verhaftung von zahlreichen UNFP-Mitgliedern (Union Nationale des Forces Populaires).

1961 Tod König Mohammeds V. am 26. 2.; Inthronisation Hassans II. am 3. März.

1963 Grenzkrieg mit Algerien.

1965 Studentenunruhen in Casablanca; Entführung und Ermordung Ben Barkas in Paris; Auflösung des Parlaments.

1969 Spanien gibt die Enklave von Ifni zurück; Verzicht auf den Souveränitätsanspruch über Mauretanien; Freundschaftsvertrag mit Algerien.

1971 Militärputsch von Skhirat (am 10. 7.)

1972 Überfall auf das königliche Flugzeug am 16. 8.; Selbstmord General Oufkirs.

1973 Bombenanschläge in Rabat und Casablanca (Anfang März); das Militärtribunal von Kenitra spricht später 16 Todesurteile für die Verschwörer aus, von denen 15 vollstreckt werden.

1975 Der „Grüne Marsch" durch die Sahara; 14. November: Vertrag von Madrid (Dreierabkommen zwischen Marokko, Spanien und Mauretanien)

1976 Beginn des Westsahara-Konflikts.

1982 Protest Marokkos gegen die Aufnahme der Saharaoui-Exilregierung in die OAU.

1982 Amerikanisch-marokkanisches Militärabkommen (27. Mai).

1983 Konferenz der Union Arabischer Parlamentarier in Rabat (Februar).

1983 Freundschafts- und Kooperationsvertrag zwischen Tunesien und Algerien in Karthago (März).

1983 Staatsbesuch von Felipe González (28./29. 3.).

1986 Empfang des Israel-Premiers Shimon Peres trotz des Widerstandes des libyschen Revolutionsführers Gadhafi.

1989 Einladung der Staatschefs von Libyen, Tunesien, Algerien und Mauretanien nach Marrakesch zwecks Gründung der „Union des arabischen Maghreb" (Februar).

1989 Durchsetzung der Wiederaufnahme Ägyptens in die Arabische Liga beim Gipfeltreffen in Casablanca (Mai).

1989 Einweihungszeremonie der größten Moschee der Welt („Große-Hassan II.-Moschee") anläßlich des 60. Geburtstags (9. Juli) verschoben, da das Projekt noch nicht abgeschlossen werden konnte.

Literatur

Quellen

DE GAULLE, Charles: Mémoires d'espoir. T. 1. Paris, 1970 (Dt. Ausgabe : Memoiren der Hoffnung. Die Wiedergeburt: 1958–1962. Wien/München/Zürich, 1971).

HASSAN II.: König von Marokko. Le défi. Paris, 1976.

Landau, Rom: Hassan II. (Biographie) London, 1962.

Verfassungen

DUPONT, J.: „Constitution et consultations populaires au Maroc". In: L'Annuaire de l'Afrique du Nord. 1970.

DUVERGER, M.: „La Constituion marocaine de 1962". In: Le Monde vom 30. 11. 1962 und „La seconde Constitution marocaine de 1970" in: Maghreb, Nr. 41/1970.

Schrifttum

ASHFORD, D. E.: Political Change in Morocco. Princeton (N. J.), 1961.

National Development and Local Reform. Political Participation in Morocco, Tunisia and Pakistan. Princeton (N. J.), 1967.

AUBIN, J.: Le Maroc en suspens. In: L'Annuaire de l'Afrique du Nord. 1964. Pris CNRS.

BEN BARKA, A. el-Mehdi: Ben Barka, mon frère. Laffont, 1966.

Revolutionäre Alternative. München, 1969.

BERNARD, S.: Maroc (1943–1956). Étude de cas de conflits internationaux. Ed. de l'Institut de sociologie de l'Université libre de Bruxelles, 1961 (3 Bde).

BÉRENGUIER, H.: Le syndicalisme marocain. In: L'Afrique et l'Asie. Nr. 53/1961.

BERQUE, J.: Le Maghreb entre deux guerres. Leu Seuil, ed. 1962. (Neue Auflage: 1970)

BESLAY, François: Les Réguibats: de la paix française au Front Polisario. Paris, 1984.

CAMEAU, Michel: Pouvoirs et Institutions au Maghreb. Tunis, 1978.

CLÉMENT, Gal.: Oufkir. Jean Dulls, ed. 1974.

DIOURI, M.: Réquisitoire contre un despote. Paris, 1972.

DUPONT, J.: Maroc 1972: L'impasse ou l'aventure. In: Maghreb, April 1972.

FLORY, M./MANTRAN, R.: Les régimes politiques des pays arabes. PUF, ed. 1968.

FLORY, M.: La notion de Protectorat et son évolution en Afrique du Nord. Librairie générale de Droit et de Jurisprudence, 1955.

International Bank for Reconstruction and Development: The Economic Development of Morocco. Baltimore, 1966.

JULIEN, Ch. A.: L'Afrique du Nord en marche. Nationalismes musulmans et souveraineté française. Paris, [3]1972.

LE TOURNEAU, R.: Evolution politique de l'Afrique du Nord musulmane. 1920–1962. Paris, 1962.

LEVEAU, Remy: Aperçu de l'evolution de système politique marocain depuis vingt ans. In: Maghreb machrek, monde arabe. Études et documents. Paris, 1984, Nr. 106 (S. 7–36).
MARTIN, Miguel: El colonialismo español en Marruecos. Paris, 1973.
MEINICKE-KLEINT, Heinz: Algerien, Marokko, Tunesien. Berlin, 1965.
MONTEIL, V.: Le Maroc. Le Seuil, ed. collection „Petite Planète", 1966.
MORALES LEZCANO, Victor: España y el norte de Africa: el Protectorado en Marruecos 1912–56. Madrid, 1984.
MOURAD, K. E.: Le Maroc à la recherche d'une révolution. Paris, 1972.
PALAZZOLI, Claude: Le Maroc politique. De l'indépendance à 1973. Textes rassemblés et présentés. Paris, 1974.
PÉDRON, François: Échec au roi. Du coup d'état de Skhirat au „suicide" d'Oufkir. Paris, 1972.
PLUM, W.: Gewerkschaften im Maghreb – UGTT, UMT, UGTA. Schriftenreihe des Forschungsinstituts der Friedrich-Ebert-Stiftung. Bd. 9/1961.
Sozialer Wandel im Maghreb. Voraussetzungen und Erfahrungen der genossenschaftlichen Entwicklung. Schriftenreihe des Forschungsinstituts der Friedrich-Ebert-Stiftung. Bd. 46/1967.
VON DER ROPP, Klaus Frhr.: Das afrikanische Staatensystem. In: Kaiser/Schwarz (Hg.). Weltpolitik. Strukturen–Akzente–Perspektiven. Schriftenreihe der Bundeszentrale für politische Bildung. Bd. 217. Bonn, 1985.
REZETTE, R.: Les partis politiques marocains. Paris, 1955.
TERRASSE. H.: Histoire du Maroc. Paris, 1952.
TZSCHASCHEL, Joachim: Wege und Wirkungen der Außenpolitik Marokkos. In: Europa-Archiv. Zeitschrift für Internationale Politik. Halbmonatsschrift der Deutschen Gesellschaft. 1983. Jahrg. 38. Nr. 15 (S. 453–460).
VAUCHER, Georges: Sous les cèdres d'Ifrane. Libres entretiens avec Hassan II., roi du Maroc. Paris, 1962.
ZARTMANN, W.: Destiny of a Dinasty: the charch for institutions in Morocco's developing Society. Columbia University of the South Carolina Press, 1964.

Ibn Saud – Der Reformer der Wüste

Anmerkungen

1 Benoist-Méchin, Jacques, „Ibn Saud und die arabische Welt", Düsseldorf/Köln, 1956 (S. 90).
2 Frank, Gerd, „Die Herrscher der Osmanen", Düsseldorf, 1977.
3 Vgl. Donkan, Rupert, „Die Auferstehung Arabiens. Ibn Sauds Weg und Ziel", Leipzig, 1935 (S. 44 f.).
4 Armstrong, H. C., „Ibn Saud, König im Morgenland", Leipzig, 1936.
5 Benoist-Méchin, a.a.O., S. 111.
6 Ebenda, S. 116.
7 Ebenda. S. 125.
8 Von Mikusch, Dagobert, „König Ibn Saud. Mekka, Öl und Politik", München, 1953 (S. 71).
9 Der Sultanspalast von Konstantinopel erhielt unter Sulaiman dem Prächtigen diese Bezeichnung, unter der man fortan die Osmanisch-Türkische Regierung verstand.
10 Lawrence, Colonel T. E., „The Revolt in the Desert", London, 1927 (Vgl. auch Mikusch, a.a.O., S. 125).
11 Benoist-Méchin, a.a.O., S. 257.
12 Ebenda, S. 287 f.
13 Mikusch, a.a.O., S. 228 ff.
14 Vgl. hierzu. Armstrong, a.a.O., S. 193.
15 Rautenbach, Lieselotte, „Fatime. Als Hofärztin im Harem König Ibn Sauds", Hamburg/Uelzen, 1958 (S. 100 ff.).

DIE FAMILIE DES KÖNIGS IBN SAUD

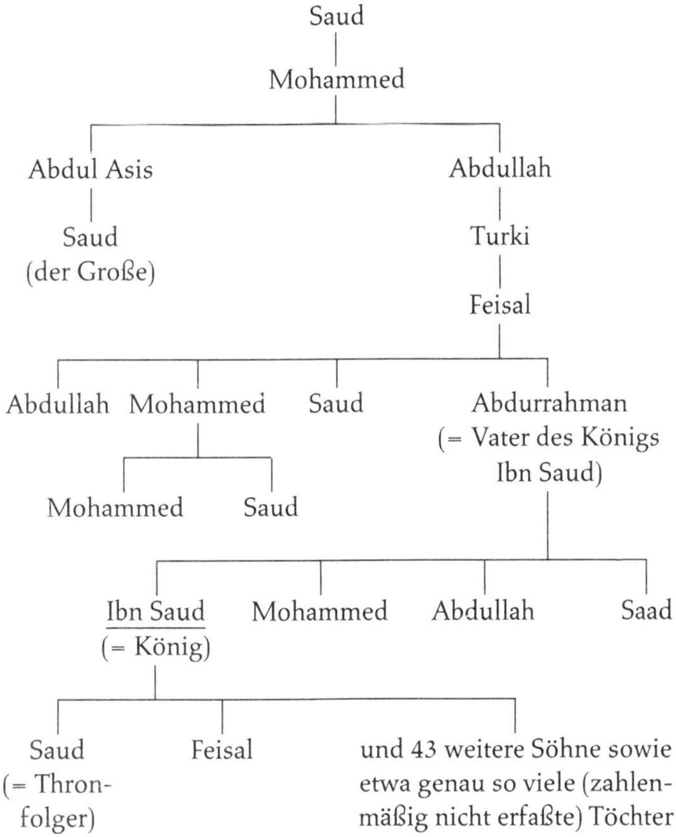

Zeittafel

um 1700	Geburt Mohammed Ibn Abdul Wahabs.
um 1750	Gründung des Wahabitenstaates.
1821	Reststaat der Wahabiten (nach Vernichtung durch die Osmanen) mit Hauptstadt Riad (Er-Riad).
1880	Geburt Ibn Sauds.
1891	Abdurrahman und seine Familie müssen ins Exil nach Kuwait.
1902	Ibn Saud erobert Riad im Handstreich zurück (15. Januar), wird Emir des Nedschd und Imâm der Wahabiten; Geburt seines Sohnes Saud, des späteren Thronfolgers.
1904–1919	Festigung der Herrschaft im Nedschd und Vertreibung der türkischen Garnisonen; Gründung der Ichwan (Bruderschaften) – 1912 – und Auseinandersetzungen mit Hussein, dem Großscherif von Mekka.
1920	Kongreß von Damaskus (März); Konferenz von San Remo (25. April); Eroberung Assirs.
1921	Vollständige Vernichtung der Dynastie Raschid von Hail; Konferenz von Kairo.
1922	Eroberung der Oase Dschauf; Ausdehnung des Reiches bis an die Grenzen Syriens, Transjordaniens und des Irak.
1924	Abschaffung des Kalifats in Ankara; Endgültiger Sieg über Hussein von Mekka und Eroberung der „Heiligen Städte" sowie des gesamten Hedschas.
1926	Erfolg des Hadsch; Anerkennung durch den Islam; Annahme des Königstitels von Hedschas (Sultan des Nedschd); Kongresse von Mekka.
1927	Vertrag von Dschidda (England erkennt Ibn Saud als König vom Hedschas an, dieser das Schutzverhältnis Englands zu Kuwait und den Scheichtümern am Persischen Golf).
ca. 1927 – 1929	Aufstand und Bürgerkrieg (Erhebung der Ichwan).
1932	Königreich Saudi-Arabien (18. September).
1933	Krieg mit dem Yemen.
1934	Friedensvertrag von Taif (20. Mai).
1935	Attentat auf Ibn Saud in Mekka (März).
1943	Geheimkonferenz Ibn Sauds mit Roosevelt und Churchill.
1945	Gründungsmitglied der Arabischen Liga (22. März).
1953	Ibn Sauds Tod (12. November).

Literatur

Quellen

Armstrong, Captain H. C.: Lord of Arabia. Ibn Saud, An Intimate Study of a King. London, 1934. (Dt. Ausgabe: Ibn Saud. König im Morgenland. Leipzig, 1936).

Benoist-Méchin, Jacques: Le loup et le leopard. (2. von 2 Bänden). Paris, 1954/55 (Deutsche Ausgabe: Ibn Saud und die arabische Welt. Düsseldorf/Köln, 1956)
Le Roi Saud ou l'orient à l'heure des relèves. Paris, 1960.
British Foreign Office. Handbook of Arabia. London, 1920. Enzyklopädie des Islam (1913–1933).
Lane-Poole, S.: The Mahommedan Dynasties. o. O./o. J.
Lawrence, Colonel T. E.: The Revolt in the Desert. London, 1927.
Philby, H. St. John B.: Arabia. London, 1930.
Arabia of the Wahabis. o. O./o. J.
The Heart of Arabia. London, 1922.
Arabian Jubilee. London, 1952.
Rautenbach, Lieselotte: Fatime. Als Hofärztin im Harem König Ibn Sauds. Hamburg/Uelzen, 1958.

Schrifttum

Björkman, Walther: Arabische Führergestalten. Heidelberg, 1944.
Broucke, Jeanne: L'Empire arabe d'Ibn Saud. Paris, 1928.
Donkan, Rupert (d. i. Zischka, Anton): Die Auferstehung Arabiens. Ibn Sauds Weg und Ziel. Bern, 1935
Graves, Robert: Lawrence et les Arabes. Paris, 1933.
Hogarth, D. G.: History of Arabia. Oxford, 1922.
Howarth, David: The Desert King. A Life of Ibn Saud. London, 1964.
Jacob, H. F.: Kings of Arabia. London, 1923.
Kammerer, A.: La Transjordanie et l'Arabie. Paris, 1925.
Theirallah, George: Arabia Reborn. Albuquerque, 1952.
Lipsky, G. A.: Saudi Arabia. New Haven, 1959.
Meulen, Daniel van der: The Wells of Ibn Saud. London, 1957.
Ortwakend Arabië. Koning Ibn Saud, de laatste bedeienen-worst van Arabië. Amsterdam, 1953.
Mikusch, Dagobert von: König Ibn Saud. Mekka, Öl und Politik. München, 1953.
Rihani, Amin: Ibn Saud of Arabia. London, 1928.
Rutter, Eldon: The Holy Cities of Arabia. London, 1930.
Sédillot: Histoire Générale des Arabes. (2 Bde). Paris, 1876.
Stuhlmann: Der Kampf um Arabien zwischen der Türkei und England. Leipzig, 1916.
Topf, E.: Die Staatenbildung in den arabischen Teilen der Türkei seit dem Weltkrieg. Berlin, 1929.
Troeller, Gary: The Birth of Saudi Arabia. Britain and the Rise of the House of Saud. London, 1976.
Wenner, M. W.: Modern Yemen. 1918–1966. Baltimore, 1967.
Williams, Kenneth: Ibn Saud. London, 1933.
Zischka, Anton: Die Auferstehung Arabiens. Ibn Sauds Weg und Ziel. Leipzig, 1942.

Nasser – Der Rebell von Ägypten

Anmerkungen

1 Nutting, Anthony, „Von Mohammed bis Nasser. Eine Geschichte der Araber", Wien/München, 1964 (S. 324).
2 Diese von Theodor Herzl begründete nationale jüdische Bewegung ging darauf aus, in Palästina als der ursprünglichen Heimat des Judentums eine „nationale Heimstätte" und letzten Endes einen jüdischen Staat zu errichten und die Rückkehr der Juden nach Palästina zu organisieren. Das Ziel wurde mit der Errichtung des Staates Israel erreicht.
3 Heikal, Mohammed, „Das Kairo-Dossier. Aus den Geheimpapieren des Gamal Abdel Nasser", Wien/München/Zürich, 1972 (S. 32).
4 Nasser, Gamal Abdel, „Die Philosophie der Revolution", in: Allemann, F. R., „Die arabische Revolution. Nasser über seine Politik", Frankfurt, 1958 (S. 38 f.).
5 Ebenda, S. 22.
6 Ebenda, S. 20.
7 Heikal, a.a.O., S. 213 f.
8 Ebenda, S. 241.
9 Ebenda, S. 14 ff.
10 Ebenda, S. 18.

Zeittafel

1917 –
1936 Fuad I. = Sultan und ab 1922 = König von Ägypten.
1919 Entstehung der Volksbewegung des „Wafd" (= Abordnung) unter Sahlul.
1922 Gewährung der Unabhängigkeit durch England.
1936 Abschluß des englisch-ägyptischen Allianzvertrages durch Nahas Pascha; Freigabe Ägyptens mit Ausnahme der Suezkanalzone durch englische Truppen.
1948 –
1949 Mißerfolge gegen die israelischen Formationen in Palästina.
1952 Staatsstreich der „Freien Offiziere" unter Nasser;
Abdankung Faruks (22./23. Juli);
General Naguib an der Spitze Ägyptens;
Erlaß einer Landreform.
1953 Ausrufung der Republik mit General Naguib an der Spitze und Nasser als Vertreter.
1954 Entmachtung Naguibs durch Nasser;
britisch-ägyptisches Suez-Abkommen: England räumt die Kanalzone, deren militärische Installationen von zivilen Technikern instand gehalten werden sollen, erhält aber das Recht, im Falle des Angriffs einer außenstehenden Macht (nicht Israel) auf einen der arabischen Staaten oder auf die Türkei die Basis wieder zu besetzen. Der Vertrag von 1936 wird aufgehoben.

1955 Bagdad-Pakt führt zur Krise der Arabischen Liga;
israelischer Handstreich gegen den Gaza-Streifen (Repressalie gegen die Tätigkeit freiwilliger ägyptischer Sabotagetrupps).

1956 Plebiszit über die neue ägyptische Verfassung;
Nasser durch Volksabstimmung als Präsident bestätigt;
Ablehnung der Finanzierung des Assuanhochdammes durch die USA; Nationalisierung des Suezkanals; anglo-französisch-israelischer Angriff gegen Ägypten.

1957 Eisenhower-Doktrin (die amerikanische Regierung ist bereit, die territoriale Integrität und politische Unabhängigkeit der Staaten des Vorderen Orients notfalls mit dem Einsatz militärischer Machtmittel zu schützen und zwar gegen jede offene bewaffnete Aggression durch irgendeine Nation, die durch den internationalen Kommunismus kontrolliert wird);
Konferenz der Regierungschefs von Ägypten, Syrien, Jordanien und Saudi-Arabien lehnt die Eisenhower-Doktrin ab: das arabische Gebiet dürfe keinem Einflußbereich angehören.

1958 Gründung der Vereinigten Arabischen Republik (VAR) durch Ägypten und Syrien; Gründung der Vereinigten Arabischen Staaten durch den Beitritt Yemens.

1961 Ausscheiden Syriens aus der VAR.

1962 Zusage militärischer Hilfeleistungen an den Yemen.

1963 Verabredung einer Union mit Syrien und dem Irak.

1967 Niederlage Ägyptens im Sechstagekrieg gegen Israel (5.–10. Juni).

1970 Abschluß eines Waffenstillstandsvertrages unter Einschaltung der UNO;
Tod Nassers (28. September);
Bestätigung Anwar el-Sadats als Präsident der VAR durch Volksabstimmung (15. Oktober).

Literatur

Quellen

Haikal, Muhammed Hasanain: Nasser, the Cairo Documents. London, 1972 (dt. Ausgabe: „Das Kairo Dossier". Aus den Geheimpapieren des Gamal Abdel Nasser. Wien/München, 1972).

Nasser, Gamal Abdel: Falsafat al-Thaura. Kairo, o. J. (dt. Ausgabe: F. R. Allemann. Die arabische Revolution. Nasser über seine Politik. Frankfurt, 1958).

Nasser: Wichtigste Reden und Presse-Interviews. In: Cairo-Brief (Hrsg. Pressebüro der Ägyptischen Botschaft. Später: Botschaft der VAR). I–IX (1957–1965).

Schrifttum

Anouar, Abdel Malek: Egypt: Military Society. The Army Regime, the Left, and Social Change under Nasser. Übers. a. d. Frz.: Ch. L. Markmann. New York, 1968.

Abul Fath, Ahmed: L'affaire Nasser. Paris, 1962.

Cremeans, Ch. D.: The Arabs and the World. Nasser's Arab Nationalist Policy. New York, 1963.

Du Bois, Shirley Graham: Gamal Abdel Nasser. Son of the Nile. New York, 1972.

HUSSEIN, Mahmoud: L'Egypte: Lutte de classes et libération Nationale. I. 1945–1967. Paris, 1975.

ISSAWI, Charles: Egypt in Revolution. Oxford Univ. Press, 1963.

LACOUTURE, Jean: Nasser. Paris, 1971.

LITTLE, T.: Modern Egypt. London, 1967.

MANSFIELD, P.: Nasser's Egypt. Harmundsworth, Middlesex, 1969. (Auch: London, 1969).

NUTTING, Anthony. Nasser. London, 1972.

Von Mohammed bis Nasser. Wien/München, 1964 (Original: „The Arabs". New York, 1964).

OPITZ, P. J. (Hg).: Profile und Programme der Dritten Welt. Gandhi, Mao, Nasser, Nehru, Senghor, Sukarno. München, 1970.

POWELL, Ivor: Disillusions by the Nile. What Nasser has done Egypt. London, 1967.

RIAD, Hassan: Egipto, fenómeno actual. Barcelona, 1965.

ST. JOHN, Robert: The Boss. The story of Gamal Abdel Nasser. New York, 1960.

STEPHENS, Robert: Nasser. A political Biography. London, 1971.

SUSIF, A. Sayigh: The Economies of the Arab World. Development since 1945. London, 1978.

VAUCHER, Georges. Gamal Abdel Nasser et son équipe. Paris, 1959.

WARRINER, Doreen: Land Reform and Development in the Middle East. A Study of Egypt, Syria and Iraq. London, 1962.

WHEELOCK, K.: Nasser's New Egypt. A Critical Analyses. New York, 1960.

WILD, St.: Gamal Abdel Nasser: In: R. Hocevar u. a. (Hrsg.) Politiker des 20. Jahrhunderts. Bd. 2. München, 1971.

Kemal Atatürk – Der Vater der Türkei

Anmerkungen

1 Türkisch „Rûmeli" = Rhomaierland, gemeint ist Griechenland. Die Bezeichnung schloß die europäischen Teile des Osmanischen Reiches, besonders Thrakien, S- und O-Bulgarien und Makedonien ein.
2 Vgl. hierzu. Frank, Gerd. „Die Herrscher der Osmanen", Düsseldorf, 1977.
3 Türkische Schreibweise: Ali Riza und Zübeyde.
4 Die Quellen sprechen von Kaymak Hafis.
5 Türkische Schreibweise: Ahmed (Ahmet).
6 Gemeint ist die heutige jugoslawische Stadt Bitola am Westrand der Pelagorija-Ebene.
7 Vgl. Kemal Pascha, „Der Weg zur Freiheit 1919–1920", Leipzig, 1928.
8 Ebenda.
9 Der Name bedeutet „Sternenzelt".
10 Zu dieser Zeit hatte die Türkei Ägypten und Tunis verloren. Die Franzosen begannen sich in Marokko festzusetzen, und Österreich drang auf dem Balkan vor.
11 Im Oktober 1906 gründete er dort das Komitee „Vatan ve Hürriyet" (Vaterland und Freiheit).
12 Gemeint ist die Garnison Resna, eine kleine Stadt westlich von Monastir.
13 Haslip, Joan, „Der Sultan. Das Leben Abdul Hamids II.", München, 1968 (S. 271).
14 Unter Sultan Sulaiman dem Prächtigen erhielt der Sultanspalast diese Bezeichnung. Später verstand man darunter allgemein die Osmanisch-Türkische Regierung.
15 Von Mikusch, Dagobert, „Gasi Mustafa Kemal. Zwischen Europa und Asien", Leipzig, 1935 (S. 67).
16 Das Wort bedeutet „Oberster Geistlicher des Islam".
17 Haslip, a.a.O., S. 289 f.
18 Ebenda, S. 293.
19 Formelle gesetzliche Auskunft oder Entscheidung.
20 Der amerikanische Gesandte Henry Morgenthau soll angeblich bei seinem ersten Zusammentreffen mit ihm über den gewaltigen, steinharten und muskulösen Bizeps sehr erstaunt gewesen sein.
21 Vgl. Atatürk, hg. Commission nationale turque pour l'UNESCO, Ankara, 1963 (S. 23 f.).
22 Interview Mustafa Kemals vom 28. März 1918, zitiert in: Melzig, H., „Kamâl Atatürk. Untergang und Aufstieg der Türkei", Frankfurt, 1937 (S. 54).
23 Gemeint ist Sultan Abdul Hamid II.
24 Armstrong, H. C., „Der graue Wolf, Das Leben des Diktators Mustafa Kemal", Berlin, 1933 (S. 131).
25 Ebenda, S. 136.
26 Kemal Pascha, a.a.O., S. 16.
27 Barber, Noel, „Die Sultane", Berlin, 1975 (S. 342 f.).
28 Ebenda.

29 Armstrong, a.a.O., S. 231.
30 Mikusch, a.a.O., S. 304 f.
31 Ebenda, S. 306.
32 Kemal Pascha, a.a.O.
33 Melzig, H., a.a.O., S. 280.
34 Kemal Pascha, a.a.O.
35 Ebenda.
36 Vgl. hierzu: Ruşen Eşref. Türk Dili. Türk Dili Tetkik Cemiyeti Bülteni. Ankara, 1933.
37 Peters, Richard, „Geschichte der Türken", Stuttgart/Berlin/Köln/Mainz, 1961 (S. 141).
38 Gemeint ist die Insel Chios.
39 Diese Darstellung ist einer „Geschichte der Türkischen Republik" entnommen, die von der Gesellschaft zur Erforschung der türkischen Geschichte 1931 verfaßt und mit dem Gasi-Preis ausgezeichnet worden ist (Türkiye Cümhuriyeti, Tarih IV, Istanbul, 1934).
40 Vgl. hierzu: „Die Türkei seit dem Weltkriege", Geschichtskalender von G. Jäschke und E. Pritsch, hg. Deutsche Gesellschaft für Islamkunde, Berlin, 1929–1931.
41 Peters. a.a.O., S. 145 f.
42 Vgl. Wasmuths „Lexikon der Baukunst", Nachtragsband 1937.
43 Kemal Pascha, a.a.O., S. 222.
44 K. Atatjurk. Izbrannye reči i vystuplenija. Hg. v. Miller, A. F., Moskau, 1966 (S. 283).

Zeittafel

1881 Mustafa Kemal wird in Saloniki geboren.
1882 Britisches Protektorat über Ägypten.
1885 Bulgarien annektiert Ostrumelien.
1889–1891 Deutschland beginnt die Türkei zu protegieren; der Kaiser besucht Abdul Hamid II.
Massaker gegen die in der Türkei lebenden Armenier (weitere folgen in den Jahren 1894, 1896, 1915 u. 1920. Sie enden mit der völligen Ausrottung dieser Volksgruppe innerhalb der Türkei).
Gründung des Komitees für „Einheit und Fortschritt".
1897 Autonomie Kretas.
1902– Aufstände in Makedonien.
1903 Russisch-österreichische Punktation von Mürzsteg.
1906 Komitee „Einheit und Fortschritt" in Saloniki.
Verzicht auf Sinai und Akaba.
1908 Umsturz unter der Leitung des Komitees.
Bulgarien erklärt seine Unabhängigkeit.
1909 Gegenputsch in Istanbul.
Abdul Hamid II. wird abgesetzt.
1911–1912 Türkisch–italienischer Krieg (um Tripolis).
Erster Balkankrieg: Montenegro, Serbien, Griechenland und Bulgarien gegen die Türkei.

1913 Zweiter Balkankrieg: Bulgarien gegen Griechenland, Serbien und Rumänien.
Die Türkei erobert das verlorengegangene Adrianopel zurück.
1914– Teilnahme am Ersten Weltkrieg an der Seite der Mittelmächte.
1918 Britischer Flottenangriff auf die Dardanellen.
1919 Die Griechen landen in Smyrna.
Weitere Interventionen britischer, französischer, italienischer und armenischer Truppen.
Kongresse in Erzurum und Siwas.
Die Franzosen übernehmen Syrien von den Engländern.
1920 Am 28. Januar konstituiert sich in Ankara die „Große Nationalversammlung".
Am 16. März besetzen die Alliierten Istanbul, verhaften die Führer der Nationalpartei und deportieren sie nach Malta.
Am 23. April tritt die „Große Nationalversammlung" in Ankara zusammen.
Die griechische Armee greift an.
Im Herbst werden die Armenier geschlagen.
Die Schattenregierung von Istanbul unterzeichnet den Frieden von Sèvres.
1921 Die berühmte Schlacht bei Inönü verhilft Ismet zu seinem Beinamen (Abwehr der Griechen).
Provisorische Verfassung.
Mustafa Kemal wird Höchstkommandierender und erhält die Vollmachten eines Diktators.
Abwehr der Griechen am Sakarya.
Die Franzosen schließen mit den Türken in Ankara einen Geheimvertrag.
1922 Niederlage und Rückzug der Griechen aus Anatolien.
Die Türken erobern Smyrna zurück.
Konferenz und Waffenstillstand von Mudania.
Abzug der französischen und italienischen Truppen.
Das Sultanat wird abgeschafft, Mehmed VI. muß fliehen.
Am 21. November beginnt die Konferenz von Lausanne.
1923 Am 24. Juli wird der Vertrag von Lausanne geschlossen.
Gründung der Volkspartei und Proklamation der Republik.
Ankara wird die neue Hauptstadt der Türkei, Mustafa Kemal Staatspräsident.
(Die Türkei ist endgültig von allen ausländischen Truppen geräumt.)
1924 Abschaffung des Kalifats und Maßnahmen zur Beschränkung der politischen Macht der Geistlichkeit.
Neue Verfassung.
Freundschaftsvertrag mit dem Deutschen Reich.
1925 Kurdenaufstand (März).
1926 Verschwörung gegen Mustafa Kemal in Smyrna (Juli).
Mustafa Kemal zerschlägt die Opposition.
Anstelle der Fese (Feze) werden Hüte eingeführt.
Einführung des deutschen, italienischen und schweizerischen Rechts.
1928 Das lateinische Alphabet löst die arabische Schrift (Osmanisch-Türkisch) ab.
1929 Erneuter Kurdenaufstand.
1930 Frauenwahlrecht für Kommunalwahlen.
Freundschafts- und Neutralitätsvertrag mit Griechenland.

Experiment einer liberalen Opposition unter Fethi.
Unruhen in Menemen.

1932 Beitritt der Türkei zum Völkerbund.

1933 1. Fünfjahresplan.

1936 Meerengenkonvention von Montreux.

1937 Orientpakt.

1938 Mustafa Kemal stirbt am 10. November.
Ismet Inönü wird neuer Präsident der Republik.

Atatürks Leben

1881 Mustafa wird in Saloniki geboren.

1890 Mustafas Vater Ali Risa stirbt.

1893 Mustafa wird in die Militärschule von Saloniki eingeschrieben. Sein Lehrer Mustafa Effendi gibt ihm den Beinahmen „Kemal" (der Vollkommene).

1895 Mustaf Kemal beendet die Militärschule und tritt in das Militärgymnasium von Monastir ein.

1899 Einschreibung in die Infanterieklasse der Kriegsschule von Istanbul (13. März).

1905 Mustafa Kemal verläßt die Kriegsakademie am 11. Januar als Hauptmann im Generalstab und wird zum 5. Armee nach Damaskus versetzt (Verbannung).

1906 Die „Vatan ve Hürriyet Cemiyeti" (Vereinigung für Vaterland und Freiheit) wird im Oktober heimlich durch Mustafa Kemal und einige seiner Kameraden in Damaskus gegründet.

1907 Beförderung zum Kapitänleutnant (20. Juni).

1909 Kommandeur des 38. Infanterieregiments (mit dem Rang eines Kapitänleutnants).

1911 Beförderung zum Major (27. November).

1913 Militärattaché (Versetzung nach Sofia).

1914 Beförderung zum Oberstleutnant (1. März).

1915 Beförderung zum Oberst (1. Juni).
Sieg bei Anafarta (10. August) unter Mustafa Kemals Kommando.

1916 Beförderung zum Generalmajor (1. April) und im selben Jahr Verleihung des Pascha-Titels.

1919 Mustafa Kemal wird mit weitreichenden Befugnissen zum Inspekteur der 9. Armee in Erzurum ernannt (30. April).
Wahl zum Präsidenten des Kongresses von Erzurum (23. Juli) sowie des Kongresses von Siwas (4. September).
Wahl zum Präsidenten des Repräsentativ-Komitees der „Vereinigung für die Verteidigung der Rechte Anatoliens und Rumeliens" (11. September) sowie zum Abgeordneten von Erzurum (7. November).

1920 Mustafa Kemal eröffnet am 23. April die Türkische Große Nationalversammlung und wird am 24. April zu ihrem Präsidenten gewählt.

1921 Mustafa Kemal gründet am 10. Mai in der Großen Nationalversammlung die „Gruppe zur Verteidigung der Rechte Anatoliens und Rumeliens" und wird selbst zum Präsidenten gewählt.
Am 5. August betraut ihn die Große Nationalversammlung mit den Aufga-

ben des Oberbefehlshabers.
Mustafa Kemal wird am 19. September von der Großen Nationalversammlung der Rang eines Marschalls und der Titel „Gasi" (Ghazi) – das heißt Sieger – verliehen.

1922 Auf Antrag des „Gasi" beschließt die Große Nationalversammlung am 1. November die Aufhebung des Sultanats.

1923 Am 14. Januar stirbt die Mutter Subeide in Izmir; am 29. Januar heiratet der Gasi Latife Hanim (sie lassen sich am 5. August 1925 wieder scheiden).
Wahl zum Präsidenten der Zweiten Großen Nationalversammlung am 11. August sowie zum Präsidenten der Republik am 29. Oktober.

1927 Mustafa Kemal legt den Pascha-Titel ab; er wird am 1. November zum zweiten Male zum Präsidenten der Republik gewählt.

1934 Am 24. November nimmt die Große Nationalversammlung das Gesetz an, nach dem Mustafa Kemal den Nachnamen ATATÜRK – das ist „Vater der Türken" – erhält.

1938 Das Generalsekretariat des Präsidenten beginnt zum ersten Mal offizielle Bulletins über die Krankheit Atatürks zu veröffentlichen (31. März); am 11. Mai schenkt Atatürk seine Landgüter dem Staatsschatz und einen Teil seiner Immobilien der Stadtverwaltung von Ankara.
Atatürk stirbt am 10. November.

1939 Der außerordentliche Kongreß der Republikanischen Volkspartei beschließt, Atatürk mit dem Titel „Ewiger Chef" zu ehren.

1953 Der Leichnam Atatürks wird am 10. November mit großer Zeremonie von der provisorischen Ruhestätte genommen und im Mausoleum „Anit Kabir" beerdigt.

Literatur

Quellen

Afetinan, A.: Medeni bilgiler ve Mustafa Kemal Atatürk'ün el yazilari. Ankara, 1969 (= Die Staatsbürgerkunde und M. Kemal Atatürks Handschriften).

Atatürk'ün fikir ve düşünceleri. Ankara, 1971 (=Atatürks Ideen und Vorstellungen. Aussprüche und Auszüge aus seinen Reden, Briefen, Schreiben etc.).

Atatürk'ün özel kütüphanesinin kataloğu. Ankara, 1973 (= Katalog der Privatbibliothek Atatürks).

Atatürk. Söylev. (2 Bde). Ankara, 1963–64 (= Reden des Atatürk).

Cevdet Kerim. Türk Istiklal Mücahedesi Konferanslari. Istanbul, 1927 (= Vorlesungen über den türkischen Freiheitskampf).

Cevdet Sinobli. Türk Istiklal Harbi (garp cephesi). Istanbul, 1925 (= Der Freiheitskrieg. Westfront).

Durusoy, Orhan/Muzaffer Gökman. Atatürk ve devrimleri bibliyografyasi. Ankara, 1957 (= Bibliographie zur Person Atatürks und seinen Reformen).

Gazi Mustafa Kemal Pascha. Nutuk. Ankara, 1928 (= Die Rede Gazi Mustafa Kemal Paschas auf dem Kongreß der Republikanischen Volkspartei im Oktober 1927).

Gazi'nin Vecizeleri, cem eden M. Agâh, Istanbul, 1930 (= Die Aphorismen des Gazi. Gesammelt von M. Agâh).

Hirsch, Ernst E.: Die Verfassung der Türkischen Republik. Frankfurt/Berlin, 1966.
Ingiliz belgelerinde Atatürk 1919–1938. Ankara, 1973 (= Britische Dokumente über Atatürk von 1919–1938).
Kemal, Mustafa. Nutuk. Kemal Atatürk. Istanbul, 1967–68 (= Kemal Atatürks historische Rede vor der republikanischen Volkspartei in Ankara, 1927).
Kemal Pascha. Der Weg zur Freiheit. Leipzig, 1928.
Kemal Pascha. Die nationale Revolution. Leipzig, 1928.
Özerdem Sami N. 10 kasim – 31 aralik 1938 günlerinde Türk basininda Atatürk için yazilmiş yazilarin bibliyografyasi. Ankara, 1958 (=Bibliographie der zwischen dem 10. November, dem Todestag Atatürks, und dem 31. Dezember 1938 in der türkischen Presse über ihn erschienenen Artikel).
Rusen Eşref. Anafartalar Kumandani, Mustafa Kemal ile Mülakat. Istanbul, 1930 (=Unterredungen mit dem Kommandeur von Anafarta Mustafa Kemal).
Tarih IV Türkiye Cümhuriyeti. Istanbul, 1934 (= Geschichte der Türkischen Republik. Verfaßt von der Gesellschaft zur Erforschung der türkischen Geschichte).
Ünaydin, Ruşen Eşref: Atatürk'ün hastaliği. Ankara, 1959 (= Die Krankheit Atatürks).

Schrifttum

Ahmad, Feroz. The Young Turks. Oxford Univ. Press. 1969.
Aksan, Akil. Mustafa Kemal Atatürk – Aus Reden und Gesprächen. Heidelberg, 1981.
Alp, Tekin: Le Kémalisme. Paris, 1937.
Aniante, Antonio: Mustafa Kemal. Le loup gris d'Angora. Paris, 1934.
Armstrong, H. C.: Der Graue Wolf. Das Leben des Diktators Mustafa Kemal. Berlin, 1933.
August, Ritter von Kral: Das Land Kamal Atatürks. Wien, 1936.
Benoist-Méchin, Jacques: Le loup et le léopard: Mustapha Kemal ou la mort d'un empire. Paris, 1954.
Barber, N.: Die Sultane. Berlin, 1975.
Barthel, Gunter (Hg.): Der Kemalismus und die moderne Türkei. Berlin, 1979.
Bourgoin, Marguerite: La Turquie d'Atatürk. Paris, 1936.
Castle, W. T. F.: Grand Turk, London, 1943.
Deny, J.: Souvenirs du Gazi Mustafa Kemal Pascha. Paris, 1927.
Duda, H. W.: Vom Kalifat zur Republik. Wien, 1948.
Frank, Gerd: Die Herrscher der Osmanen. Düsseldorf, 1977.
Froembgen, Hanns: Auf Befehl des Ghasi. Ein Roman aus der modernen Türkei. Berlin, 1934.
Gentizon, Paul: Mustafa Kemal ou l'Orient en Marche. Paris, 1929.
Glasneck, Johannes: Kemal Atatürk und die moderne Türkei. Berlin, 1971.
Haslip, Joan: Der Sultan – Das Leben Abdul Hamids II. München, 1968.
Jäschke, G./Pritsch, E.: Die Türkei seit dem Weltkriege. Geschichtskalender 1918–1936. Berlin, 1936.
Kazancigil, Ali/Ergun Ozbudun (Hg.): Atatürk – Founder of a Modern State. London, 1981.
Kinross, Lord: Atatürk. The Rebirth of a Nation. London, 1964.
Klinghardt, Karl: Denkwürdigkeiten des Marschalls Izzet Pascha. Leipzig, 1927.
Lachs, Otto: Kemal Atatürk. Hayat ve eserine ait resimler. Leben und Werk in Bildern (Türkisch/Deutsch). Istanbul/Leipzig, 1939.
Loraine, Sir Percy: Kemal Ataturk, an appreciation. Edinburgh, 1948.

MELZIG, Herbert: Kamal Atatürk. Untergang und Aufstieg der Türkei. Frankfurt, 1937.
VON MIKUSCH, Dagobert: Gasi Mustafa Kemal, zwischen Europa und Asien. Leipzig, 1935.
MILLER, A. F. (Hg.): K. Atatjurk. Izbrannye reči i vystuplenija. Moskau, 1966.
MOSHARRAFA, Moustafa M.: Atatürk. A Biography. Cairo, 1944.
PETERS, Richard: Die Geschichte der Türken. Stuttgart, 1961.
RAMSAUR, Ernest Edmondson Jr.: The Young Turcs. Prelude to the Revolution of 1908. Princeton (N. J.) 1957.
RILL, Bernd: Kemal Atatürk. Reinbek, 1985.
ROESSLER, Fritz: Kemal Pascha. Berlin, 1934.
SHERILL, Ch. H.: A Year's Embassy to Mustafa Kemal. New York, 1934.
SPERCO, Willy: Moustapha Kemal Ataturk 1882–1938. Paris, 1958.
TONGAS, Gérard: Atatürk et la vrai visage de la Turquie moderne. Paris, 1937.
VAIDIS, Thomas A.: Kemal Atatürk, Athen, 1936.
WITTEK, Paul: The Rise of the Ottoman Empire. London, 1938.
WITTLIN, Alma: Abdul Hamid, Shadow of God. London, 1940.
WORTHAM, H. E.: Mustafa Kemal. London, 1930.
ZARA, Philippe de: Mustapha Kémal dictateur. Paris, 1936.
ZIEMKE, Kurt: Die neue Türkei – Politische Entwicklung 1914–1929. Berlin/Leipzig, 1930.

Hussein von Jordanien – König in Gefahr

Anmerkungen

1 König Hussein von Jordanien. Mein gefährliches Leben. München, 1962 (S. 12 ff.).
2 Snow, Peter. Hussein, König und Soldat, Düsseldorf/Köln, 1973 (S. 30).
3 Ebenda, S. 47.
4 Hussein, a.a.O., S. 54 f.
5 Ebenda, S. 112.
6 Ebenda, S. 129 f.
7 Eden, Sir Anthony, „Memoiren", Köln/Berlin, 1960 (S. 348).
8 Snow, a.a.O., S. 120.
9 Ebenda, S. 128.
10 Hussein, a.a.O., S. 197 ff.
11 Snow, a.a.O., S. 141.
12 Hussein, a.a.O., S. 243 f.
13 Snow, a.a.O., S. 204.
14 Ebenda, S. 211 f.
15 Ebenda, S. 216 f.
16 Ebenda, S. 217.
17 Ebenda, S. 224.
18 Ebenda. S. 245.
19 Ebenda, S. 258.
20 Ebenda, S. 260.
21 Hussein, a. a. O., S. 66 f.
22 Ebenda, S. 63.
23 Ebenda, S. 272.
24 Snow, a.a.O., S. 276.
25 „Der Spiegel", Nr. 47/1978, S. 164.
26 Vgl. Süddeutsche Zeitung vom 11. 7. 1983.
27 „Der Spiegel", Nr. 12/1989, S. 208.

Zeittafel

2000 v. Chr. Einwanderung der semitischen Ammoniter. Hauptort = Rabbat Ammon (Amman).

13. Jh. Die aramäischen Edomiter begründen zwischen Totem Meer und Rotem Meer einen Staat.

Nach 1000 Edomiter und Moabiter gelangen zum israelischen Großreich unter dessen Königen David und Salomo.

5. Jh. Die arabischen Nabatäer verdrängen die Edomiter nach Westen und gründen ein Reich mit der Hauptstadt Petra in Südjordanien.

106 n. Chr. Kaiser Tranjan unterwirft das Nabatäerreich und macht es zur Provinz Arabia Petraea.

1516 Jordanien für vier Jahrhunderte dem Osmanischen Reich (Türkei) zugehörig.

1915 Der britische Hochkommissar in Ägypten, McMahon, sichert Hussein, dem Großscherif von Mekka, die Unabhängigkeit der Araber nach dem Krieg zu.

1918 Bildung der Arabischen Zone in Syrien und Transjordanien; Rückzug der Türken aus Nordpalästina und Transjordanien.

1921 Konferenz Churchill–Abdullah in Kairo; Abdullah wird als Emir von Transjordanien anerkannt; Gründung der Arabischen Legion.

1923 Formelle Proklamation der Selbständigkeit Transjordaniens.

1945 Transjordanien wird Gründungsmitglied der Arabischen Liga.

1946 Vertrag von London über die volle Unabhängigkeit Transjordaniens, das am 25. Mai in Haschemitisches Königreich Jordanien umbenannt wird; erste Verfassung.

1947 Teilungsplan der UN-Vollversammlung für Palästina; Beginn der Kämpfe zwischen Arabern und Juden in Palästina.

1948 Ende des britischen Mandats über Palästina; Gründung Israels; Beginn des arabisch-israelischen Krieges (14./15. Mai).

1950 Formelle Eingliederung Westjordaniens.

1951 König Abdullah wird am 20. Juli in Jerusalem ermordet; Thronbesteigung von König Talal (6. September); neue Verfassung.

1952 Abdankung Talals (11. August); König Hussein wird zunächst durch Regentschaftsrat vertreten.

1953 Hussein besteigt am 2. Mai den Thron.

1954/ Unruhen in Amman.

1956 König Hussein entläßt Glubb Pascha und kündigt das Bündnis mit Großbritannien. In Nordjordanien werden syrische Truppen stationiert.

1957 Verpflichtung Ägyptens, Syriens und Saudi-Arabiens zur Übernahme der britischen Finanzhilfe für Jordanien.

1958 „Arabische Union" mit Irak, die jedoch nach Revolution im Irak wieder zerfällt.

1960 Ministerpräsident Madschali kommt durch ein Bombenattentat ums Leben.

1965 Abbruch der diplomatischen Beziehungen zur Bundesrepublik; Abkommen über Gebietsaustausch mit Saudi-Arabien.

1967 Wiederaufnahme der Beziehungen zur Bundesrepublik; Militärbündnis mit der VAR-Ägypten. Teilnahme am Sechstagekrieg (5.–10. Juni); Feuereinstellung am Jordan (8. Juni).

1969 Beginn einer Serie von Attentaten und Flugzeugentführungen gegen israelische und westliche Luftverkehrsgesellschaften durch radikale Guerillas der Palästinenser.

1970 Nahost-Friedensplan der USA (Rogers-Plan: Rückzug Israels aus den besetzten Gebieten, Anerkennung des Rechtes Israels auf sichere Grenzen durch die Araber). Attentate auf König Hussein (Juni und September). Entführung von drei Flugzeugen westlicher Gesellschaften nach Jordanien; Bürgerkrieg zwischen palästinensischen Guerillas und jordanischer Armee; syrische Invasion.

1971 Zerschlagung der Guerillaorganisationen; Gründung der Einheitspartei „Nationale Union".

1973 Wiederaufnahme der diplomatischen Beziehungen zu Ägypten (September) und Syrien (Oktober). Oktoberkrieg: König Hussein vermeidet die direkte Konfrontation mit Israel.

1974 Arabische Gipfelkonferenz in Rabat (Oktober/November). König Hussein gibt seine Ansprüche auf Westjordanien endgültig zugunsten der PLO auf.
1975 Versöhnungskonferenz in Kairo scheitert aufgrund der Feindschaft zwischen Jordanien und der PLO (Januar).
1977 Aliya, die dritte Frau des Königs, kommt bei einem mysteriösen Hubschrauberabsturz ums Leben (Februar).
1978 König Hussein heiratet zum vierten Male (Juni); Staatsbesuch in Deutschland (November).
1982 Arabische Gipfelkonferenz in Fes/Marokko (September).
1983 Arafat-Hussein-Plan einer palästinensischen Staatsgründung sowie einer jordanisch-palästinensischen Konföderation (der Plan scheitert am Widerstand der Radikalen der PLO).
1988 Proklamation eines Palästinenserstaates in Algier (15. November).

Literatur

Quellen

Eban, Aba: Dies ist mein Volk. Die Geschichte der Juden. Zürich, 1970.
Eden, Sir Anthony: Memoiren. Köln/Berlin, 1960. (Englische Ausgabe: Lord Avon. Full Circle.)
Glubb, John Bagot: The Story of the Arab Legion. London, 1948.
Glubb, J. B.: Soldier with the Arabs. London, 1957. (Deutsche Ausgabe: Jenseits vom Jordan. Soldat mit den Arabern. München, 1958.)
Gurion, David Ben: Wir und die Nachbarn. Gespräche mit arabischen Führern. Tübingen, 1968.
Gurion, D. B.: Erinnerung und Vermächtnis. Frankfurt, 1971.
Gurion, D. B.: Israel, die Geschichte eines Staates. Frankfurt, 1973.
Hussein, König von Jordanien: Uneasy lies the head. London, 1962. (Deutsche Ausgabe: Mein gefährliches Leben. München, 1962.)
Hussein de Jordanie: Ma guerre avec Israel. Hrsg. Vance/Lauer. Paris, 1968. (Deutsche Ausgabe: Mein Krieg mit Israel. 1969.)
Hussein de Jordanie: Mon metier de roi. Propos recueillis par Freidoune Sahebjam. Paris, 1975.
Memoires of King Abdullah of Transjordan. London, 1950.
Palestine and Transjordan Report. London, 1938.
Snow, Peter: Hussein. London, 1972. (Deutsche Ausgabe: Hussein. König und Soldat. Düsseldorf, 1973.)

Schrifttum

Abel, F. M.: Histoire de la Palestine. (2 Teile) Paris, 1952.
Abosch, H. (Hg.): Der israelisch-arabische Konflikt. (Dokumentation mit Vorwort von J. P. Sartre.) Darmstadt, 1969.
Beek, M. H.: Geschichte Israels. Von Abraham bis Bar Kochba. Urban-TB Nr. 47. Stuttgart, 1961.
Carré, Olivier: Septembre noir. 1970. Refus arabe de la résistance palestinienne. Brüssel, 1980.

COBBAN, Helena: The Palestinian Liberation Organisation: people, power and politics. Cambridge, 1984.
EYTAN, Walter: Verpassen Jordanier und Palästinenser nochmals den Zug? In: „Das neue Israel", Zs. f. Politik, Kultur und Wirtschaft. Offiz. Organ d. schweizerischen Zionistenverbandes. Zürich, 1984, Jg. 37, Heft 7 (S. 5–7).
FRANGI, Abdallah: PLO und Palästina: Vergangenheit und Gegenwart. Frankfurt, 1982.
GUNDI, Sami al: Juden und Araber. Die große Feindschaft. München, 1968.
HARRIS, G. L.: Jordan – its People, its Society, its Culture. New Haven, 1958.
HERSTIG, D.: Fetua. Der arabisch-israelische Konflikt. Ursachen und Auswirkungen. München/Wien, 1969.
HÜNSELER, Peter: Die Krise der palästinensischen Befreiungsorganisation. In: „Europa-Archiv", Zs. f. Internat. Politik, Halbmonatsschrift der Deutschen Gesellschaft. 1985, Jg. 40, Heft 4 (S. 111–120).
JENDGES, H.: Der Nahostkonflikt. Berlin, 1976.
KASTER, Heinrich L.: Naher Osten. Düsseldorf/Köln, 1969.
KIRKBRIDE, Sir Alec: A Crackle of Thorns. London, 1956.
KOSZINOWSKI, Thomas: Israel und die palästinensische Frage. In: „Orient", Hg. v. Nah- u. Mittelost-Verein eV. und dem Deutschen Orientinstitut Hamburg/Leverkusen 1984, Jg. 24, Heft 4 (S. 487–490).
Die Palästinenserfrage und ihre Auswirkungen auf den Nahen Osten. In: „Eichholz-Briefe", Beitr. z. polit. Bildung und Information der Konrad-Adenauer-Stiftung, 1983, Heft 2 (S. 51–58).
LAFFIN, John: Die PLO zwischen Terror und Diplomatie. Altstätten, 1983.
MACMILLAN, Harold: Riding the Storm. 1956–1959. London, 1971.
NASSER, Mohammed S.: PLO – Theorie und Praxis: Versuch einer kritischen Analyse. Frankfurt, 1985.
NUTTING, Anthony: No end of a lesson. London, 1967. (Deutsche Ausgabe: „Die Suezverschwörung 1956". Wien, 1967.)
PATAI, R.: The Kingdom of Jordan. Princeton, 1958.
PEAKE, F. G.: History of Jordan and its Tribes. Miami, 1958.
PICARD, L.: Structure and Evolution of Palestine. Jerusalem, 1943.
SCHÖLCH, Alexander: Die Beziehungen zwischen den Palästinensern in Israel und auf dem Westufer seit 1967. In: „Orient", Hamburg/Leverkusen, 1983, Jg. 24, Heft 3 (S. 422–427).
SEALE, Patrick: The Struggle for Syria. London, 1965.
THAYER, George: The War Business. New York, 1969.
TREVELYAN, Humphrey: The Middle East in Revolution. London, 1971.
TROST, E.: David und Goliath. Die Schlacht um Israel 1967. München, 1967.
TUSCHHOFF, Christian: Die palästinensische Befreiungsorganisation (PLO), Kampf an drei Fronten. In: „Die neue Gesellschaft". Bonn-Bad Godesberg, Jg. 30, Heft 9 (S. 859–866).
WIRTH, E.: Die Nutzung des Jordanwassers und ihre Probleme. In: „Geographische Rundschau" 17/1965.
WOLF, Michael: Zwischen Attentat und UNO: zur Geschichte des palästinensischen Widerstandes. Berlin, 1985.
YODFAT, Aryeh/Yuval Arnon-Channa: PLO strategy and politics. New York, 1981.
YOUNG, Peter: Bedouin Command. With the Arab Legion 1953–56. London, 1956.

Verzeichnis der Abbildungen

CIP-Titelaufnahme der Deutschen Bibliothek

Frank, Gerd:
Allahs große Söhne: Staatengründer und Reformer; Hassan II.,
Ibn Saud, Gamal Abdel Nasser, Kemal Atatürk, Hussein II. /
Gerd Frank. – Frankfurt am Main: Societäts-Verl., 1990
ISBN 3-7973-0454-4